Die Autorin

Sonia Choquette ist eine international bekannte spirituelle Lehrerin, Autorin und selbst Mutter zweier Kinder. Ausgebildet an der Universität Denver und der Sorbonne, hat sie bereits mehrere erfolgreiche Bücher zur Entwicklung medialer Fähigkeiten geschrieben und gibt Seminare und Vorträge. Seit fast 30 Jahren ist sie als Lebensberaterin in eigener Praxis tätig. Sie lebt mit ihrer Familie in Chicago.

Von Sonia Choquette sind in unserem Hause erschienen:

Die Aufgaben der Seele
Deine heimlichen Helfer
Medizin für die Seele
Deine heimlichen Helfer (Kartendeck)

Sonia Choquette

Die Aufgaben der Seele

Die göttliche Kraft in Dir

Aus dem Amerikanischen von Angelika Hansen

Ullstein

Besuchen Sie uns im Internet:
www.ullstein-taschenbuch.de

Allegria im Ullstein Taschenbuch
Herausgegeben von Michael Görden

Aus dem Amerikanischen übersetzt von Angelika Hansen
Titel der Originalausgabe
SOUL LESSONS AND SOUL PURPOSE
2007 erschienen bei Hay House, Inc., Carlsbad, USA

Ullstein Taschenbuch ist ein Verlag der Ullstein Buchverlage GmbH
Neuausgabe im Ullstein Taschenbuch
1. Auflage August 2011
© der deutschsprachigen Ausgabe 2010
by Ullstein Buchverlage GmbH, Berlin
© der Originalausgabe 2007 by Sonia Choquette
Umschlaggestaltung: FranklDesign, München
Titelabbildung: Maria LaFrance
Gesetzt aus der Goudy Old Style
Satz: Keller & Keller GbR
Papier: Pamo Super von Arctic Paper Mochenwangen GmbH
Druck und Bindearbeiten: GGP Media GmbH, Pößneck
Printed in Germany
ISBN 978-3-548-74528-2

*Ich möchte dieses Buch all meinen liebevollen Führern
auf dieser Ebene und in der Geistwelt widmen,
vor allem Joachim, Elephelia und
den Emissaries of the Third Ray.*

Inhalt

Vorwort 9
Einführung von den Emissaries of the Third Ray 13
Zur Benutzung dieses Buches 17

ERSTER TEIL:
WIE DU LERNST, DEINE KREATIVE MACHT ZU NUTZEN 23

Seelenlektion Nr. 1: Du bist ein göttliches, unsterbliches Wesen 25
Seelenlektion Nr. 2: Du kreierst in Kooperation mit dem Göttlichen 31
Seelenlektion Nr. 3: Kreieren beginnt mit Gedanken 40
Seelenlektion Nr. 4: Beziehe deine Gefühle mit ein 47
Seelenlektion Nr. 5: Du kreierst in Bildern 55
Seelenlektion Nr. 6: Lebe im Hier und Jetzt 65
Seelenlektion Nr. 7: Göttliche Energie fließt durch dich, nicht aus dir 78
Seelenlektion Nr. 8: Kultiviere deinen Verstand 88
Seelenlektion Nr. 9: Folge deiner inneren Stimme 100
Seelenlektion Nr. 10: Öffne dein Herz 109
Seelenlektion Nr. 11: Loslassen 121

ZWEITER TEIL:
DAS GÖTTLICHE GESETZ IST DIE RICHTSCHNUR 133

Seelenlektion Nr. 12: Alles befindet sich in göttlicher Ordnung 135
Seelenlektion Nr. 13. Kehre deine Vorstellungen um 147
Seelenlektion Nr. 14: Akzeptiere den Tod 159
Seelenlektion Nr. 15: Nimm die Prüfungen des Lebens an 171

Seelenlektion Nr. 16: Zähme dein Ego 185
Seelenlektion Nr. 17: Gehe deine Fehler an 194
Seelenlektion Nr. 18: Meditiere aktiv 206
Seelenlektion Nr. 19: Liebe deinen Körper 216
Seelenlektion Nr. 20: Regeneriere deine Seele 229
Seelenlektion Nr. 21: Zerschlage negative Muster 239
Seelenlektion Nr. 22: Vergeude keine Zeit 252

Nachwort 263
Danksagung 267

Vorwort

Im Januar letzten Jahres wurde ich eingeladen, eine Woche lang auf einem herrlichen Kreuzfahrtschiff zu unterrichten, das die westliche Küste von Mexiko entlangsegelte. Eines schönen Abends beschloss ich nach dem köstlichen Dinner, mich nicht gleich in meine Kabine zurückzuziehen, sondern auf das obere Deck zu gehen und unter dem Sternenhimmel zu meditieren. Innerlich meiner Dankbarkeit Ausdruck verleihend, dass ich bei einer solch gesegneten Gelegenheit meine Gaben mit anderen teilen konnte, bat ich das Universum um Führung und Richtungsweisung bezüglich meiner Aufgabe in diesem Leben – das heißt, um den nächsten Schritt, den ich in meiner Arbeit und meinem Dienst am Nächsten tun sollte.

Sehr deutlich und völlig unerwartet wurde ich umgehend von einer Gruppe Lichtwesen instruiert, die als die *Emissaries of the Third Ray* bekannt sind (A. d. Ü.: Botschafter des Dritten Strahls), deren Sprecher ein Führer ist, der sich *Joachim* nennt, und die bereits seit mehr als zwei Jahren mit mir kommuniziert hatten, um ein Buch mit dem Titel *Die Aufgaben der Seele* zu channeln. Überwältigt von derart spezifischen Instruktionen und angesichts der Tatsache, dass ich ein bereits begonnenes Buch fertig schreiben musste, fragte ich die Emissaries, ob ihr Projekt noch etwas warten konnte ... zumindest bis ich das Buch beendet hatte, an dem ich gerade arbeitete.

Weder bejahten noch verneinten sie meine Frage, sondern wiederholten noch einmal, dass ich ein Buch mit dem Titel *Die Aufgaben der Seele* channeln sollte, in dem sie direkte Anweisungen darüber geben würden, wie wir unsere Aufgabe auf der Erde erfüllen können. Und dass ich bald damit beginnen sollte.

Am nächsten Tag erzählte ich meinem Verleger Reid Tracy davon, und seine Antwort war: »Wenn es das ist, wozu Sie sich angeleitet fühlen, dann sollten wir es tun!« Die Sache war abgemacht.

Nach der Kreuzfahrt fuhr ich sofort nach Hause, um das angefangene Buch zu beenden, und obwohl ich dazu mehrere Monate brauchte, war ich mir ständig meiner Führer bewusst, die geduldig im Hintergrund darauf warteten, bis ich das in Arbeit befindliche Buch fertig hatte und mit dem neuen Projekt beginnen konnte.

Die Tatsache, dass ich nicht in der Lage war, mich umgehend an die Arbeit zu machen, schreckte die Emissaries nicht im Geringsten ab. Sie ignorierten meine derzeitige Beschäftigung und begannen, mehr Informationen über das Material durchzugeben, das ich schreiben sollte. Sie zeigten mir genau, wie sie sich die Unterteilung des Buches vorstellten. Es sollte in einem sehr übersichtlichen Format von 22 Lektionen angelegt sein, von denen sie behaupteten, ich würde sie problemlos verstehen. Intuitiv erschien mir diese Zahl sofort sinnvoll. Zum einen basierte ein großer Teil meines bisherigen esoterischen Trainings und meiner metaphysischen Ausbildung auf Numerologie, dem Studium der mathematischen Ordnung des Universums. In diesem System ist 22 eine heilige Zahl, die widerspiegelt, auf welche Weise sich die physische Welt manifestiert. Und bei meinem Studium der Kabbala habe ich gelernt, dass diese Zahl als Fundament aller Dinge verstanden wird.

Außerdem weiß ich aus meinen persönlichen Forschungen während der letzten 22!! Jahre, dass diese Zahl das kosmische Prinzip hinter jeder Art von Manifestation symbolisiert. Nicht nur besitzt die Zahl 22 große spirituelle Bedeutung, sondern es ist interessant zu sehen, dass zum Beispiel das hebräische Alphabet aus 22 Buchstaben besteht, von denen jeder einzelne einer Zahl entspricht, die bestimmte spirituelle Gesetze repräsentiert.

Außerdem gibt es 22 Archetypen, die als Haupt-Arkana des Tarot-Decks bekannt sind, was in meiner metaphysischen Ausbildung eine wichtige Rolle gespielt hat. In jeder spirituellen Tradition, mit der ich mich im Laufe der Jahre beschäftigt habe, ist die 22 eine wichtige und häufig sogar heilige Zahl, daher empfand ich die Anleitung, dieses Buch in 22 einfache Lektionen zu unterteilen, als absolut sinnvoll.

Darüber hinaus wurde ich angeleitet, die Kapitel auf eine bestimmte Weise zu organisieren, wobei jedes Kapitel auf dem vorhergehenden aufbaut. Die Emissaries sagten mir, ich solle nicht darauf bestehen, dass die Leser unbedingt der vorgegebenen Ordnung folgen sollten, sondern sie stattdessen ermutigen, sich von ihrer inneren Führung instruieren zu lassen und auf ihre eigene Weise vorzugehen. Ich sollte lediglich den Lehrplan channeln; die innere Stimme des Lesers würde für die Assimilierung der Lektionen sorgen.

Und dann teilten mir die Emissaries etwas für mich besonders Wichtiges mit, nämlich dass ich mich viele Jahre – sogar Lebenszeiten – darauf vorbereitet hätte, diese Informationen publik zu machen, und dass jetzt der richtige Moment gekommen sei. Sie sagten, dass ich ihnen einfach nur erlauben solle, durch mich zu schreiben, und dass sie sich um alles andere kümmern würden. Ich war noch nie zuvor angeleitet worden, ein Buch zu channeln, daher fand ich dieses Angebot sehr aufregend.

Aufgrund des Einflusses der Emissaries ist ihre Stimme auf den Seiten dieses Buches deutlich vernehmbar. Sie ist stark, klar und schnörkellos. Diese Führer wenden sich an die höchste Ebene unseres Bewusstseins, den klarsten Teil von uns. Sie sind bekannt dafür, zuweilen recht direkt zu sein, und ihr Rat ist unsentimental, doch immer von einer bedingungslosen Liebe getragen. Sie durchbrechen schnell jeglichen Widerstand des Egos und sprechen zu unserem authentischen Selbst.

Während des Lesens werden Sie die Schwingung und Präsenz dieser Lichtwesen fühlen und wissen, dass sie Ihnen rückhaltloses Vertrauen entgegenbringen.

Meine Führer haben klipp und klar gesagt, dass *jetzt* die Zeit für uns gekommen ist, diese Seelenlektionen zu lernen, unsere Herzen zu öffnen und unsere Schwingung auf der Erdenebene zu erhöhen. Wir können nicht länger in dieser wohligen Unwissenheit verharren, nicht verantwortlich für uns selbst und andere, gefangen in einem Netz der Ignoranz und kontrolliert vom Ego, ohne große Verluste zu erleiden. Die Veränderungen auf der Erde durch Tsunamis, massive Erdbeben und Wirbelstürme von noch nie da gewesener Stärke, die zurzeit über uns hereinbrechen, sind eine direkte Reaktion darauf, dass wir uns einer höheren Schwingung widersetzen und uns weigern, zu wachsen, unsere Seelen erwachen zu lassen und unsere Herzen zu öffnen. Die Folgen werden immer schlimmer werden, wenn unsere Energie sich nicht verändert und auf eine höhere, liebevollere Ebene angehoben wird. Je schneller wir individuell unsere Schwingungen erhöhen, desto schneller werden wir kollektiv das Leiden auf dem Planeten heilen. Wir haben keine Zeit zu verlieren.

Ich wurde angeleitet, dieses Buch in Form eines einfachen, schnörkellosen Handbuches zu schreiben. Es stellt die einzelnen Seelenlektionen Schritt für Schritt dar, damit jeder – egal ob Novize oder Meister –, der bereit ist, seine persönliche Schwingung zu erhöhen und seine wahre göttliche Natur anzunehmen, dem Prozess folgen kann. Die Teile des Buches im Normaldruck sind mir von den Führern diktiert worden. Die Teile in Kursivschrift stellen meine eigenen Beiträge und Geschichten dar und sind nicht gechannelt. Ich hoffe, dass wir alle auf diesen Seiten Klarheit und Anleitung für unseren jeweiligen Weg finden werden.

Mein höchstes Anliegen, abgesehen von meiner Aufgabe als intuitive Führerin und Botin, ist stets gewesen, die spirituellen Gesetze zu lehren. Meine größte Freude ist es, als Übermittlerin zu fungieren zwischen den *Emissaries of the Third Ray* und Ihnen, indem ich diese Lektionen weitergebe. Ich vertraue darauf, dass sie den Weg zu Ihrer kreativen Erfüllung und innerem Frieden bereiten. Und ich hoffe, dass sie einen Schlüssel zu der Tür bieten, die zu Ihrer wahren göttlichen Natur führt.

Also lassen Sie uns beginnen.

Einführung von den Emissaries of the Third Ray

Willkommen. Dieses Buch enthält Anweisungen für dich, damit du deine menschliche Erfahrung beherrschen lernst und als unbegrenztes geistiges Wesen leben kannst, frei von negativen Mustern, die dich an dein Ego und das daraus resultierende Leid binden. Wir sind hier, um dir zu helfen, deine Aufgabe auf der Erde zu erfüllen, die darin besteht, dich von einem an das Ego gebundenen, sterblichen, begrenzten Wesen zu einem den Geist verkörpernden, unsterblichen, göttlichen, unbegrenzten Wesen zu entwickeln. Die Erde ist dein Klassenzimmer. Sie ist der einzige Ort im Universum, wo du deine Schöpfungen unmittelbar physisch erfahren kannst. Sie ist das Labor für dein Lernen und Experimentieren und der Brutkasten für die Entwicklung hin zu deiner wahren Größe. Der höchste Beitrag, den du diesem Planeten zugutekommen lassen kannst, besteht darin, der Meister der Liebe und des Lichtes zu werden, zu dem der Allmächtige dich ausersehen hat.

Dieses Buch soll als Führer dienen, der dir zeigt, wie du dich schnell zu einem das göttliche Licht verkörpernden Wesen entwickeln kannst. Es zeigt dir anhand von 22 Schritten den direkten Weg zu einer Existenz höherer Schwingung und bietet dir gleichzeitig Möglichkeiten, anhand derer du deinen Fortschritt messen und überblicken kannst, ob und wie du vorankommst.

Du wirst dich zu diesem Buch hingezogen fühlen, wenn du bereit bist, mit der Arbeit an deiner wahren Aufgabe auf der Erde zu beginnen. Es spricht jene unter euch an, die dem Gedanken, Herr ihres Lebens zu werden, keinen Widerstand entgegenbringen. Während du diese Seiten liest, lass nicht zu, dich eingeschüchtert oder von dem Inhalt überwältigt zu fühlen. Sie enthalten eine Menge Informationen, die du aufnehmen und in dein Wesen integrieren kannst, doch musst du dich nicht sorgen, denn dir steht grenzenlose spirituelle Unterstützung zur Verfügung – einschließlich der unsrigen –, um dir zum Erfolg zu verhelfen. Wenn du auch hier bist, um den Ausdruck des Göttlichen zu meistern, so bist du in deinen Bemühungen nicht allein. In dem Moment, in dem du beschließt, mit der Erfüllung deiner Lebensaufgabe zu beginnen, werden deine Engel und Führer, Lichtwesen so wie wir, und dein höheres Selbst dir sofort zu Hilfe eilen. Wenn dein Herz offen ist, wirst du auf jedem Schritt deines Weges liebevolle Führung empfangen – die alles übertrifft, was dein sterbliches Ego sich vorstellen kann. Die segensreichen Kräfte des Universums möchten dich unterstützen.

Während deiner Arbeit ist es wichtig, dass du dein Leben auf der Erde nicht als Aufenthalt in einer Besserungsanstalt betrachtest oder als einen Ort, dem es zu entfliehen gilt, wie es viele spirituell orientierte Lernende tun. Vielmehr betrachte sie als eine Schule der *Möglichkeiten*. Die Erdenebene ist die einzige energetische Ebene im Universum, auf der du nach jeder deiner Entscheidungen ein unmittelbares Feedback erhältst, das dir zeigt, ob du auf dem richtigen Weg bist oder nicht. Da du unsterblich bist, kehrst du immer wieder und wieder auf die Erde zurück, bis du deine Lektionen gelernt hast. Als Resultat versäumt niemand die Erfüllung seiner Lebensaufgabe, und niemand wird zurückgelassen. Letztendlich entwickeln sich *alle* Seelen zu ihrem höchsten Potenzial.

Irgendwann werdet ihr alle eure Seelenlektionen lernen, auf die eine oder andere Weise. Die schmerzliche Nachricht ist, dass ihr als kollektive menschliche Rasse momentan nicht gut mit eurem Lehrplan vorankommt. Das spiegelt sich in den zunehmend schwierigeren Bedingungen auf der Erdenebene wider – sowohl in der Umwelt als auch in euren Beziehungen untereinander. Dieses Versagen, zu lieben und Licht auszustrahlen, wird in allen Bereichen des Universums wahrgenommen.

Als Wesen einer höheren Ebene strömen wir in Wellen von Licht hernieder, um euch zu helfen, euch aus diesen verwirrenden Zuständen zu erheben. Als göttliche Lehrer aktivieren wir die kollektive Erinnerung eures heiligen Erbes und unterstützen euch, damit ihr euch erneut euren Seelenlektionen und höheren Aufgaben zuwendet. Dank dieses Zuteilwerdens transzendenter Führung werden die Herzen von mehr und mehr Menschen geöffnet. Immer mehr Individuen kehren zur Klarheit zurück und erinnern sich ihrer wahren Aufgabe auf der Erde: ein lebendiger Ausdruck des Göttlichen zu werden.

Alle Menschen sind zusammen in dieser Schule, einander sowohl als Lehrer als auch Lernende dienend. Wenn ein Mensch ins Wanken gerät, kann er andere um Führung bitten. Wie individuelle Zellen in einem Geistkörper trägt jeder von euch sein persönliches Wachstum zur Gesundheit der Menschheit als Ganzes bei. Niemand ist entbehrlich. Wie jede Zelle ist auch jede Seele wichtig.

Wenn ihr auch vereint seid, so seid ihr dennoch nicht ein und dasselbe. So, wie ein Körper viele Organe, Gewebe und Zellen hat, die ein Ganzes bilden, hilft auch jedes Individuum, die Menschheit als Ganzes zu formen. Und genauso wie ein Zusammenbruch in einem Teil des Körpers Probleme in anderen Bereichen verursacht, behindert die festgefahrene Seelenentwicklung einer Person die ganze Rasse. Wenn jedoch andererseits ein Teil des Körpers lebendig und voller Kraft ist, erfrischt, verjüngt und regeneriert er die anderen Teile und stellt die Gesundheit des Systems wieder her.

Deine persönliche Schwingung erhöht sich, wenn du deine Seelenlektionen meisterst; sie verjüngt jeden, der mit dir in Kontakt kommt, und gibt ihm neue Kraft. Mit jedem einzelnen deiner Fortschritte trägst du zur Heilung dieses Planeten bei. Du leistest einen Beitrag zur Wiederherstellung eines gesunden Gleichgewichts auf der Erde und findest Lösungen für die Probleme anderer Menschen. Du dienst in der höchstmöglichen Weise, wenn du deine spirituelle Natur annimmst, indem du anderen die Möglichkeiten vorlebst, die allen Menschen innewohnen.

Wir von der Ebene des Lichts sind gerufen worden, um dir zu dienen. Wir unterstützen deine Bemühungen, verstehen deine Frustrationen und setzen uns für deinen Erfolg ein, denn dein Wachstum ist von essentieller Bedeutung für die Erfüllung des göttlichen Plans. Deine Freude erfreut alle, und dein Erfolg ist auch für jeden anderen ein Erfolg. Solange du dein heiliges Selbst nicht annimmst, leidet das ganze Universum. Die Erfüllung deiner Lebensaufgabe hilft jedem und allem. Andererseits helfen dir die Bemühungen jedes anderen.

Was den Prozess der Meisterschaft der Seele betrifft, so bewegt sich das ganze Universum letztendlich auf das gleiche Ziel zu, nämlich dem Schöpfer des Lebens durch Liebe und gute Taten zu dienen. Wir unterstützen deine Bemühungen, denn dein Wachstum hilft sowohl uns als auch Gott und dem göttlichen Plan. Genieße es, deine heilige Natur zurückzuerobern, und sei dir bewusst, dass die himmlischen Mächte dir beistehen. Bitte um Hilfe und sei offen, sie zu empfangen.

Es ist unsere größte Freude und Ehre, dir zu dienen. Als göttliches Kind des Allmächtigen hast du Zugang zu jeder Hilfe und Führung, die du brauchst. Du musst sie nicht verdienen; lass sie einfach nur zu.

Deine persönliche Aufgabe besteht darin, in Frieden und Freude zu leben. Dein Ziel sollte es sein, Gott in allem zu lieben und zu dienen. Unser Licht und unsere Liebe begleiten dich.

Zur Benutzung dieses Buches

Der Weg zur Meisterschaft der Seele wird in den folgenden 22 Seelenlektionen umrissen. Jede Lektion, wenn du sie gelernt und vollständig in dein Leben integriert hast, stellt das Fundament zum Verständnis und zur Integration der nächsten dar. Bei den Lektionen geht es um Bewusstsein auf allen Ebenen – Körper, Seele, Geist und Emotionen – und sie haben den Zweck, dein Bewusstsein ausschließlich auf dein höheres Selbst und deine wahre Aufgabe einzustimmen.

Die Lektionen sind in zwei Abschnitte unterteilt: Die ersten elf sind hauptsächlich darauf ausgerichtet, falsche Ideale zu demontieren und dich von der Last des Ego zu befreien, während die anderen elf Lektionen sich darauf konzentrieren, dein Bewusstsein und deine Schwingung zu erhöhen, damit sie voll und ganz mit deinem höheren Selbst und göttlichen Ausdruck auf der Erde identisch sind.

Um diese Lektionen zu verinnerlichen, muss jede Seele vier Lernstufen durchlaufen: *Schüler*, *Lehrling*, *Geselle* und *Meister*. Wenn du *Schüler* bist, werden die Informationen gänzlich neu für dich sein und eine Perspektive anbieten, die sich von deinem gegenwärtigen Denken, Wahrnehmen und Leben in der Welt unterscheidet. Du kannst bei jeder Lektion herausfinden, ob du ein *Schüler* bist oder nicht, indem du dir den Grad der Schwierigkeiten oder Probleme in deinem Leben hinsichtlich des jeweiligen Themas anschaust. Je frustrierter du bist und je mehr du leidest, desto deutlicher ist der Hinweis, dass du ein *Schüler* bist.

Falls du in einer bestimmten Lektion ein *Lehrling* bist, wird die Aufgabe nicht vollkommen neu für dich sein. Du wirst ihr schon einmal begegnet sein und intellektuell bereit sein, sie zu lernen. Vielleicht hast du zu irgendeinem Zeitpunkt aktiv nach Lehrern und Vorbildern gesucht, die dir helfen konnten, das Thema tiefer zu verstehen. Du weißt, dass du bezüglich einer bestimmten Seelenlektion ein *Lehrling* bist, wenn du oft darüber sprichst – und noch öfter darüber nachdenkst. Du kämpfst damit und versuchst, ihr wenn irgend möglich aus dem Weg zu gehen. Und am meisten hoffst du insgeheim – obgleich du (irgendwie) bereit bist zu lernen –, dass du nichts in deinem Leben verändern musst. Du begreifst, dass du Änderungen vornehmen musst, wehrst dich jedoch dagegen, konkrete Schritte zu tun.

Wenn du bei einer Seelenlektion die Ebene des *Gesellen* erreicht hast, beginnt dein Widerstand zu schmelzen. Du nimmst die Informationen auf der Herzensebene an und beginnst tatsächlich, sie in die Tat umzusetzen. Dies ist der »Lernen durch Handeln«-Abschnitt. Im Gegensatz zur Lehrlingsphase, in der du eine Lehre intellektuell annimmst, jedoch keine Taten folgen lässt, bist du jetzt mit dem Herzen bei der Sache und beginnst, deinen besten Fähigkeiten entsprechend zu handeln. Ein Lehrling fragt das Leben: »Warum tust du mir das an?«, während ein *Geselle* sich fragt: »Warum tue *ich* mir das an?« Jetzt verpflichtest du dich, die Lektion zu lernen und zu integrieren. Du erkennst, dass alle Schwierigkeiten ein Zeichen sind für das, was du lernen musst, und übernimmst die volle Verantwortung dafür, es zu lernen.

Wenn du *Meister* einer Seelenlektion bist, bedeutet dies, dass du die Lektion so umfassend angenommen und in dein Leben integriert hast, dass sie dir keinerlei Probleme mehr bereitet. Du erfährst die Vorteile, die sich daraus ergeben, dass du den jeweiligen Stoff in allen Bereichen deines Lebens gelernt hast. Du bist voller Energie und Selbstvertrauen. Sobald du eine Lektion beherrschst, fängst du an, deine Aufgabe in diesem Bereich zu erfüllen, und deine Leistung dient anderen in der Schüler-, Lehrlings- und Gesellenphase als ein Modell für Inspiration. Auf diese Weise ermutigst du andere; du zeigst ihnen die Richtung und gibst ihnen Hoffnung.

Die Lektionen sind in einer bestimmten Reihenfolge aufgeführt, daher lernst du sie am leichtesten, wenn du dich an diese Sequenz hältst. Die erste Lektion legt das Fundament für die zweite, die dich auf die dritte vorbereitet – und so weiter. Je besser du ein Kapitel annimmst und integrierst, desto einfacher ist es, das nächste zu lernen und zu verinnerlichen.

Es ist jedoch eine Tatsache, dass Menschen nur selten beständig sind, daher sollte es dich nicht überraschen, wenn du feststellst, dass dir die Lektionen im Laufe vieler Lebenszeiten schon begegnet sind – manche hast du gelernt, andere übersprungen, und in manchen Bereichen hast du jämmerlich versagt – und du heute ein buntes Allerlei aus Kenntnissen besitzt, das durchforstet werden muss. Sollte dies der Fall sein (dessen wir uns sicher sind), schau dir die Lektionen, die du kennst und nach denen du lebst, noch einmal an (es ist immer gut, die Dinge hin und wieder zu überprüfen) und arbeite an denen, die du nur oberflächlich berührt oder beiseitegeschoben hast.

Damit du besser verstehst, wo du hinsichtlich einer Lektion stehst, haben wir am Ende jeder Lektion Beispiele aufgeführt, an denen du erkennen kannst, wie ein Schüler, Lehrling, Geselle oder Meister diese Lektion zum Ausdruck bringt. Diese Beispiele werden dir helfen zu erkennen, wo du dich auf der Lernkurve bei dem jeweiligen Thema befindest und was du tun musst, um weiterzukommen.

Mach dir keine Sorgen um deinen gegenwärtigen Stand. Alle Menschen befinden sich bei den verschiedenen Lektionen auf unterschiedlichen Stufen. Es kommt äußerst selten vor, dass jemand bei allen 22 Lektionen gleichzeitig auf der untersten Stufe steht.

Während du dich nach und nach im Lernprozess weiterbewegst, lädst du jene ein, die eine Lektion vor dir gemeistert haben, ihr Licht leuchten zu lassen, während deine Bemühungen gleichzeitig alle hinter dir ermutigen, sich noch mehr ins Zeug zu legen. Deine Anstrengungen rufen das Beste in ihnen hervor und ihre Arbeit das Beste in dir.

Der in diesem Buch dargelegte Lehrplan ist ein Kurs in göttlichem Gesetz. Es regiert jedes lebendige Bewusstsein im Universum; es ist rigoros, herausfordernd und strikt in seinen Erwartungen. Die Gesetze sind unpersönlich, doch sobald du mit ihnen zu arbeiten beginnst, wirst du umgehend die Belohnungen ernten. Deine Erfahrung ist dein bester Lehrer, denn sie wird dir zeigen, ob du lernst oder nicht. Deine persönliche Freude wird den Grad deines Erfolgs widerspiegeln.

Lies jede Lektion sorgfältig durch – mehrmals. Denke einen oder zwei Tage darüber nach und lass die Informationen in dein Bewusstsein und dein Herz sinken. Prüfe, ob sie dir sinnvoll erscheint, und lass dir ausreichend Zeit, sie anzunehmen.

Wir haben Sonia gebeten, am Ende jedes Kapitels einfache Vorschläge anzubieten, um dir zu helfen, den Weg des Lernens weiterzugehen. Jeder kleine Schritt bringt dich schnell zu einer höheren Schwingung. Daher ist der Lernprozess sanft und in keiner Weise einschüchternd. Du wirst niemals aufgefordert, über deine jeweilige Kapazität hinaus zu wachsen – wir laden dich nur ein, deine Komfortzone zu verlassen und etwas Neues auszuprobieren. Die Reise muss nicht mühsam und quälend sein; diese Instruktionen zielen darauf ab, deine Not und dein tägliches Leiden zu beenden.

Das Einzige, was du vermeiden solltest, ist eine ablehnende Haltung dem Lernen gegenüber, was den Versuch des Ego darstellt, deine Göttlichkeit zu blockieren. Wenn du deinem Ego unterliegst, reduzierst du die Schwingung deiner Seele und der ganzen Menschheit. Widerstand gegen Wachstum schadet der Erde und allen, die auf ihr leben, da du ein Teil des kollektiven Geistes der menschlichen Rasse bist. Sei versichert, dass auf der Seelenebene dein Wunsch, dein volles Liebespotenzial zu entwickeln, größer ist als der persönliche Widerstand deines Ego. Daher wirst du immer wieder und wieder vom Universum aufgefordert, jeglichen Widerstand gegenüber deiner Göttlichkeit aufzugeben – bis dein Ego sich deinem Wachstum, deiner Akzeptanz und höheren Schwingung nicht mehr in den Weg stellt.

Gehe auf eine entspannte Weise, mit offenem Geist und offenem Herzen, an diese Seelenlektionen heran. Sie zu meistern stellt eine Herausforderung dar, doch wir versichern dir, dass es um ein Vielfaches leichter ist, sie anzunehmen, als sie zu ignorieren. Diese Lektionen nicht zu lernen macht die Reise durch das Leben zu einer unglücklichen Affäre, ohne jegliche Kreativität.

Fürchte dich nicht vor den Seelenlektionen, denn es gibt nichts, wovor du Angst haben müsstest. Stattdessen werden sie dich von Frustration und Schmerz erlösen und deine Freiheit nicht einschränken – im Gegenteil: Je mehr du deine spirituelle Natur annimmst, desto mehr Freiheit wirst du gewinnen.

Am besten ist es, wenn du mit Neugier und Interesse an diese Lektionen herangehst. Wie du herausfinden wirst, hast du bereits einige davon gelernt und ein paar sogar schon gemeistert, die du heute als Teil deiner Lebensaufgabe zum Ausdruck bringst. In dieser Hinsicht wirst du freudig überrascht sein.

Es ist nicht nötig, alle 22 Lektionen in diesem Leben zu meistern, da die Seele von einer Lebenszeit zur nächsten reist und dabei alles bis dahin Gelernte beibehält. Bewusst oder unbewusst hast du seit vielen Inkarnationen an diesen Themen gearbeitet, und du *machst* Fortschritte. Jeder Aufenthalt auf der Erde dient als Lehrzeit, um mehr zu lernen. Alle Seelenlektionen präsentieren sich dir zum genau richtigen Zeitpunkt, und nichts, was du je gelernt hast, geht jemals verloren.

Wenn es auch nicht erlaubt ist, Lektionen zu überspringen, hast du zum Lernen alle Zeit der Welt, da der Schöpfer dir das Geschenk des freien Willens verliehen hat. Du kannst wählen, dich schnell oder langsam weiterzuentwickeln. Die Erdenebene mitsamt der menschlichen Erfahrung ist eine Seelenschule, und niemand macht den Abschluss, ohne alle 22 Lektionen gemeistert zu haben.

Gehe unbefangen an diese Lehren heran. Sei stolz darauf und zufrieden damit im Hinblick auf diejenigen, die du gemeistert hast, und lass nicht locker bei jenen, die eine Herausforderung für dich darstellen. Bitte um Hilfe und vergiss nicht, dass dir als göttlichem Wesen keine Grenzen gesetzt sind – außer in deinen Gedanken. Diese Schulung soll dich Schritt für Schritt dahin führen, dich von Mustern und Verhaltensweisen zu befreien, die deine Göttlichkeit blockieren.

Das höchste Ziel deiner Seele ist erreicht, wenn du alle 22 Lektionen gemeistert und dein höheres Selbst voll und ganz als deine wahre Identität integriert hast. Dann wird alles, was du in deinem Leben tust, mit dem göttlichen Bewusstsein übereinstimmen. Du wirst einen ekstatischen Seinszustand erleben, frei von Einschränkungen und Leid. Dein inneres Licht wird in die Welt und darüber hinaus leuchten und allem Heilung und Harmonie bringen. In demütiger Hingabe an den liebenden Schöpfer des Universums, der zu diesem Zeitpunkt dein inneres Licht hervorruft, erkennen wir deine Göttlichkeit und fühlen uns geehrt, deiner Entwicklung dienen zu können.

In Frieden und tiefer Liebe,
The Emissaries of the Third Ray

1. Teil

Wie du lernst,
deine kreative Macht zu nutzen

SEELENLEKTION NR. 1

Du bist ein göttliches, unsterbliches Wesen

Du bist ein göttliches, unsterbliches Wesen – ein kostbares Kind des Universums. Deine Hauptaufgabe auf der Erde besteht darin, deine wahre Natur als ein spirituelles, schöpferisches Wesen zu erkennen. Jedoch bekämpft dein Ego, das mit deiner physischen Sterblichkeit verbunden ist, diese Wahrheit auf jede nur denkbare Weise, um die Kontrolle über dich zu behalten. Es stürzt dich in Verwirrung und Verzweiflung und sorgt dafür, dass du deine wahre Identität vergisst.

Wenn du erkennst, dass du ein göttliches, unsterbliches Wesen bist mit der Macht, zu kreieren und viele Fähigkeiten zu beherrschen, verschwinden Kummer und Verzweiflung; deine menschlichen Erfahrungen sind erfüllt von Freude, Ruhe und innerem Frieden. Wenn du deine Göttlichkeit nicht erkennst und stattdessen deinem Ego erlaubst, dich zu definieren, bleibst du in den Fängen der Angst, unglücklich, von deiner wahren Aufgabe auf der Erde abgeschnitten – und unfähig, deinem kreativen Geist Ausdruck zu verleihen.

Als göttliches, unsterbliches Wesen ist der wichtigste Aspekt deiner Aufgabe der, deine Kreativität anzunehmen und zu meistern. Die Erdenebene und die Erfahrung als Mensch bieten deiner Seele die bestmögliche Schule, in der du diese Kreativität entdecken, durch Erfolge und Misserfolge lernen und dich in jeder Beziehung weiterentwickeln kannst. Die alten Mystiker deiner Dimension bezeichneten diesen Prozess als *Alchemie*, bei dem das Blei deines Egos in das Gold deiner Seele umgewandelt wird.

Du wirst dich fragen: *Was genau bedeutet es, ein göttliches, unsterbliches Wesen zu sein?* Es zeigt an, dass du nicht dein Körper, deine Persönlichkeit oder dein Ego bist; und ebenso wenig bist du deine Vergangenheit oder deine Zukunft. Du musst dich nicht durch deine

Erfahrungen oder Bedingungen definieren, denn wenn dies auch Werkzeuge sind, die du benutzen kannst, sind sie nicht das, was dich ausmacht.

Du bist *Geist* – eine feurige, himmlische Intelligenz, von Gott erschaffen und in ihrem Wesen unbegrenzt. Du musst nicht »spirituell« werden, so als hättest du irgendeinen grundlegenden Makel, den du korrigieren oder überwinden müsstest, wie so viele von euch glauben. Du *bist* Geist. Nimm diese Tatsache an, verleih ihr Ausdruck, liebe und genieße sie.

Es gibt keine Außenwelt, deren Zustimmung oder Anerkennung du gewinnen musst. Es gibt nur eine menschliche Familie, in der alle untrennbar als einziger göttlicher Körper miteinander verbunden sind. Du bist sowohl Teil dieser Gemeinschaft als auch ein heiliger Ausdruck der Liebe und ein Kind Gottes.

Das Einzige, was dich von diesem Bewusstsein abhält, ist dein Ego, das Teil deines vorübergehenden physischen Vehikels ist – des Körpers, in dem du lernst, während du hier auf der Erde weilst. Es versucht, alles zu kontrollieren, und möchte dich glauben machen, dass es die Kontrolle hat. Das Ego ist voller Angst, manipulierend und verwirrend, und es wird alles in seiner Macht Stehende tun, dich davon abzulenken, deine Seele, dein wahres Selbst, zu erkennen. Erliege nicht seinem Zauber.

Wir empfehlen dir jedoch nicht, zu versuchen, dich von deinem Ego zu befreien, denn in Wahrheit kannst du es nicht. Solange du lebst, lebt auch dein Ego. Der Versuch, es zu überwinden, ist ein fruchtloses Katz-und-Maus-Spiel, das dich davon abhält, im Sinne deines höheren Selbst zu leben. Vielmehr solltest du diesen verwirrenden Aspekt deines Wesens für das lieben und akzeptieren, was er ist: der begrenzte Teil von dir, der die Kontrolle haben möchte. Lache über dein Ego (natürlich liebevoll) und ignoriere seine Vorstellungen. Es ist nicht die Stimme deines essentiellen Selbst und vermittelt nicht die Wahrheit. Wenn du auf dein Ego hörst, wirst du von Negativität und Angst verzehrt werden. Es wird deine Seele mit seinen endlosen Unsicherheiten, Forderungen und Drohungen irritieren, die umso größer werden, je mehr Aufmerksamkeit du ihnen schenkst.

Anstatt dich auf diese falschen Ratschläge zu fokussieren, stimme dich auf deine göttliche, unsterbliche Seele ein. Sie wird dich zu der

Wahrheit führen, dass du wertvoll bist und dass Gott, das Universum, deine Führer und Engel und wir Emissaries dich über alles lieben. Als ein gesegnetes Kind Gottes bestehst du nur aus Liebe. Lerne, dich genau so wertzuschätzen, wie der Allmächtige es tut – ohne Einschränkung, frei und bedingungslos. Du bist hier auf der Erde, um diese Wahrheit zu akzeptieren und zu meistern.

Ich erinnere mich, wie ich das erste Mal mit dieser Lektion konfrontiert wurde, und zwar durch meine beste Freundin Sue, die wie ich hellseherisch begabt war. Damals war ich elf Jahre alt. Sie sprach darüber, als wir in der Pause spielten. Als ich dran war, lehnte Sue sich zu mir herüber und flüsterte: »Ich muss dir etwas sagen.«

Neugierig geworden, wandte ich ihr mein Gesicht zu, spielte jedoch weiter. Sie wartete, bis ich aufhörte, damit sie meine ungeteilte Aufmerksamkeit hatte, und sagte dann leise: »Weißt du was? Wir sind Gott.«

Schockiert über ihre Blasphemie, stotterte ich: »Was? Wer? Wir, meinst du damit dich und mich? Wie kannst du so etwas sagen? Es ist – es ist – total falsch!« Ich reagierte sofort. Trotz meiner hellseherischen Fähigkeiten und starken persönlichen Verbindungen mit geistigen Wesen war ich ein »gutes« katholisches Mädchen – mit einer Eins in Religion – und ich hatte noch nie etwas so Narzisstisches gehört. Man hatte uns gesagt, dass wir alle schon als Sünder auf die Welt gekommen waren und der Himmel uns nicht anerkannte, solange wir nicht getauft waren. Sues Behauptung, dass wir Gott wären, war ungeheuerlich und stand in völligem Gegensatz zu allem, was ich in der Schule gelernt hatte. Es fühlte sich an wie ein Sakrileg.

»Sag das nicht, vor allem nicht laut«, flüsterte ich ihr zu. »Sschhh!«

»Egal was du sagst«, erwiderte sie gelassen, »es stimmt.«

Ihre ruhige Selbstsicherheit war faszinierend. Wie konnte sie das wissen? Wie konnte sie so tollkühn, so furchtlos sein? Schließlich waren wir katholisch. Sie wartete, bis ich mich beruhigt hatte, und erklärte mir dann geduldig, dass sie in der Bücherei ein paar Bücher über Metaphysik gelesen und dabei auf Autoren wie Ernest Holmes, Madame Blavatsky und andere theosophische Lehrer gestoßen war.

»In diesen Büchern sagen große Lehrer, dass wir göttlich sind. Ich glaube ihnen, und das solltest du auch«, sagte Sue.

Damals erschreckten mich ihre Worte. Es schien so ... arrogant – zumindest im Hinblick auf meine katholische Erziehung. Doch auf einer intuitiven, sogar körperlichen Ebene empfand ich es in meinem Innersten als wahr. Es fühlte sich richtig an, und das konnte ich nicht ignorieren.

Wir beendeten die Diskussion zu diesem Zeitpunkt, weil ich Angst hatte, jemand könnte etwas mitbekommen und uns bei der Schulleitung verpetzen. Doch Sues Worte hatten ein Samenkorn in mir gepflanzt, und ich konnte die Idee nicht einfach abtun. Ich begann, darüber nachzudenken, und schlich mich sogar in die Bücherei, um in den metaphysischen Büchern zu lesen, von denen sie gesprochen hatte. Und da stand es – die gleiche Wahrheit, die sie mir mitgeteilt hatte.

Als ich 14 war, hatten die Samen meiner persönlichen Göttlichkeit Wurzeln geschlagen. Ich habe nie mit anderen darüber gesprochen, außer mit meiner Mutter, doch sie und meine geistigen Führer bestätigten das, was Sue gesagt hatte: dass wir göttlich sind. Bald danach lernte ich einen meiner einflussreichsten spirituellen Lehrer kennen, Dr. Tully. Als ich ihn das erste Mal sprechen hörte, bestätigte auch er, was Sue gesagt hatte, und widmete einen ganzen Vortrag der göttlichen Natur, die uns allen gemeinsam ist. Ich glaubte ihm, und so nahm meine Aufgabe in diesem Leben ihren Anfang.

Seit damals habe ich miterlebt, wie andere Menschen dieses gleiche grundlegende Seelenbewusstsein auf die verschiedenste Weise erlangt haben. Es schockiert manche (so wie mich damals), fasziniert einige und erschreckt andere zutiefst. Doch bringt diese Lektion zunehmend große Erleichterung. Wir sind göttliche Wesen, und die Zellen in unserem Körper wissen darum. Je eher wir diese Tatsache akzeptieren, desto schneller werden wir alle friedvoller werden. Wir müssen dies heute verstehen, damit wir aufhören, aus Angst heraus zu handeln und uns und andere aus Mangel an Selbstliebe abzulehnen. Wir alle werden den Augenblick erleben, in dem uns diese Wahrheit präsentiert wird. Es ist ein Geheimnis, das uns nicht länger vorenthalten werden kann. Und wenn dieses Bewusstsein in Erscheinung tritt, sind wir zu dieser Lektion aufgerufen, und es ist an der Zeit, mit unserer Aufgabe zu beginnen.

Jetzt kannst du diese Lektion anwenden.

- Wenn diese Information etwas völlig Neues für dich ist und du dir nicht vorstellen kannst, dass etwas Göttliches an dir oder an anderen ist, wenn du es als arrogant empfindest, solch grandiose Gedanken zu hegen, oder wenn du in der Regel ein geringes Selbstwertgefühl besitzt ... dann bist du hinsichtlich dieser Lektion ein *Schüler*.

- Wenn du erkennst, dass du eine Seele bist, doch kaum an deine Heiligkeit glauben kannst, wenn du denkst, dass es möglich ist, göttlich zu werden, aber nicht in diesem Leben, wenn du dich und die Welt generell durch die Meinungen anderer definierst und dir ständig über deine äußere Erscheinung Sorgen machst ... dann bist du ein *Lehrling*.

- Wenn du deine Gedanken kontrollierst, großzügig denkst, dich von Gott geliebt fühlst und weißt, dass du ein geistiges Wesen bist ... dann befindest du dich in der *Gesellen*-Phase.

- Wenn du akzeptierst, dass du göttlich bist, der Tatsache deiner unsterblichen Seele keinen Widerstand entgegenbringst, das Leben als heilig erfährst oder wenn du dich fragst, wie du deine Wünsche besser manifestieren kannst ... dann bist du munter auf dem Weg, diese Lektion zu *meistern*.

Wenn du ein Schüler bist ...

- Nimm tiefe Atemzüge und spüre, wie sie dir Leben geben. Sie sind das Fundament deines Geistes.
- Denke über deine Seele nach und lass dir durch den Kopf gehen, was dich mit Freude »zum Brennen bringt«.
- Achte auf die Ähnlichkeiten zwischen Menschen statt auf ihre Unterschiede und erkenne, was an allen Menschen gut – und sogar großartig – ist.
- Hör auf, Anerkennung bei anderen zu suchen, und akzeptiere deine Göttlichkeit.

Wenn du ein Lehrling bist ...

- Konzentriere dich auf die Dinge, die du an dir liebst und schätzt, und das oft und auch laut.
- Äußere laut und deutlich, dass du dich voll und ganz anerkennst.
- Nimm dir Zeit, die Aktivitäten zu notieren, die dir inneren Frieden bringen, und genieße sie.
- Bekräftige, dass du von deinem Schöpfer geliebt wirst.

Wenn du ein Geselle bist ...

- Rufe dir täglich in Erinnerung, dass du ein göttliches Wesen bist.
- Schau in die Seelen der Menschen.
- Erkenne den Geist Gottes in allen Wesen.
- Ignoriere jegliche Gedanken oder Gefühle, die dich an deinem Wert zweifeln lassen, und richte dich stattdessen ausschließlich darauf, ein Leben in Übereinstimmung mit dem göttlichen Geist zu führen.

Wenn du glaubst, dass du dabei bist, diese Lektion zu meistern ...

- Lache über dein Ego und erfreue dich an deinem Geist.
- Entwickle weiterhin deine Selbstliebe und Akzeptanz.
- Sei offen für deine göttliche Natur.
- Liebe dich selbst bedingungslos.

DEINE SEELENLEKTION

Du bist ein göttliches, unsterbliches Wesen

DEINE SEELENAUFGABE

Dich selbst so zu lieben, wie Gott dich liebt

Seelenlektion Nr. 2

Du kreierst in Kooperation mit dem Göttlichen

Du kreierst gemeinsam mit dem Universum, und alles in deinem Leben ist eine direkte Reflexion dessen, wie du gegenwärtig mit deiner Schöpferkraft umgehst. Dazu gehören deine Gesundheit, die Qualität deiner Beziehungen, deine finanzielle Situation, die Zufriedenheit oder Unzufriedenheit mit deinen täglichen Erfahrungen und deine Arbeit.

Es mag dir schwerfallen zu glauben, dass du ein solches Maß an Einfluss auf die Dinge in deinem Leben ausüben könntest. Dennoch ist es so. Du bestimmst deine Umstände, doch selten tust du es absichtlich. Du entwickelst die meisten Situationen unbewusst, weil du nicht weißt, wie du deine Kreativität richtig anwenden kannst, um deine wahren Ziele zu erreichen.

Diese Lektion hat jedoch nichts mit Schuldzuweisung zu tun. Dir selbst Vorwürfe zu machen wäre so, als würdest du einem Kind die Schlüssel zu einem Auto geben, ihm zuschauen, wie es eine Massenkarambolage verursacht, und dann behaupten, es hätte diesen Unfall absichtlich herbeigeführt. Es mag ihn provoziert haben, ja – aber nicht mit Absicht.

Als göttliches Wesen besitzt du die Fähigkeit, auf der Erdenebene zu kreieren; doch um erfolgreich das zu manifestieren, was du dir wahrhaft wünschst, musst du im Rahmen dessen arbeiten, was als *göttliches Gesetz* bekannt ist. Es gibt von Gott festgelegte unveränderliche Prinzipien, die bestimmen, wie die physische Welt entsteht. Wenn du in Übereinstimmung mit diesen heiligen Vorgaben handelst, wirst du alles erreichen, was du dir wünschst. Solange du nicht verstehst und akzeptierst, dass du in Kooperation mit dem Göttlichen kreierst und dein Leben, so wie es jetzt ist, selbst gewählt hast

– wenn vielleicht auch unbewusst –, kannst du weder deine Seelenlektionen meistern noch deine Lebensaufgabe erfüllen.

Je eher du deine dir innewohnende kreative Macht erkennst und lernst, wie du sie richtig anwenden kannst, desto schneller wird dein Leben die erfreuliche Erfahrung sein, die es von Anfang an sein sollte.

»Wollt ihr damit sagen, dass ich selbst Armut, Krankheit, Einsamkeit, Arbeitslosigkeit, Frustration und Kampf kreiert habe?«, hören wir dich fragen.

Um die Wahrheit zu sagen: Genau so ist es ... doch auch hier gilt, nicht mit Absicht. Du hast lediglich aufgrund schlechter Beispiele gelernt, deine dir innewohnende göttliche Macht zu missbrauchen, anstatt sie in die richtigen Bahnen zu lenken. Im Grunde genommen hast du nur getan, was du bei anderen gesehen hast – gewöhnlich ohne ihr Verhalten infrage zu stellen. Wenn zum Beispiel deine Mutter ihre kreative Energie hinsichtlich Geld falsch eingesetzt und Schulden angehäuft hat, dann ist es wahrscheinlich, dass du es ihr nachmachst. Es ist anzunehmen, dass ihre Eltern auch Probleme in diesem Bereich hatten.

Vor einigen Monaten erhielt ich einen Anruf von einer Klientin namens Rita. Sie, eine selbst ernannte Skeptikerin, die von ihrer Tochter aufgefordert worden war, mich anzurufen, sagte mir gleich zu Beginn, dass es ihr schwerfalle, irgendetwas zu glauben, ganz zu schweigen von dem, was ich ihr vielleicht sagen würde.

Als ich ihre Energie abtastete und mit meinen Führern überprüfte, fragte ich sie verdutzt, ob ihre Mutter vor Kurzem an krankhaftem Übergewicht gestorben sei.

Schockiert erwiderte Rita, dass dem tatsächlich so sei. Ihre Mutter hatte bei einer Größe von 1,65 Metern 380 Pfund gewogen und war zeit ihres Lebens übergewichtig gewesen.

Dann fragte ich Rita, ob auch sie unter Übergewicht leide.

Einen Moment lang war sie still, bevor sie antwortete: »Ich würde es gerne nicht so nennen, doch muss ich zugeben, dass es stimmt. Auch ich bin extrem übergewichtig, doch größer als meine Mutter, also habe ich mir eingeredet, dass es bei mir nicht so schlimm ist. Ich habe mich nie als zu dick bezeichnet, doch ich glaube, dass mein Arzt kein Problem hätte, es so zu nennen.«

Nun fragte ich sie, ob das Gleiche auf ihre Tochter zutreffen würde, woraufhin sie ausrief: »Absolut! Sie ist noch dicker als ich! Ich sage ihr immer, dass sie ihre Gesundheit gefährdet, aber sie meint, ich solle mich um meine eigenen Angelegenheiten kümmern. Es macht mich wütend, doch wenn ich die Situation aus Ihrer Sicht betrachte, nehme ich an, dass sie recht hat.«

Dann versank Rita plötzlich in Verzweiflung. »Oh Gott, an manchen Tagen möchte ich einfach aufgeben«, sagte sie.

Ich wartete einen Moment, damit sie sich beruhigte, und fragte sie dann, ob ihre Mutter das Gleiche gesagt hätte.

»Jeden Tag ihres Lebens«, antwortete sie in einem verbitterten Ton.

»Und Ihre Tochter?«, fragte ich. »Was ist mit ihr? Hat sie schon mal gesagt, dass sie nicht mehr weitermachen will?«

»Jetzt, wo Sie es erwähnen, ja, das tut sie – und zwar ständig«, erwiderte Rita. »Es macht mich wütend, wenn sie so negativ ist.«

»Und Sie?«, fuhr ich fort. »Sind Sie pessimistisch?«

»Ich habe mich nie so gesehen, aber vermutlich muss ich zugeben, dass ich es bin.«

»Und wenn Sie sich schlecht fühlen, dann essen Sie, stimmt das?«

»Natürlich tu ich das. Es stillt den Schmerz für kurze Zeit.«

»Meine Führer zeigen mir«, fuhr ich fort, »dass Sie und Ihre Tochter einfach das Muster wiederholen, das Ihre Mutter kreiert hat. Ihr Gewichtsproblem ist ein Denkmuster, das Sie geerbt und weitergegeben haben.«

»Alle Frauen in meiner Familie sind übergewichtig«, sagte sie und lachte dann. »Ich nehme an, dass wir alle dasselbe gelernt haben.«

»Ja, und hier ist die gute Nachricht. So, wie Sie die jetzige Situation manifestiert haben, können Sie auch etwas anderes manifestieren – doch nicht willentlich, indem Sie nur Ihr Ego benutzen. Sie müssen gemeinsam mit dem Universum kreieren, um Erfolg zu haben. Sie haben die Macht, Unglück und Elend zu manifestieren – oder Gesundheit und Freude. Bitten Sie einfach Ihre göttlichen Helfer um Unterstützung bei der Gestaltung Ihres Lebens, und die Dinge werden sich bessern.«

Eine Weile schwieg Rita, bevor sie tief Luft holte und sagte: »Ich weiß, dass Sie recht haben. Ich sagte, ich sei skeptisch, doch die Wahrheit ist, *dass meine innere Stimme, oder wie immer Sie es nennen wollen, genau dasselbe gesagt hat. Ich wollte es nur nicht hören, daher habe ich so getan, als könnte ich es nicht.«*

Ich schlug ihr erneut vor, ihr Gewichtsproblem lediglich als ein unbewusst übernommenes Muster zu betrachten, dass sie mithilfe des Göttlichen ändern konnte. Ich empfahl ihr, den Overeaters Anonymous beizutreten, da diese Organisation eine ausgezeichnete Schule ist, um himmlische Kräfte zur Schaffung neuer Umstände einzusetzen – obendrein ist es kostenlos.

Rita war offensichtlich nicht annähernd so widerspenstig, wie sie behauptet hatte. Am nächsten Tag trat sie Overeaters Anonymous bei, und zehn Monate später erhielt ich einen Brief von ihr, in dem sie schrieb, dass sie 60 Pfund verloren hatte – und eine Menge Bitterkeit. Sie erwähnte, dass sie es genoss, einen neuen Körper und ein neues Leben für sich selbst zu kreieren. Und das Beste, fügte sie hinzu, war die Tatsache, dass auch ihre Tochter Jolene kürzlich beschlossen hatte, ihre Denkweise zu ändern, und sie nun gemeinsam daran arbeiteten, für sich selbst und zukünftige Generationen von Frauen in ihrer Familie ein anderes, positives Erbe zu entwickeln.

An diesem Missbrauch der Kreativität ist niemand schuld. Es handelt sich einfach um sich wiederholende Irrtümer – Muster, die von Person zu Person, von einer Generation zur anderen, von einem Leben zum nächsten weitergegeben werden. Deine Lektion besteht darin, diese unbewussten Gedankenformen daran zu hindern, dein Leben zu beherrschen und die immer gleichen Probleme zu wiederholen und stattdessen mit neuen Beispielen für Vorstellungskraft und Ideenreichtum voranzugehen, damit andere ihnen folgen können und auf diese Weise auch befreit werden. Das ist der Grund, warum du hier bist – um bewusst und direkt deine göttliche Energie zu nutzen und zu lenken, anstatt sich mit Autopilot durchs Leben zu bewegen und ständig die gleichen Fehler zu wiederholen.

Im Moment ist es nicht nötig, darüber nachzudenken, wie du deine kreative Macht besser lenken kannst. Akzeptiere einfach die Tatsache, dass du diese Macht hast, denn du kannst diese Gabe nicht meistern, solange du sie nicht als dein Eigen anerkennst.

Es mag den Anschein haben, als lägen einige Aspekte deines Lebens, zum Beispiel deine Herkunftsfamilie oder die physischen Bedingungen und Eigenschaften, mit denen du geboren wurdest, außerhalb deines persönlichen Einflussbereiches. Doch du bist ein zeitloses Wesen, mit vergangenen Inkarnationen und einer langen Geschichte, bevor du in deiner gegenwärtigen Form auf die Erde gekommen bist. Wenn es sich für dein Ego auch weit hergeholt anhört, ist es dennoch so, dass deine Seele deine Umstände gewählt hat, einschließlich deiner Familie, deines Körpers und deines Geburtsortes, um dir und deiner andauernden Entwicklung am besten zu dienen.

Jede neue Lebenszeit fährt an dem Punkt fort, wo deine vorherige aufgehört hat. Das bedeutet, dass du nicht nur die Umgebung deiner gegenwärtigen Inkarnation wählst, sondern auch Eigenschaften aus deinen vergangenen Leben mitbringst. Wenn du zum Beispiel das letzte Mal, als du auf Erden gelebt hast, unproduktiv und übermäßig von anderen abhängig warst und nicht gelernt hast, wie du deine Kreativität neu ausrichten kannst, um ein größeres Maß an Unabhängigkeit zu gewinnen, wirst du dich auch in deinen folgenden Inkarnationen auf der Erde mit Mangelzuständen konfrontiert sehen, bis du lernst, etwas anderes zu manifestieren.

Ich habe einen Klienten namens Carlos, der seine Macht angenommen und beschlossen hat, mit göttlicher Hilfe eine radikale Veränderung in seinem Leben vorzunehmen. Als in Mexiko geborener Ingenieur wollte er dauerhaft in den USA leben und ein metaphysisches Heilzentrum in El Paso, Texas, gründen, wo er mit einem befristeten Visum lebte und arbeitete.

Sich seine mitschöpferische Kraft zu eigen machend, bewarb er sich um eine Green Card, nur um von seinem Anwalt zu hören, dass seine Chancen fifty-fifty stehen würden, sie zu bekommen, und selbst wenn, dann würde es wahrscheinlich mehrere Jahre dauern – wenn er Glück hatte –, bis sie genehmigt wurde. Carlos ignorierte diese Voraussage und bat stattdessen das Universum um Hilfe, seinen Wunsch zu erfüllen; und sieben Monate später erhielt er per Post die Green Card. Sein Anwalt konnte es nicht fassen, da der Prozess normalerweise mehrere langwierige und aufwendige Schritte erfordert, von denen kein einziger in die Wege geleitet worden war.

Er setzte weiterhin seine mitschöpferische Kraft ein, statt es allein »herauszufinden« oder auf andere zu hören, die ihn entmutigten. Und so bat er Gott, ihm zu helfen, ein Gebäude für sein Heilzentrum zu manifestieren. Innerhalb weniger Monate wurde ihm ein Haus angeboten, das gerade erst für 50 000 Dollar renoviert worden war. Nicht nur das, es war auch noch in den gleichen Farben angestrichen, die auch Carlos' Logo aufwies. Er zog ein und vermochte binnen kürzester Zeit sein Zentrum zu eröffnen – wobei vorher alle gesagt hatten, das sei ein Ding der Unmöglichkeit.

»Es ist wahr, wäre ich mir selbst überlassen gewesen«, sagte er, »wäre es mir nie gelungen. Doch ich bin ein Mitschöpfer des Göttlichen, und ich habe das Universum gebeten, dieses Mal meine Ziele zu unterstützen und ein bisschen Magie für mich zu wirken. Ich wollte etwas anderes tun als das, was andere meinten, dass ich tun sollte, oder was andere – und sogar ich selbst – in der Vergangenheit getan haben. Ich wollte allen beweisen, die der Meinung waren, ich könnte meinen Traum nicht verwirklichen, dass sie sich irrten.«

Und wie er es ihnen bewiesen hat! Sie können sein Heilzentrum jederzeit besuchen, wenn Sie in El Paso sind. Es heißt Butterflies of Wisdom, und es ist ein wahrhaft transformierender Ort.

Du wirst keine Schritte überspringen oder außerkörperliche Erfahrungen haben, die dir erlauben, Seelenlektionen zu umgehen. Stattdessen bewegst du dich stetig in deinem Lernprozess weiter und arbeitest Schritt für Schritt darauf hin, deine göttliche Seele auf der physischen Ebene vollständig anzunehmen, auszudrücken und zu meistern. Das ist die Freude am Leben in dieser Welt und der Grund, warum deine Seele sich dafür entscheidet, auf die Erde zu kommen. Du kannst die ganze Zeit kreieren, und das tust du auch. Sobald du lernst, es auf eine Weise zu tun, die dich erfreut, wird das Leben zu einem grenzenlosen Wunder an Möglichkeiten.

Jetzt kannst du die Lektion anwenden.

- Wenn du nicht glaubst, dass du jetzt alles kreieren kannst oder dass du es jemals in der Vergangenheit getan hast, wenn du wütend über die Ungerechtigkeit des Lebens bist, dich hilflos fühlst und denkst, dass du aufgefordert bist, mehr Verantwortung zu übernehmen, als du tragen kannst, oder wenn du insgeheim hoffst, dass irgendwann ein Prinz oder eine Prinzessin auf einem weißen Pferd in dein Leben geritten kommt, um es auf magische Weise leichter zu machen ... dann bist du ein *Schüler* bei dieser Lektion.

- Wenn du dieser Idee schon einmal begegnet bist und sie faszinierend findest oder es dir sogar Spaß macht, damit zu experimentieren, du sie jedoch nicht wirklich ernst nimmst, wenn du Selbsthilfebücher liest (aber nicht zu Ende) oder wenn du die Möglichkeit zwar ins Auge fasst, aber nicht davon überzeugt bist, dass du die Dinge zum Besseren wenden kannst ... dann bist du ein *Lehrling*.

- Wenn du weißt, dass du gemeinsam mit dem Universum kreierst, es nicht erwarten kannst, deine Manifestationsfähigkeiten zu verbessern, deine Entscheidungen genau prüfst oder die volle Verantwortung für deine Lebensbedingungen übernimmst ... dann bist du in der *Gesellen*phase.

- Wenn du morgens voller Selbstvertrauen aufwachst, fokussiert und eifrig bestrebt, dein nächstes aufregendes Ziel als Mitschöpfer anzugehen, wenn du mit jeder Zelle deines Körpers weißt, dass du erfolgreich sein wirst, wenn du mit optimistischer Leichtigkeit, gepaart mit eiserner Entschlossenheit und Disziplin, an das Leben herangehst und keine Gedanken an Misserfolg zulässt ... dann hast du, was diese Lektion betrifft, die Stufe der *Meisterschaft* erreicht.

Wenn du ein Schüler bist ...

- Erstelle eine Liste der aktuellen Umstände in deinem Leben, die du bejahst und genießt, und übernimm die volle Verantwortung dafür.
- Erstelle eine Liste der Umstände, die dir missfallen, und prüfe, ob auch andere Mitglieder deiner Familie sie als Teil eines negativen erlernten Musters erleben.
- Denke über die Idee nach, dass du alles kreieren kannst, und überlege, woran du als Nächstes gern arbeiten möchtest.
- Lies Selbsthilfebücher.

Wenn du ein Lehrling bist ...

- Erstelle eine Liste der Dinge, die du jetzt erreichen willst, und prüfe den Grad der Begeisterung, die jedes dieser Ziele in dir hervorruft.
- Verfolge nur jene Ziele, die dich wirklich in Begeisterung versetzen. Vergiss zunächst einmal alle anderen.
- Rede nur über deine Erfolge. Schweige über deine Misserfolge.
- Betrachte den Akt des Kreierens als ein Spiel mit dem Zauberstab. Welche Möglichkeiten möchtest du jetzt sofort entstehen lassen?

Wenn du ein Geselle bist ...

- Schreibe jeden Abend, bevor du ins Bett gehst, auf, was du an diesem Tag kreiert hast.
- Erstelle zwei Spalten: Führe in Spalte A Erfolge und zufriedenstellende Manifestationen auf; in Spalte B notiere die Patzer.
- Liste neben den Erfolgen in Spalte A mehrere Dinge auf, die du getan hast, um sie zu ermöglichen. Halte in Spalte B ein paar Dinge fest, die du getan oder zu tun versäumt hast, was dann zu Enttäuschungen geführt hat.
- Führe solche positiven Muster auf, die zu einem höheren Grad an Glück und Leistung führen.
- Notiere die Bereiche, in denen du kreative Stärke aufweist, und jene, in denen du noch zu kämpfen hast.

- Suche negative Gewohnheiten, die deine Bemühungen, deine Wünsche zu verwirklichen, behindern und die im Hinblick auf deine Erfolge fehlen.

Wenn du auf dem Weg zur Meisterschaft dieser Lektion bist ...

- Feiere deine Erfolge. Sei nicht scheu und spiele sie nicht herunter. Es ist gut und gottgefällig, deine Göttlichkeit zu würdigen.
- Lass andere an deinen Schlüsseln zur Erfüllung teilhaben.
- Unterstütze Schüler, Lehrling und Gesellen und hilf ihnen, wenn sie dich darum bitten.
- Praktiziere weiter, bestimme deine Träume und genieße den Vorgang.
- Denke immer daran, voll und ganz fokussiert zu sein.

Herzlichen Glückwunsch! Du hast eines deiner größten Seelenhindernisse überwunden, indem du deine geistige Natur und die dir verliehene Macht als Mitschöpfer angenommen hast.

DEINE SEELENLEKTION

Du bist ein göttlicher Mitschöpfer

DEINE SEELENAUFGABE

Indem du deine kreative Macht voll und ganz akzeptierst, ehrst und respektierst du deine Seele und erinnerst andere daran, das Gleiche zu tun.

SEELENLEKTION NR. 3

Kreieren beginnt mit Gedanken

Jegliche Kreation beginnt mit Gedanken. Der Prozess der Manifestation ist nicht zufällig oder unbedacht, wenn es auch sicherlich dem uninformierten, ungeübten Auge zuweilen so erscheinen mag. Vielmehr folgt deine kreative Macht und ihr vergleichbare Energie dem göttlichen Gesetz, welches bestimmt, dass jede Entwicklung vom Geist initiiert wird.

Auf deiner Ebene der Erde bestätigt die Quantenphysik, dass alles im Universum, auch du und sogar wir, aus Bewusstsein oder Gedanken besteht. Letzten Endes sind alle Aspekte der Existenz, einschließlich deiner persönlichen Welt, im Grunde genommen deine Gedanken, Glaubenssätze, Überzeugungen und Ideen in manifestierter Form.

Kreieren ist ein relativ einfacher Vorgang. Wenn du gute Gedanken, Glaubenssätze und Ideen wählst, sorgst du für ein positives Resultat. Deine Lektion besteht darin, deine Gedanken bewusst zu wählen, damit du wünschenswerte Ergebnisse hervorbringst. Schau dir an, wie du bisher deine Kreativität angewandt hast, indem du dein Leben betrachtest, wie es heute ist. Alles, was du siehst, hat sich aufgrund der Art und Weise ergeben, wie du deinen Geist benutzt.

Deine Gedanken erschaffen auf eine von zwei Weisen: entweder bewusst in Übereinstimmung mit göttlichem Gesetz oder unbewusst, fortgerissen und manipuliert vom Chaos der Welt. Wie du dir vorstellen kannst, sind die Konsequenzen dieser beiden Methoden äußerst unterschiedlich. Du handelst unbewusst, wenn deine Aufmerksamkeit von deinem Ego kontrolliert und von oberflächlichen Phänomenen geblendet wird. Auf dieser Ebene konzentrierst du dich auf ein negatives Selbstbild, Unsicherheiten, Zweifel, eingebildete Katastrophen, äußere Einflüsse, destruktive Muster aus der

Vergangenheit und allgemeine Ängste – was dazu führt, dass du Krankheit, Stress, Chaos, Enttäuschung und Schmerz manifestierst.

Ich habe eine Klientin mit Namen Lynn, deren ganze Aufmerksamkeit sich ausschließlich darauf richtet, dass sie allein ist. Als Einzelkind und Waise aufgewachsen, war sie von ihrem Ehemann und später von ihrem Freund verlassen worden. Sie ist wie gebannt von ihrer Einsamkeit, sodass sie jegliche Bemühungen anderer, ihr näherzukommen, sabotiert. Obwohl sie den verzweifelten Wunsch hat, Nähe und Freundschaft zu kreieren, kreisen ihre Gedanken immer nur um ihre Einsamkeit. Ich kenne sie seit zehn Jahren, und in dieser Zeit hat sich nichts in ihrem Leben verändert. Und es wird sich auch nichts ändern, solange sie nicht ihre Denkweise ändert.

Festzustellen, worauf Ihre Aufmerksamkeit gerichtet ist, kann eine schwierige Aufgabe sein. Wenn ich beispielsweise über mein Leben nachdenke, kann ich problemlos sehen, dass ich auf meine Beziehungen mit meinen Töchtern fokussiert bin, auf die enge Zusammenarbeit mit meinen Klienten, auf die Entwicklung positiver Beziehungen mit Freunden und auf das Schreiben, Lehren und Weitergeben meiner Botschaft an die Welt. Es überrascht mich nicht, dass in diesen Bereichen alles wunderbar leicht fließt, und ich bin sehr zufrieden mit meinen Manifestationen.

Zu meinem Entsetzen habe ich jedoch feststellen müssen, dass ich meinem Mann Patrick und unserer Beziehung nicht genügend Aufmerksamkeit widme; das Gleiche gilt für Erholung und Vergnügen (zumindest in letzter Zeit) und für Entspannung (die ich mir so gut wie nie gönne). Ich muss wohl kaum erwähnen, dass Patrick und ich uns stärker einander entfremdet fühlen als je zuvor. Außerdem bin ich schlechter gelaunt als sonst, weil ich mir nicht genug »Spiel«raum lasse, und da ich selten eine Pause einlege, bin ich chronisch erschöpft.

Unzufrieden mit dieser Situation, habe ich beschlossen, mich damit eingehender zu beschäftigen. Dabei wurde ich mir einer verschütteten Gedankenschicht bewusst, die meinen Fokus lange Zeit auf einer bestimmten Ebene gehalten hat. Ich habe entsprechend der Überzeugung gehandelt, dass ich mich ständig antreiben und hetzen muss, um Gott zu dienen, und dass meine persönlichen Bedürfnisse weit weniger edel sind und daher nicht im gleichen Maße meine Aufmerksamkeit verdienen.

Diese Einstellung habe ich vor mehr als 37 Jahren in der katholischen Schule übernommen (wenn nicht schon früher, in vergangenen Inkarnationen) und nie mehr abgelegt oder überhaupt infrage gestellt, was dazu geführt hat, dass ich seither gefühllos gegen mich selbst bin und mich übernehme.

Ich glaube, diesen Zustand überwunden zu haben, und es überrascht mich wirklich, dass diese mentalen Gewohnheiten noch immer vorhanden sind. Das zeigt mir, wie hartnäckig unbewusste Muster sein können. Tatsächlich besteht ein großer Teil unserer Seelenlektionen darin, zu erkennen, worauf sich unsere Aufmerksamkeit richtet, und zu prüfen, ob das jeweilige Verhalten oder Muster unserer Seele dient – und wenn nicht, es zu ändern. Wenn unsere Aufmerksamkeit auf positive, wünschenswerte Manifestationen gerichtet ist, sollten wir sie in Ruhe lassen. Doch wenn sie von altem, vererbtem Elend festgehalten wird, müssen wir uns neu ausrichten, um uns zu befreien.

―

Du kreierst bewusst durch Intention, die deine Gedanken vorsichtig auswählt und nur auf jene konzentriert, die einem bestimmten Resultat dienen. Ein klares Ziel zu haben sorgt dafür, deinen Geist auf einen geraden Kurs zu bringen und die physische Welt nach und nach so zu biegen und zu formen, dass sie deinem Wunsch entspricht. Was widerstrebend erscheint, wird zu Kooperation, und was vorher Kampf war, verwandelt sich in Leichtigkeit.

Intention diktiert den Kurs der Kreativität, während sie sich entfaltet. Das Universum gibt unbeirrbarer Intention nach, entsprechend der Natur des göttlichen Gesetzes. Denke an die verschiedenen Arten, wie du deine Gedanken dirigiert hast, und achte auf die Resultate, die sie hervorgebracht haben.

―

Vor Kurzem bekam meine älteste Tochter, Sonia, ihr erstes Auto und lud ihre jüngere Schwester, Sabrina, zu einer Ausfahrt ein. Drei Blocks von unserem Haus entfernt fuhr sie in ein Schlagloch auf der Straße, was zu einer verbeulten Felge und einem Platten führte. Sie ließ den Wagen zurück zu dem Händler abschleppen, bei dem sie ihn gekauft hatte, und erklärte, was passiert war. Sie war voller Empörung, als man ihr sagte, dass sie leider Pech gehabt habe, dies aber nicht das Problem der Firma sei und die Reparatur 350 Dollar kosten würde.

Sie wollte Gerechtigkeit und lehnte diese Entscheidung ab. Unbeirrt schrieb sie dem Manager der Autofirma, dem Hersteller sowie der Reifenfirma und bestand darauf, dass die beschädigten Teile sofort und kostenlos ersetzt werden. Sie war so sehr auf ihr gewünschtes Resultat fokussiert, dass ihr nicht einmal der Gedanke an einen Misserfolg kam.

Ihr Wunsch setzte sich durch. Sie erhielt nicht nur nach weniger als 48 Stunden eine Antwort, sondern man bot ihr außer einer neuen Felge und einem neuen Reifen obendrein noch ein Jahr kostenlose Autowäsche sowie eine Entschuldigung des Herstellers an.

War sie überrascht? Nein, sie war entschlossen. Dies ist ein kleines Beispiel für die Macht der Intention. Ich habe nie daran gezweifelt, dass sie Erfolg haben würde, da ich wusste, wie sehr sie auf ihr Ziel fokussiert war.

Kein Gedanke ist einfach neutral oder vorteilhaft. Alle Glaubenssätze – Gedankenkonstrukte – sind machtvoll; und wenn du dich auf diese Macht konzentrierst und sie lenkst, ob bewusst oder unbewusst, geht es gar nicht anders, sie muss etwas manifestieren – ohne Ausnahme.

Du musst nicht ständig alle deine Gedanken kontrollieren, um wünschenswerte Resultate zu kreieren – sondern nur die, die gegen dich arbeiten. Manche Gedanken führen zu wunderbaren Resultaten, also lass sie lieber in Ruhe. Stattdessen achte auf jene Ideen, die deinem Wohlergehen entgegenwirken und dein Leben ruinieren, und trenne die produktiven Gedanken von den schädlichen. Richte deinen Fokus auf die Bedingungen und Erfahrungen, die du dir in deinem Leben wünschst. Dank des göttlichen Gesetzes und der dir innewohnenden Macht als unsterbliches kreatives Wesen werden deine Träume erfüllt.

Jetzt kannst du diese Lektion anwenden.

- Wenn du ganz verwirrt bist, keine Ahnung hast, worauf du dich fokussieren sollst, zu ängstlich bist, dich auf irgendetwas zu konzentrieren, oder deine Aufmerksamkeit auf alles richtest, was in der Welt falsch ist ... dann bist du ein *Schüler* hinsichtlich der Arbeit an dieser Lektion.

- Wenn du zustimmst, dass die Art und Weise, wie du deinen Geist lenkst, in manchen, aber nicht in allen Bereichen deines Lebens einen gewissen Unterschied macht, wenn du gelegentlich positives Denken praktizierst, es jedoch meistens vergisst, wenn es dir schwerfällt, dich über einen längeren Zeitraum auf irgendetwas zu konzentrieren, oder wenn du das, was du in den Nachrichten oder im Fernsehen siehst, glaubst oder sogar befürchtest ... dann bist du ein *Lehrling*.

- Wenn du die Tatsache akzeptierst, dass deine Gedanken erschaffen, wenn du auf sie achtest und merkst, wann sie dir dienen und wann nicht, oder wenn du dich darum bemühst, produktiv zu denken ... dann bist du ein *Geselle*.

- Wenn du kreativ denkst, deine Glaubenssätze regelmäßig überprüfst, dich meistens auf positive, glückliche Gedanken ausrichtest oder bereit bist, nichts unversucht zu lassen, um unbewusste, schädliche oder negative Muster aufzudecken ... dann bist du auf dem besten Weg, ein *Meister* dieser Lektion zu werden.

Wenn du ein Schüler bist ...

- Mach dir die befriedigenden oder positiven Resultate in deinem Leben bewusst und erkenne an, dass du sie kreiert hast.
- Achte darauf, worauf du deine Aufmerksamkeit lenkst, dazu gehört auch, woran du denkst, worüber du redest oder was du bei den Gesprächen anderer hörst.
- Schalte den Fernseher oder das Radio ab und wende dich zur Abwechslung deinen Gedanken zu.
- Kreiere kleine Erfolge, zum Beispiel den perfekten Parkplatz zu finden oder ein Lob für deine Arbeit zu bekommen.

- Arbeite daran, mit dieser kreativen Macht vertraut zu werden.
- Stelle fest, ob du Träume hast oder dich ziellos durchs Leben treiben lässt.
- Falls du keine Ziele hast, setze dir ein paar kleinere und übe dich darin, dich auf ihre Verwirklichung zu fokussieren.

Wenn du ein Lehrling bist ...

- Erstelle eine Liste all deiner erfolgreichen Manifestationen, soweit du dich zurückerinnern kannst, und sinne darüber nach, wie du an sie gedacht hast.
- Verlagere dein Augenmerk von dem, was dir missfällt oder was du nicht wünschst, auf das, was du vorziehst und gern erleben möchtest.
- Rede, singe, schreibe, denke und träume im Hinblick auf das, was dir gefällt, vor allem an dir.

Wenn du ein Geselle bist ...

- Widme deine ganze Aufmerksamkeit eine Woche lang einer Sache, die du magst.
- Schreibe auf, was in deinem Leben nicht funktioniert.
- Führe ein Tagebuch über all deine täglichen Erfolge und notiere dazu, welche Rolle deine Gedanken, Aufmerksamkeit und Intention dabei gespielt haben.
- Schreibe dir eine Absicht für die Woche auf und konzentriere dich jeden Tag 15 Minuten lang darauf.

Wenn du auf dem Weg bist, diese Lektion zu meistern ...

- Wenn du dich auf einen Wunsch fokussierst, plane ein positives Resultat voraus.
- Beginne jeden Tag mit der Absicht, ihn noch besser zu gestalten als den vorherigen.
- Übe dich darin, irrige Glaubenssätze sofort zu erkennen, und sage laut: »Auslöschen.«
- Denke oft an schöne Dinge.

DEINE SEELENLEKTION

Denken kreiert

DEINE SEELENAUFGABE

Bewusst zu kreieren

Seelenlektion Nr. 4

Beziehe deine Gefühle mit ein

Um zu kreieren, musst du auch deine Gefühle mit einbringen. Wenn du etwas ins Leben rufen möchtest, reicht es nicht, es nur auf intellektueller Ebene zu wollen. Gedanken helfen, diese Macht zu organisieren, doch solange sie nicht von Gefühlen angetrieben werden, fehlt es ihnen an Kraft und Schwung. Ein Wunsch, das kreativste aller Gefühle, ist die feurige Energie des Geistes, die Ideen in Realität umsetzt.

Ein Traum ist ein Geschenk Gottes. Wenn du eine große Sehnsucht nach etwas verspürst, vereint sich dein Geist mit deinem Herzen und drängt nach der Erfüllung dieses Traums. Den Geist mit dem Herzen zu verbinden ist unbedingt erforderlich, um die kreative Macht freizusetzen. Denke über die Dinge in deinem Leben nach, die dir Befriedigung schenken. Bist du in der Lage, den Wunsch tief in deinem Herzen zu identifizieren, der diese Segnungen ermöglicht hat?

Jessica, eine Klientin von mir, hat zwei Drehbücher geschrieben, die verkauft und erfolgreich produziert wurden. In beiden Fällen hat sie nicht nur die bewusste Entscheidung getroffen, ein ausgezeichnetes Drehbuch zu schreiben und zu verkaufen, sondern sie war beseelt von dem Wunsch, das Ganze zu genießen. Als ich mit ihr darüber sprach, konnte ich ihre von Herzen kommende Absicht spüren. Sie brannte regelrecht vor Kreativität. Zu keinem Zeitpunkt war sie abgelenkt von Gedanken der Unsicherheit über ihre Zukunft. Sie wusste mit hundertprozentiger Sicherheit, dass ihre Wünsche erfüllt werden. So groß war ihre Überzeugung, dass auch ich es jedes Mal, wenn ich mit ihr sprach, einfach wusste. Der Schlüssel zu ihrem Erfolg lag darin, dass das Projekt von ihrem Herzen und nicht von ihrem Verstand angetrieben wurde. Sie war voller Leidenschaft für ihr Projekt – so sehr, dass sie jeden Tag daran arbeitete und ihre Begeisterung ständig wuchs.

Ihre Energie war intensiv, elektrisierend und ansteckend. Sie kam mit den beiden Drehbüchern wunderbar voran, Schritt für Schritt, während sie immer mehr in Schwung kam und Zuspruch fand. Das Ergebnis war nicht ein Spielfilm, sondern es waren zwei, die beide sowohl geistsprühend waren als auch Publikumserfolge wurden. Mit anderen Worten, sie war mit ihren Absichten erfolgreich, weil sie ihre Werke liebte, und ihre Leidenschaft und Begeisterung zog die endlose Hilfsbereitschaft anderer an.

Ich hatte eine andere Klientin, Susan, die auch, wenn nicht sogar noch talentierter war und die sich ebenso sehr danach sehnte, ein kreatives Werk zu schaffen – in diesem Fall ein Theaterstück. Als Autorin von sechs hoch geachteten Gedichtbänden richtete sie sich neu aus und verlegte sich aufs Stückeschreiben. Vielseitig und wortgewaltig wie sie war, schrieb sie ein Stück über Chicago und machte sich daran, es zu inszenieren.

Es tat weh, mit anzusehen, wie sie vorankam beziehungsweise nicht vorankam. Zweifellos wollte sie erfolgreich sein, doch sie war nicht voll und ganz auf ihre Absicht ausgerichtet und kam nur schleppend voran. Hier und da wurde ihr Unterstützung zuteil, je nachdem, wie sie ihre emotionale Energie benutzte. An Tagen, an denen Susan sich in ihrem Vorhaben klar und stark fühlte und bereit war, die Schritte auf dem Weg zum Erfolg ganz und gar zu genießen, öffneten sich ihr alle Türen. Sie nahm an einem Dramatiker-Wettbewerb teil und gewann; es war deutlich zu sehen, dass ihr Geist und ihr Herz zu diesem Zeitpunkt völlig übereinstimmten. Gestärkt von diesem Triumph, fühlte sie sich veranlasst, ein Theater zu finden, bei dem sie das Stück inszenieren konnte. Genau an diesem Punkt verlor sie ihre Entschlusskraft und ihre Intention geriet ins Wanken.

Sie hasste das Vorsprechen und die Lesungen. Die Leute sagten, dass ihnen das Stück gefiel, doch nicht genug, um es zu inszenieren. Das Projekt fiel ins Wasser. Nach 10 oder 15 Ablehnungen war sie verzweifelt und verlagerte ihre Aufmerksamkeit ganz aufs Scheitern. Sie verlor ihre Leidenschaft und Begeisterung und quälte sich fünf Jahre lang mit immer wiederkehrenden Gedanken über diese Ablehnungen. Nachdem sie schließlich genug hatte von dieser elenden Situation, fing sie sich wieder, *fand zu ihrer Begeisterung zurück, löste sich aus ihrer Depression und nahm nur zum Vergnügen an einem landesweiten Wettbewerb für Dramatiker teil. Dabei setzte sie ihr Herz ein statt ihres zerbrechlichen Egos, und sie gewann. Der Preis war die Inszenierung ihres Stückes. Letztendlich wurde es in Chicago aufgeführt und – von der Kritik gelobt – später auch in New York.*

Als wir uns das nächste Mal trafen, waren ihre ersten Worte: »Ich weiß nicht, ob mein Verstand das alles verkraften kann.«

Eine stimmige Aussage. Ich schlug ihr vor, stattdessen ihr Herz zu fragen, und sie strahlte über das ganze Gesicht. »Trotz des ganzen Dramas ist es sehr aufregend, also mach ich natürlich weiter«, sagte sie. Was sie auch tat.

Deine Art des Fühlens – nicht dein Ego oder dein Intellekt – treibt den kreativen Prozess voran. Wenn du versuchst, etwas durch reine Willenskraft zu erreichen, anstatt deinen Wünschen zu vertrauen und ihnen zu folgen, dreht sich dein Verstand im Kreis, während er versucht, die »Dinge auf die Reihe zu kriegen«, was nur zu Angst, Verwirrung und Sorgen führt. Das Feuer der Imagination, das du brauchst, um eine Idee Wirklichkeit werden zu lassen, kommt aus dem Herzen.

Ich habe einen Klienten namens Tom, den ich seit Jahren kenne und dessen Ego kontinuierlich seinen Erfolg untergräbt. Er wünscht sich seit Langem, seinen Job als Lehrer aufzugeben, Chicago den Rücken zu kehren, um in den Bergen im Westen der USA zu leben. Aber wenn es dann konkret darum geht, seinen Wunsch in die Tat umzusetzen, erstarrt er. Er fühlt sich so unbehaglich und sträubt sich so sehr dagegen, sein Herz eine Veränderung in Gang setzen zu lassen, was von seiner Angst herrührt, auch nur halbwegs die Kontrolle zu verlieren, dass seine schöpferische Kraft gelähmt ist und er implodiert. Sein Verstand lehnt es kategorisch ab, sich von der wilden Energie seines Herzens anstecken zu lassen, sondern stellt stattdessen jede nur erdenkliche Frage, um ihn zurückzuhalten.

»Was ist, wenn sich das Ganze als großer Fehler herausstellt?« »Was ist, wenn ich keine Klienten oder keinen Job finde?« »Was ist, wenn ich

einsam bin, es mir nicht gefällt, alles zu schwierig ist oder ich enttäuscht bin?« Seine Aufmerksamkeit wird gefangen gehalten, seine Intention zu Fall gebracht und sein Herz völlig ignoriert. Das Resultat ist ein Teufelskreis von ständiger Frustration, Sorge, Depression und Angst.

―

Wenn du unter ähnlichen Ängsten leidest, liegt es daran, dass keine Verbindung zwischen Herz und Kopf und zwischen Geist und Seele zustande gekommen ist. Dein Ego gerät völlig außer Kontrolle, weil das Herz unberücksichtigt bleibt. Dein Verstand strebt erfolglos danach, den Treibstoff bereitzustellen, den du für deinen Erfolg benötigst, während in Wirklichkeit die erforderliche Energie und der Wunsch nur aus deinen Gefühlen kommen können. Der Versuch, auf rein intellektueller Basis etwas zu kreieren, ist vergleichbar damit, ein Feuer ohne Streichholz entzünden zu wollen.

―

Genauso verhielt es sich bei einer Klientin namens Sylvia. Sie und ihr Mann Derrick sehnten sich nach grundlegenden Veränderungen in ihrem Beruf, doch beide ließen es nicht zu, ihre Herzen an diesem Wunsch zu beteiligen. Sylvia glaubte, dass sie ausschließlich Hausfrau und Mutter für ihre neunjährige Tochter sein durfte, weil ihr Verstand ihr sagte, dies sei das einzig Richtige. Dabei ging sie zu Hause vor Langeweile schier ein und sehnte sich nach einer kreativen Tätigkeit, wie etwa Gartengestaltung oder Blumenbinderei – selbst wenn es nur auf Teilzeitbasis wäre. Doch weigerte sie sich, ihrem Herzen zu folgen, ihre Optionen abzuwägen oder darauf zu vertrauen, dass es eine Möglichkeit geben könnte, Familie und Arbeit unter einen Hut zu bringen.

Auch ihr Mann, Rechtsanwalt von Beruf, sehnte sich nach etwas anderem. Er wollte von zu Hause aus arbeiten, war aber nicht einmal bereit, in Betracht zu ziehen, ihren teuren Lebensstil aufzugeben. Stattdessen ließ er zu, dass sein Ego und sein Stolz seine Entscheidungen kontrollierten; er begann, sich über seine Arbeit, seine Frau und sogar seine Tochter zu ärgern. Sowohl Derrick als auch Sylvia verschlossen ihr Herz, stritten sich endlos darüber, wer für wen sorgen sollte, ignorierten ihr kleines Mädchen – und das alles nur, weil sie beide so wütend und erschöpft waren.

Das Letzte, was ich von ihnen hörte, war, dass sie von ihren Kreditkarten lebten – und Insolvenz anmelden mussten – und dass ihre Ehe an einem seidenen Faden hing. An ihrem schöpferischen Prozess waren ihre leidenschaftlichen Gefühle nicht im Geringsten beteiligt – sie benutzten ausschließlich ihren kontrollierenden, wütenden Verstand.

Ein anderes Beispiel ist meine Freundin Erica, eine begnadete Kosmetikerin, die unheimlich gern Gesichtsbehandlungen, Mikrodermabrasionen und all die anderen Arten von innovativen Anti-Aging-Methoden durchführt. Doch wollte sie sich gerne selbstständig machen und dem, was sie als das »toxische Umfeld« in den Praxen von Schönheitschirurgen bezeichnet, den Rücken kehren. Diese Intention war nicht einfach in die Tat umzusetzen, da sie für die von ihr angebotenen Behandlungen eine Ausstattung benötigte, die von einem Arzt gekauft und regelmäßig kontrolliert werden muss.

Obgleich sie sich keinen Illusionen hingab und ihr klar war, dass ihr Traum nicht zu realisieren war, drängte sie mit ihrer Leidenschaft und Begeisterung weiter vorwärts. Über die Jahre hinweg belegte sie immer wieder Kurse, um sich weiterzuqualifizieren, sprach mit jedem über ihre Arbeitswünsche und festigte derweil ihren guten Ruf unter ihren bestehenden Klienten immer mehr. Eines Tages erhielt sie einen Anruf von einem Arzt, der von ihren erstaunlichen Fähigkeiten und ihrer Haltung gehört hatte. Er erklärte sich nicht nur einverstanden, für ihre Ausstattung zu garantieren, sondern bot ihr auch noch eine Partnerschaft und Lizenz an, die es ihr erlaubte, Teil seiner Praxis zu sein, die Behandlungen aber bei sich zu Hause vorzunehmen. Erstaunlich und höchst ungewöhnlich, hat sie heute mehr Erfolg, als sie sich jemals hätte träumen lassen.

Stell dir vor, dass dein Geist wie ein Auto ist, das dich zu den Dingen bringen kann, die du möchtest. Deine Gefühle sind der Kraftstoff, der es anwirft und in Bewegung setzt. Wenn du deine Emotionen als die treibende Kraft hinter deinen Intentionen nicht voll und ganz einbringst, bleibt deine Kreativität ungenutzt und untätig. Dein Wunsch ist der Funke, der den schöpferischen Impuls in die Tat umsetzt.

Jetzt kannst du die Lektion anwenden.

- Wenn du von Angst und Sorgen überwältigt wirst, zur Passivität neigst, dir unsicher bist, was du dir wünschst, alles übermäßig analysierst und selten im Gleichklang mit deinem Herzen bist ... dann bist du ein *Schüler*, was diese Lektion betrifft.

- Wenn du zustimmst, dass das Herz wichtig ist, doch nur darauf hören willst, wenn es nichts von dir fordert, du dir zuweilen Sorgen machst, dich dennoch vorwärts tastest in dem Versuch, deine Sehnsüchte zu realisieren, dir wünschst, du könntest deinem Herzen mehr Aufmerksamkeit schenken, doch von deinem Verstand daran gehindert wirst, oder wenn du dir deiner Gefühle bewusst bist, aber nicht sicher, ob sie zuverlässig genug sind ... dann bist du ein *Lehrling*.

- Wenn du dein Herz in allen Situationen zu Rate ziehst, dich von Dingen begeistern lässt, die deine Gefühle und Kreativität ansprechen, und keine Angst hast, dies auch zu zeigen, wenn du erkennst, dass Sorgen und Angst bedeuten, dass du zu viel denkst, und daher körperlich aktiv wirst, um dem Einhalt zu gebieten, wenn du an das glaubst, was du liebst, und in Aktivitäten involviert bist, die dich begeistern, wenn du deinem Herz folgst, selbst dann, wenn es Mut erfordert, unbequem, bedenklich oder beängstigend ist – in dem Wissen, dass dieses ganze Drama etwas Gutes, Wahres und Wichtiges zur Folge hat, oder wenn du ein leidenschaftliches Leben einem kontrollierten vorziehst ... dann bist du ein *Geselle*.

- Wenn du erkennst, dass dein Herz die Stimme deiner Seele ist und du es in jede Situation voll und ganz einbeziehst, deine Leidenschaften genießt und nie versuchst, das zu verbergen, was du liebst, wenn du dir nur selten Sorgen machst und dich dein jetziges Leben begeistert ... dann bist du auf dem besten Weg, diese Lektion zu *meistern*.

Wenn du ein Schüler bist ...

- Frage dich, was dein Herz entzücken, überraschen und mitreißen würde.
- Werde lockerer und bewege dich mehr, um weniger zu denken. Gehe spazieren, tanze, fahre Fahrrad oder treibe Sport.
- Lies Kinderbücher, singe lauthals, schau dir lustige Filme an, geh in den Zoo oder lege dir ein Haustier zu (oder wenn du eins hast, spiele öfter mit ihm).
- Nimm Kontakt mit einem Freund aus deiner Kindheit auf, und erinnert euch gemeinsam an alte Zeiten.

Wenn du ein Lehrling bist ...

- Schüttele Leuten kräftig die Hand, schaue ihnen direkt in die Augen und umarme sie herzlich und kräftig, wenn es angebracht ist.
- Sprich darüber, was du als Kind geliebt hast, was dir heute am Herzen liegt und was du dir für die Zukunft wünschst, anstatt dich auf Probleme zu konzentrieren.
- Falls du dir Sorgen über irgendetwas machst, klopfe dir mit den Fingern heftig auf die Brust oberhalb des Herzbereiches, stoße den Laut »*Ha!*« aus und sage dann: »Göttlicher Geist, beseitige diese Verstopfung.«
- Liste all deine kreativen Versuche der Vergangenheit auf, egal ob sie erfolgreich waren oder nicht, und rufe dir in Erinnerung, wie lebendig du dich dabei gefühlt hast. Halte dieses Gefühl in deinem Gewahrsein aufrecht.

Wenn du ein Geselle bist ...

- Umgib dich mit mutigen und leidenschaftlichen Gefährten, die dir helfen, dein inneres Feuer neu zu entfachen.
- Betrachte alle vergangenen missglückten Leidenschaften als gute Rohskizzen und lache über sie, während du deinen Geist bewunderst.

- Unternimm etwas Mutiges, indem du dich zum Beispiel zu einem Trapez-Kurs anmeldest, im Hochgebirge trekkst oder ehrenamtlich jemandem hilfst, der krank ist oder im Sterben liegt.
- Gehe jeden Tag einer körperlichen Betätigung nach.

Wenn du auf dem Weg bist, diese Lektion zu meistern ...

- Lass andere wissen, dass du dein Leben liebst.
- Höre auf dein Herz und achte gut darauf, dass es nicht von der Außenwelt überrannt wird.
- Unternimm einmal wöchentlich etwas, um deine Leidenschaften anzuheizen. Gönne dir ein tolles Essen. Unternimm eine lange Fahrradtour. Schau dir einen Monumentalfilm an. Besuch ein Musical. Gib eine Party.

DEINE SEELENLEKTION

Gefühle sind der Treibstoff der Kreativität

DEINE SEELENAUFGABE

Deinem Herzen zu folgen

SEELENLEKTION NR. 5

Du kreierst in Bildern

Sobald der kreative Prozess durch einen Wunsch in Gang gesetzt wird, setzt er sich in Bildern fort. Um etwas zu manifestieren, musst du dein Unbewusstes, das nicht auf Worte reagiert, daran beteiligen. Seine Sprache sind Symbole und visuelle Darstellungen. Euer Sprichwort »Ein Bild sagt mehr als tausend Worte« beschreibt treffend die Art und Weise, wie du diesen Teil von dir zur Mitarbeit gewinnen kannst.

Das göttliche Gesetz sieht vor, dass sich jedes beharrlich beibehaltene Bild früher oder später materialisieren wird. Um diese Idee zu verstehen, schaue dir einfach die physische Welt an. Der Stuhl, auf dem du sitzt, der Boden unter deinen Füßen, das Dach über deinem Kopf und sogar deine Kleidung sind das Resultat einer lange aufrechterhaltenen Vorstellung, die Manifestation erlangt hat.

Du kannst zum Beispiel das beste Baumaterial der Welt vor einem leeren Grundstück abladen, doch ohne ein Bild dessen, wie das fertige Haus aussehen soll, werden das Holz und die Nägel nur herumliegen, und nichts wird kreiert. Das Gleiche gilt für alle deine Wünsche, egal ob es sich um ein Haus, einen Job, eine Liebe, ein Abenteuer oder sogar eine Beziehung zu Gott handelt. Solange du keine klare und beständige Vorstellung von deinem erwünschten Resultat in deinem Herzen trägst, wird es sich nicht materialisieren.

Ohne eine genaue Vision wirst du dich in verwirrende, allgemeine Beschreibungen verlieren, die den niedrigsten gemeinsamen Nenner von Kreativität widerspiegeln und in deinem Leben das Drama, die Verzweiflung und Enttäuschung der Massenpsyche hervorbringen.

Doch musst du nicht nur eine klare Vorstellung von dem haben, was du manifestieren willst, sondern auch in der Lage sein, sie aufrechtzuhalten. Nur dann prägt sich das Bild dem Unbewussten tief genug ein, um die Erfahrung zu dir bringen zu können. Wenn du zum Beispiel beim Bau eines Hauses einem Bauplan folgst, doch jedes Mal, wenn du dir den Plan anschaust, feststellst, dass er sich geändert hat, würdest du unsicher werden, dich verloren fühlen und dein Vorhaben nicht realisieren können. Es wäre dir nicht möglich, das zu kreieren, was du dir ursprünglich gewünscht hast, weil du keinen präzisen Entwurf im Sinn hast. Du magst versuchen, Worte oder sogar Gefühle zu finden, um deine mangelnde Klarheit zu kompensieren, doch wird es nicht funktionieren, sondern vielmehr das Chaos nur noch vergrößern.

Wenn du dich an unsere Metapher erinnerst, wonach Gedanken das Fahrzeug der Kreativität und Emotionen der Treibstoff sind, kannst du dir eine Vorstellung als das Ziel vorstellen. Ohne dieses mentale Bild kannst du zwar deinen Motor anlassen, doch wird er dazu neigen, leerzulaufen, sich nicht von der Stelle zu bewegen oder sich im Kreis zu drehen. Oder du wirst wie ein Auto ohne bestimmtes Ziel auf dem Highway des Lebens in das tägliche Verkehrsgewühl hineingezogen, das dich entweder in Richtungen zwingt, in die du gar nicht hinwillst, oder dafür sorgt, dass du dich verfährst.

―

Manche Menschen sind geborene Visionäre und kreieren in Bildern. Meine Mutter gehörte dazu. Jede ihrer Ideen und Wünsche fand Ausdruck auf einem Zeichenblock, egal ob es sich dabei um ein Kleid, ein Fotostudio, einen Familienausflug oder eine Party handelte. In dem Moment, in dem sie etwas vor ihrem geistigen Auge »sah«, zeichnete sie es. Das ist der Grund, warum der Keller und der Waschraum unseres Hauses zu einem bunten Studio und bei Bedarf auch noch zu einer Dunkelkammer wurden; übrig gebliebene Stoffteile wurden in hübsche Kleidungsstücke für ihre sieben Kinder verwandelt; und ihr Hörverlust veranlasste sie, nach innen zu gehen und auf ihr höheres Selbst, Engel und geistige Führer zu hören. Wenn sie sich etwas vorstellte, sahen auch wir es – und der Rest der Welt um uns herum, da ihre innere Sicht ihre Ideen buchstäblich aus dem Äther zog und sie direkt vor ihren Augen materialisierte.

―

Es ist nicht ungewöhnlich, dass jemand einen starken Wunsch hat und gleichzeitig eine Vorstellung von dem genauen Gegenteil hegt. Selbst wenn wir etwas Neues kreieren wollen, bleiben wir oft bei den Bildern dessen, was wir bereits in unserem Leben entwickelt haben, hängen und können uns nicht über sie hinwegbewegen.

~

Eine hübsche Klientin von mir, ihres Zeichens Modedesignerin, sagte nach ihrer dritten Fettabsaugung zu mir: »Ich gebe es auf. Wem will ich hier was vormachen? Ich bin einfach eine dicke Frau, egal wie dünn ich vorübergehend werden kann, und das ist die Wahrheit.«

Nun, es war nicht »die Wahrheit«. Es war lediglich ihre Wahrheit, so wie sie von ihrer Vorstellung kreiert wurde. Solange sie nicht ihre Vorstellungen verändert, wird sie dick bleiben.

~

Klares und detailliertes Sehen gestaltet die physische Welt.

~

Das vielleicht frappierendste Beispiel für kreative Vorstellungskraft findet sich in zwei kleinen Büchern: DreamHealer und DreamHealer 2 (exklusiv erhältlich über Amazon.de). Diese Bücher erzählen die Geschichte von einem Teenager namens Adam, der seine außergewöhnliche Fähigkeit benutzt, um den Körper zu heilen. Er besitzt eine derart klare Vorstellungskraft, dass er nicht nur alles sehen kann, was er sehen will, sondern er ist auch imstande, direkt in den physischen Körper hineinzuschauen und die Organe zu finden, die nicht richtig funktionieren. Mit seiner Gabe stellt er sich vor, dass die angegriffenen Organe und Gewebe wieder gesund und voll funktionsfähig sind, und dabei ist er so erfolgreich, dass seine Wunderheilungen dokumentiert werden.

Seine berühmteste Heilung war die des NASA-Astronauten und Gründers des Institute of Noetic Sciences Edgar Mitchell, der an Bauchspeicheldrüsenkrebs erkrankt war. Indem er eng mit Adam zusammenarbeitete und entsprechend dessen Anweisungen visualisierte (unter Zuhilfenahme von Aufnahmen einer gesunden Bauchspeicheldrüse), gelang es Mitchell, seinen Krebs innerhalb vier Monate rückgängig zu machen. Bis heute erfreut er sich bester Gesundheit.

Adam ist weder ein spiritueller Guru noch besonders an Metaphysik interessiert. Er versteht es einfach meisterhaft, starke Gedankenbilder zu kreieren, und verhilft infolgedessen Menschen dank Visualisierungen dazu, ihre Gesundheit zurückzuerlangen.

―

Schau dir noch einmal dein gegenwärtiges Leben an. Welche Bereiche sind zufriedenstellend und welche nicht? Siehst du einen Zusammenhang zwischen der Klarheit deiner Vorstellung und dem Grad deines Erfolges? Fallen dir Aspekte auf, in denen deine Vorstellungen vielleicht vage sind oder sogar das Gegenteil deiner Intention darstellen?

―

Während ich hier sitze und dies schreibe, kann ich nicht umhin, mein eigenes Vorstellungsvermögen zu prüfen. Einer meiner kreativen Wünsche ist, in meinem Beruf erfolgreich zu sein, doch egal, wie weit ich mich in meiner Arbeit weiterentwickle, habe ich noch immer nicht das Gefühl, genug erreicht zu haben. Dabei kommt mir in den Sinn, dass meine Planung im Hinblick auf Leistung und Erfolg völlig nichtssagend ist. Es ist ein Gedanke, eine Idee, sogar ein Gefühl – und ein echter, von Herzen kommender Wunsch –, doch habe ich keine klare Vorstellung davon, wie Erfolg für mich aussieht. Also weiß ich jetzt, dass ich an dieser Lektion noch arbeiten muss.

―

Wenn deine Vorstellung vage ist, ist es nicht möglich, etwas zu kreieren. Aus diesem Grund gelingt es vielen Menschen nicht, Vorhaben wie Wohlstand, Fülle und sogar Gesundheit zu manifestieren. Der Wunsch ist zwar vorhanden, aber sie haben keine klare Vorstellung. Wie sieht dein Gedankenbild von Reichtum aus? Von Fortune? Vielleicht möchtest du gern vollkommen glücklich sein, hegst aber zugleich Vorstellungen von furchtbaren Schwierigkeiten. Verstehst du?

Wenn du dich abmühen musst, um deinen finanziellen Grundbedarf zu decken, fällt es dir unter Umständen schwer, Wohlstand zu visualisieren. In diesem Fall wäre es effektiver, wenn du dir vorzustellst, was du dir von diesem Wohlstand erhoffst.

Als Patrick und ich jung verheiratet waren, wohnten wir in einem kleinen Appartement ohne Geschirrspüler. Da Patrick ein schlampiger Koch ist, habe ich Stunden damit zugebracht, seine schmutzigen Töpfe und Pfannen zu schrubben als meinen Teil der Vereinbarung, jeden Abend ein wunderbares Essen zu genießen. Das ging mehrere Monate so, bis ich meine Rolle bei dieser Übereinkunft infrage zu stellen begann. Er hatte den Spaß, und ich musste mich um den schmutzigen Teil kümmern. Ich wünschte mir einen tragbaren Geschirrspüler, um mir meine Arbeit zu erleichtern. Da wir nur ein sehr geringes Einkommen hatten, konnten wir uns keinen leisten. Die Modelle, die wir uns anschauten, kosteten alle mehr als 500 Dollar das Stück, was weit über unseren Mittel lag. Doch ich hielt an meiner Vorstellung fest und studierte weiterhin die Angebote der Elektrogeschäfte.

Als ich eines Tages wieder einmal in der Elektroabteilung bei Sears war, sah ich meinen tragbaren Geschirrspüler – ein Vorzeigestück – im Sonderangebot. Ursprünglich 589 Dollar teuer, war er auf 250 Dollar reduziert worden. Auch wenn dieser Preis immer noch höher war, als wir ausgeben konnten, hielt ich dennoch an der Vorstellung fest.

Als ich nach Hause kam, lief mir unerwartet unser Vermieter über den Weg, den ich nur selten zu Gesicht bekam. Als er mich fragte, wie es mir ging, hörte ich mich plötzlich von dem tragbaren Geschirrspüler reden, wie perfekt er in unsere Küche passen würde und dass er jetzt nur noch 40 % des ursprünglichen Preises kostete. Dann fragte ich ihn, ob er bereit wäre, die Kosten zu übernehmen. Zu meiner – und sicher auch zu seiner eigenen – großen Überraschung erklärte er sich einverstanden. Zwei Stunden später stand der Geschirrspüler an seinem perfekten Platz in der Küche. Hätte ich meine Zeit damit verschwendet, Geld zu visualisieren, hätte ich mit Sicherheit nie den Geschirrspüler für mich kreiert.

Je präziser deine Vorstellung ist, desto schneller manifestierst du sie. Das gilt nicht nur für materielle, sondern auch für emotionale Wünsche. Das Gesetz tritt auf allen Ebenen der menschlichen Erfahrung in Kraft: mental, physisch und emotional – und dazu gehört auch die Liebe. Sie zu visualisieren ist vielleicht eine der schwierigeren

Aufgaben, da deine menschliche Erfahrung von Liebe so konfus ist, und viele von euch haben diesbezüglich keine qualitativ guten Vorbilder gehabt. Daher hast du keine klare Vorstellung von dem, was Liebe ist. Wenn es dir schwerfällt, sie zu visualisieren, stell dir vor, was du stattdessen erleben möchtest. Wenn du zum Beispiel einsam bist, stell dir vor deinem geistigen Auge einen zuverlässigen und großzügigen Gefährten vor, mit dem du wertvolle Zeit verbringst, anstatt zu versuchen, dich auf den abstrakten Begriff »Liebe« zu fokussieren. Wenn du den Wunsch hast, dein Leben mit jemandem zu teilen, stell dir genau das vor, beispielsweise wie ihr zusammen einkaufen geht, esst, intim seid, spazieren geht, euch unterhaltet und gemeinsam lacht – was immer deine Vorstellung davon ist, wie das Glück mit einem ständigen Partner aussieht. Ein einfaches, aber klares Gedankenbild ist machtvoller als ein kompliziertes, aber vages, und es wird sich viel schneller materialisieren.

Ich hatte eine Klientin, deren Eltern sie sehr liebten. Sie waren jedoch kontrollierend und voller Wut und machten ihr als Kind mit Drohungen und lautstarken Zurechtweisungen oft das Leben zur Hölle. Ich war nicht überrascht, dass sie – als sie Liebe visualisierte – einen dominanten, gewalttätigen Mann, der ihren Eltern sehr ähnlich war, kennenlernte und heiratete. Sie visualisierte das, was sie früher erlebt hatte. Die Ehe ging bald in die Brüche, und nach ihrer Scheidung fragte sie mich, wie sie in zukünftigen Beziehungen erfolgreicher sein könnte. Ich schlug ihr vor, zunächst ein klareres Bild von Selbstliebe zu entwickeln, wozu Geduld, ein ruhiges Auftreten, Zuneigung und friedliche, positive Dialoge mit ihrem höheren Selbst gehörten.

Sie schien verwirrt. »Ich habe keine Ahnung, wie das aussehen könnte«, meinte sie.

»Genau das ist Ihre Herausforderung und Lektion«, erwiderte ich. »Fangen Sie an, eine Idee zu entwickeln, ein Bild oder eine klare Vorstellung, und die Erfahrung wird folgen.«

Sie brauchte fünf Jahre und viele Versuche, doch schließlich gelang es ihr.

»Ich habe mir einen erwachsenen, reifen Menschen vorgestellt, der nicht voller Angst ist und dem ich wirklich so gefalle, wie ich bin«, sagte

sie. »*Ich blieb klar in meiner Vorstellung und nahm meinen Lieblingslehrer von der Highschool als Vorbild. Und schließlich zog ich genau so jemanden an, wie ich es visualisiert hatte. Und stellen Sie sich vor, er ist Lehrer!*«

~

Deinen Möglichkeiten, etwas zu kreieren, sind keine Grenzen gesetzt, solange du es visualisieren kannst. Mach dir keine Gedanken darüber, wie die erwünschte Situation eintreten wird. Das Universum wird sich so organisieren, dass dein Gedankenbild Realität wird. Dies ist seine Aufgabe im Rahmen der Vereinbarung über das Mitschöpfertum. Es obliegt dir, an der Vorstellung festzuhalten.

Das Ego hat große Schwierigkeiten, dies zu glauben und zu akzeptieren, weil es im Mittelpunkt des Prozesses stehen und alles kontrollieren will. Selbst wenn dieser sture Teil deines Wesens nicht direkt involviert ist, sorgt er für Widerstand, um dich zu irritieren. Vergiss nicht, das Ego kreiert gar nichts. Deine Seele, dein unsterbliches, göttliches Selbst, ist der Schöpfer. Lächle über dein Ego, doch gestatte ihm nicht, sich einzumischen. Vervollkommne dein Vorstellungsvermögen, indem du anschauliche Beispiele für das studierst, was du manifestieren willst. Beobachte andere, sieh dir Filme, Magazine und auch Fernsehsendungen an und lies Bücher, die dir helfen, deine Vorstellungskraft zu verfeinern. Mach dir bewusst, wo deine Begriffsbildung Schwächen aufweist, und arbeite daran, sie zu verbessern.

Jetzt kannst du diese Lehren anwenden.

- Wenn du nicht in der Lage bist, eine klare Vorstellung von deinen Wünschen zu entwickeln, sehr viel Zeit vor dem Fernseher verbringst (und dir vor allem Realityshows ansiehst), Zeitungen liest und dich darüber aufregst, was du in diesen Medien erfährst, nur die Schattenseiten der Dinge, Frustration und Hindernisse, die Erfolg unmöglich machen, siehst, an negativen Bildern festhältst, besonders aus der Vergangenheit, oder wenn du dir selbst mit erschreckenden oder enttäuschenden Bildern der Gegenwart oder Zukunft Angst einflößt ... dann bist du hinsichtlich dieser Lektion ein **Schüler**.

- Wenn du gelegentlich versuchst, kreativ zu visualisieren, und manchmal an einer positiven Vorstellung festhältst, dich die glücklichen Lebenserfahrungen anderer Menschen stimulieren, Geschichten über Prominente liest oder im Fernsehen anschaust, durch die Luxusabteilungen in Kaufhäusern schlenderst, Edelmagazine durchblätterst und dir vorstellst, eines Tages ein Leben führen zu können, wie es auf diesen Seiten abgebildet wird, oder wenn du dich von Katastrophenbildern überfluten lässt, aber dir bewusst bist, dass du dich damit nur selbst erschreckst ... dann bist du ein *Lehrling*.

- Wenn du an einer freudvollen klaren Vorstellung von dem, was du kreieren und erleben willst, festhältst, nach inspirierenden Vorbildern Ausschau hältst, die ein Leben führen, wie du es dir erträumst, deine freie Zeit dazu nutzt, dir vorzustellen, was du willst, und zwar so präzise und minutiös wie möglich, oder wenn du darauf achtest, dein geistiges Auge mit konkreten, positiven und machtvollen Bildern zu versorgen ... dann bist du ein *Geselle*.

- Wenn du präzise Vorstellungen hegst, die deine Intentionen unterstützen, dir einen regelmäßigen und gleich bleibenden Strom lebendiger, schöner und befriedigender Gedankenbilder zukommen lässt, wenn du weißt, dass du in dem Moment, in dem du eine Erfahrung klar vor deinem geistigen Auge sehen und daran festhalten kannst, dieselbe unweigerlich anziehen wirst, oder wenn du immer nur das Beste visualisierst ... dann bist du auf dem Weg, diese Lektion zu *meistern*.

Wenn du ein Schüler bist ...

- Achte darauf, was für Bilder du im Geiste festhältst, über welche du sprichst oder welche du anderen zugänglich machst. Stimmen sie damit überein, was du dir wünschst, oder spiegeln sie wider, was du dir nicht wünschst?
- Werde aktiver beim Definieren der Art von Erfahrungen, die du bevorzugst, und versuche, sie visuell darzustellen. Fertige eine

Collage an, fotografiere, zeichne, was du kreieren willst, und suche in Magazinen nach entsprechenden Beispielen.
- Höre auf, als unbewusster Mülleimer für negative Vorstellungen, Ideen, Bilder und Träume herzuhalten.
- Fokussiere dich auf Schönheit statt auf Schmerz, Zerstörung und Enttäuschung.
- Beschreibe jemand anderem deine Vorstellung, und zwar so lange, bis er sie klar sehen kann.

Wenn du ein Lehrling bist ...

- Liste die Bereiche von Frustration und Enttäuschung in deinem Leben auf und achte auf die Vorstellung, die du damit verbindest.
- Wenn du an einer negativen oder kontraproduktiven Vorstellung festhältst, verwandle sie in eine, die mit deinen tatsächlichen Wünschen übereinstimmt.
- Mach dir bewusst, wie dein Ego versucht, deine Vorstellung durch Zynismus, Ablenkung und Drama zu beeinträchtigen – und ignoriere diese Sabotagetricks.
- Lass dich durch schöne Bilder anregen, indem du die Natur genießt und in Museen, Galerien, Ausstellungen und Geschäfte gehst, die voller ästhetischer, inspirierender Dinge sind. Schau dir genau an, was du dir wünschst, sei es ein Gegenstand, eine Erfahrung oder ein Resultat, bis du dir einigermaßen klar darüber bist, was du beabsichtigst.

Wenn du ein Geselle bist ...

- Verbringe 10 bis 20 Minuten täglich damit, vor deinem inneren Auge deine kreativen Wünsche zu visualisieren.
- Prüfe, erkenne und verwerfe negative Bilder, die deine Fortschritte behindern, indem du sie kraft deines Bewusstseins quasi ausschwemmst. Erkenne, dass diese Vorstellungen deiner Intention entgegengesetzt sind.
- Stelle eine Collage von den Dingen her, die du nicht in deinem Leben haben willst, und hänge sie auf. Lass das, was du im Geiste

hegst, so lange auf dich zurückwerfen, bis du nicht länger an diesem Bild festhalten willst.
- Achte auf die Bilder, die du anderen übermittelst. Dies zu kontrollieren ist etwa so, als würdest du einen Filmprojektor laufen lassen – halte den Film an, schneide ihn oder nimm eine neue Rolle, wenn die Bilder, die du vermittelst, nicht deinen gewünschten Erfahrungen entsprechen.

Wenn du auf dem Weg bist, diese Lektion zu meistern ...

- Mach Fotos von deinen erfolgreichen Manifestationen und hänge sie deutlich sichtbar bei dir zu Hause auf.
- Beginne deinen Tag, noch bevor du die Augen öffnest, damit, einen mentalen Film über das zu drehen, was du an diesem Tag erleben möchtest. Schmücke ihn aus, führe Regie und bestimme deine Erfahrungen.
- Betreibe das Visualisieren bestimmter Dinge – wie zum Beispiel Telefonate, Einladungen, Umarmungen und Küsse – als kreative Übungen und achte darauf, wie viele du an einem Tag manifestieren kannst.
- Mach dir jeden Tag einen Spaß daraus, dir neue Schöpfungen vorzustellen, die jene vom Vortag noch übertreffen.

DEINE SEELENLEKTION

Deine Vorstellung kreiert deine Realität

DEINE SEELENAUFGABE

Stelle dir dein Leben schön vor

Seelenlektion Nr. 6

Lebe im Hier und Jetzt

Die Macht, etwas zu kreieren, ist nur in der Gegenwart möglich. Du kannst weder etwas in der Vergangenheit noch in der Zukunft manifestieren, sondern nur im »Jetzt«. Wenn dein Fokus auf diesen Moment gerichtet ist, setzt du die Energie frei, die du brauchst, um das von dir Gewünschte herbeizuführen. Dein Ego funktioniert nicht auf diese Weise. Vielmehr springt es zwischen längst vergangenen und zukünftigen Tagen hin und her und verliert dabei seine ganze Fähigkeit, in dem Augenblick zu kreieren. Bei diesen anderen Zeiten zu verweilen beraubt dich deiner schöpferischen Fähigkeit.

Das Ego würde dich gerne glauben machen, dass es dich auf diese Weise vor Negativität und Enttäuschung schützt, doch das ist eine Lüge. Es schützt dich nicht auf diese Weise und kann es auch gar nicht, denn das Vermögen dazu – wie die Fähigkeit zum Kreieren – kann nur im Jetzt gefunden werden. Dein Ego muss darauf trainiert werden, in der Gegenwart zu leben.

Jedes Mal, wenn ich einem Klienten ein intuitives Reading gebe, werde ich daran erinnert, wie schwierig (und fordernd) es ist, im Hier und Jetzt zu leben. Ich bemerke nicht nur immer wieder die Angewohnheit der Menschen, der Vergangenheit in ihrem jetzigen Leben verhaftet zu bleiben, sondern auch, wie sie die Muster aus früheren Leben noch einmal durchmachen, da die Seele den gleichen Bewusstseinsspeicher von einer Inkarnation in die nächste hinüberträgt.

Erst kürzlich wurde ich auf dramatische Weise daran erinnert, als ich einer Frau telefonisch ein intuitives Reading gab. Innerlich sah ich, dass sie viele Inkarnationen als Sklavin, Prostituierte oder Haremsdame ver-

bracht und in der Regel ihr Leben angenehmer gestalten konnte, indem sie mit ihren Verführungskünsten dominanten männlichen Egos schmeichelte.

Ich spürte, dass ihre Seele von all dieser negativen Abhängigkeit befreit werden und voller Selbstvertrauen als freie und unabhängige Frau im Hier und Jetzt leben wollte. Doch trotz dieser Sehnsucht fand sie sich in diesem Leben erneut in der gleichen Situation wie vorher, denn sie versuchte, einen einflussreichen Mann dazu zu bringen, für sie zu sorgen. Doch dieses Mal rebellierte ihre Seelenenergie, und sie geriet ins Wanken.

Manchmal war sie sich ihrer Kraft im Jetzt bewusst, wenn sie sich zum Beispiel auf ihre Verkaufs- und Beratungsfähigkeiten konzentrierte und ihre Selbstständigkeit genoss. Doch meistens war sie damit beschäftigt, alte Abhängigkeiten neu zu kreieren, und ignorierte ihre gegenwärtige Kraft. Sie war von der Idee, versorgt zu werden, wie besessen und hatte schreckliche Zukunftsängste, weil sie fürchtete, den »Sugar-Daddy« nicht zu finden, nach dem sie sich sehnte.

»Alles, was Sie wollen«, sagte ich und musste lächeln, »ist, wieder von einem Mann rundherum versorgt zu werden, und in Ihrem Wunsch, zu dem Vertrauten zurückzukehren, würden Sie über Leichen gehen.«

Sie lachte so sehr über meine Worte, dass es mich überraschte. Ich habe Klienten leise vor sich hin lachen gehört, wenn ihre verrückten Muster bloßgelegt wurden, da es sich so befreiend anfühlt, aber die Reaktion dieser Frau übertraf alles. Nachdem sie sich wieder beruhigt hatte, sagte sie: »Sie wissen nicht, wie wahr Ihre Worte sind. Seit ich ein kleines Kind war, wollte ich eine ›versorgte‹ Frau sein, von einem reichen Mann ausgehalten – nur dass ich nicht als Frau geboren wurde. Ich kam als Junge auf die Welt – nicht homosexuell, sondern einfach ein Mädchen im Körper eines Jungen. Tatsächlich habe ich gerade einen vierjährigen Prozess hinter mir, um auch körperlich eine Frau zu werden, doch jetzt, wo es so weit ist, bin ich kaum glücklicher. Ich scheine immer noch nicht den richtigen Mann zu finden, der mich versorgt, obwohl ich mittlerweile hinreißend aussehe!«

Natürlich ist dies ein extremes Beispiel eines Menschen, der in seiner Vergangenheit feststeckt. Unabhängig davon, welchen Körper ihre Seele bewohnte, wollte sie in der Gegenwart leben, während ihr Geist, ihre Emotionen und früheren Prägungen sie zurückhielten.

Im Augenblick zu leben erfordert Entschlossenheit und Disziplin, da das Ego es liebt, alle Kränkungen und Ungerechtigkeiten, alle Gewohnheiten (die guten wie die schlechten) und alles Vertraute immer wieder aufs Neue zu inszenieren, um dich von der Gegenwart abzulenken.

―

Ich hatte eine Klientin namens Joan, die nicht nur gänzlich mit der Vergangenheit beschäftigt war, sondern auch mit der Zukunft, was dazu führte, dass ihr Leben in einen Zustand von völligem Chaos und Zerstörung versank. Kurz nachdem sie von heute auf morgen von ihrem Freund, einem Womanizer, abserviert worden war, sah sie sich plötzlich von einem Mann umworben, der sie sehr liebte.

Obwohl sie den Schmerz des Verlassenwerdens noch nicht überwunden hatte, ließ Joan es zu, umworben zu werden, und schließlich (wenn auch widerstrebend) heiratete sie den neuen und wesentlich fürsorglicheren Mann. Jedoch nicht bereit, ihre Verteidigungsmechanismen aufzugeben, achtete sie ständig darauf, »für alle Fälle« auf der Hut zu sein, sich zurückzuhalten und sich zu schützen, um nicht noch einmal eine solche Demütigung zu erleiden. Es spielte keine Rolle, dass ihr gegenwärtiger Partner liebevoll, ehrlich, offen war und sie anbetete. Sie war derart der Vergangenheit verhaftet und des Unrechts, das man ihr zugefügt hatte – und derart besorgt über die Zukunft und darauf bedacht, dass man ihr nicht noch einmal wehtun würde –, dass sie die Liebe ihres Mannes völlig ignorierte und abtat. Zehn Jahre lang versuchte er, sie dazu zu bringen, in der Gegenwart zu leben, ihr Herz zu öffnen, seine Liebe anzuerkennen und innerlich zu wachsen, doch sie rückte nicht von ihrem Fokus ab. Irgendwann konnte er Joans Besessenheit von der Vergangenheit und ihre Weigerung, ein neues Leben mit ihm aufzubauen, nicht mehr ertragen.

Und so war es keine Überraschung, dass er eine andere Frau kennenlernte, die bereit war, mit ihm im Hier und Jetzt zu leben. Zu Joans Entsetzen verließ ihr Mann sie eines Tages und begann ein neues Leben. Nicht nur hatte ihre ständige Sorge über vergangene oder zukünftige Zeiten sie davon abgehalten, die Gegenwart zu genießen, sondern auch erneut zu der Erfahrung des Verlassenwerdens geführt.

―

Vor einigen Jahren kam ein Mann mit Namen John in meine Praxis, weil er frustriert war und im Berufsleben nicht weiterkam. Egal welchen Job er machte, es dauerte keine sechs Monate, bis er seinen Boss und seine Kollegen als unerträglich empfand und kündigen musste. Mit mehreren großen und hässlichen Muttermalen im Gesicht geboren, war er in der Schule von seinen Mitschülern, vor allem den älteren, unbarmherzig gehänselt worden. Er hatte so sehr unter ihren grausamen Sticheleien gelitten, dass er fast selbstmordgefährdet gewesen war.

Als er 30 war, fand er einen Schönheitschirurgen, der erfolgreich die Muttermale entfernte, und er verwandelte sich in einen sehr gut aussehenden Mann. Doch John konnte sich nicht von seiner Vergangenheit befreien und sah sich selbst nach wie vor als »hässlichen« Menschen. Das führte dazu, dass er sich weiterhin zurückzog und defensiv und misstrauisch blieb, vor allem im Umgang mit anderen Männern. Und so war es keine Überraschung, dass er sich in seinen Jobs auf Baustellen, einer Männerdomäne, von seinen Kollegen isolierte und diese verärgerte. Und wenn er es nicht länger aushalten konnte, kündigte er. Dieses Muster setzte sich 16 Jahre lang fort. Gefangen in einem aus seiner Vergangenheit geborenen Teufelskreis, war er meistens pleite und wütend.

John musste seine fortgesetzten Denk- und Verhaltensweisen ernsthaft überprüfen, um zu verstehen und zu erkennen, dass er – obwohl er sich äußerlich verändert hatte – innerlich in der Vergangenheit stecken geblieben war. Mit der Hilfe eines Therapeuten, viel Vergebungsarbeit und Gebeten kam er schließlich in der Gegenwart an. Er beschloss, seine eigene Baufirma zu gründen, nur um sein Muster zu durchbrechen. Das Letzte, was ich von ihm hörte, war, dass sein Geschäft bestens läuft und er, nach drei Jahren, noch immer dabei ist.

Wenn du deine Aufmerksamkeit vollends auf die Gegenwart richtest, kannst du damit auch die Vergangenheit heilen.

Ich habe die Macht dieses Fokus im Leben meiner Mutter beobachten können. Im Zweiten Weltkrieg verlor sie während einer Evakuierung in ihrem Geburtsland Rumänien ihre Familie und landete – gemeinsam mit Tausenden anderen – in einem NS-Konzentrationslager in Deutschland.

Als sie 15 war, wurde das Lager befreit, und kurz danach heiratete sie meinen Vater, einen amerikanischen Soldaten, und kam in die USA, um ein neues Leben zu beginnen. Wie andere junge Kriegsbräute beteiligte auch sie sich an zahlreichen Aktivitäten in ihrer neuen Heimat, hatte mehrere Kinder und sprach oder reflektierte selten – wenn überhaupt – über die Vergangenheit. Es wäre zu schmerzhaft gewesen und hätte nichts greifbares Gutes gebracht.

Dennoch wollte ich mehr über ihre Geschichte wissen, um sie besser verstehen zu können. Es gelang mir, meine Eltern zu überreden, anlässlich ihrer goldenen Hochzeit mit mir nach Deutschland zu fahren. Als wir ankamen, standen die Nervosität, Angst und Qual der Vergangenheit ihr ins Gesicht geschrieben. Während der ersten drei Tage unseres Besuches wurde dieser schmerzvolle Ausdruck immer stärker. Am vierten Tag machten wir uns auf den Weg zu einem Ort mit besonders schlimmen Erinnerungen. Ich ging neben meiner Mutter, und als wir uns dem Ort näherten, konnte ich fühlen, wie ihr Herz so stark pochte, dass es ihr fast aus der Brust zu springen schien. Doch als wir vor dem Eingangstor standen, bemerkte sie plötzlich, dass trotz des frühzeitig einsetzenden Frostes kleine Blumen neben dem Eingang wuchsen.

Sie rang nach Luft, griff nach der Hand meines Vaters und sagte: »Sieh mal, Paul, da sind Blumen! Hier!« Dann, mit Tränen in den Augen, wandte sie sich zu mir und rief aus: »Nichts kann das Leben aufhalten, Sonia. Nichts!« Sie drückte meine Hand, nickte und fügte hinzu: »Dies ist ein Traum, den ich nicht noch einmal durchmachen will. Damals hat es kein Leben für mich gegeben, also gibt es keinen Grund, jetzt dahin zurückzukehren und mich dem noch einmal auszusetzen.« Mit einem Lächeln fuhr sie fort: »Lasst uns gehen und schauen, was in der Stadt los ist.« Und wir gingen. Wer war ich, Einwände vorzubringen? Ich wusste, dass sie recht hatte. Die Gegenwart bot ihr und uns wesentlich mehr, als es die Vergangenheit getan hatte. Wir schlossen diese Tür gemeinsam, gingen einkaufen und genossen den schönsten Tag unseres Lebens.

Im Augenblick zu leben bedeutet nicht nur, aus der Vergangenheit aufzuwachen. Es hat auch damit zu tun, sich nicht in Gedanken über die Zukunft zu verlieren und zu glauben, dass sie magische Kräfte bereithält, die dein Leben leichter machen werden. Das heißt nicht, dass du keine frohen Erwartungen hegen solltest. Jedoch ist es nur möglich, die Qualität kommender Ereignisse zu verbessern, wenn du ein wunderbares Leben im Hier und Jetzt führst.

Die Gegenwart, selbst mit all ihren Frustrationen und Sorgen, ist ein Geschenk des Schöpfers des Universums. Jede Erfahrung – angenehm oder schmerzvoll – dient dazu, deine Seele wachsen und lernen zu lassen.

Da ich sehr zielorientiert bin, besteht eine meiner größten Herausforderungen vielleicht darin, im Augenblick zu leben anstatt in der Zukunft. Ich liebe es, zu planen, mein Bewusstsein auf das zu richten, was möglich ist, spontane Einfälle zu sammeln, zu träumen und zu glauben, dass alles immer besser und strahlender wird.

Doch während ich dies schreibe, bin ich mir voll und ganz der Tatsache bewusst – und schäme mich fast deswegen –, wie sehr meine Gedanken um die Zukunft kreisen. So sehr, dass ich über mich selbst lachen könnte. Gedanken an das, was kommen wird, beschäftigen mich 24 Stunden am Tag – sogar wenn ich schlafe. Außerdem sorgen sie dafür, dass ich mir Sorgen mache, angespannt und ungeduldig bin und mir keine Zeit für die Dinge lasse, die ich liebe, vor allem meine Familie.

Ich verfange mich allzu sehr in den Versuch, die Zukunft jetzt schon zu verstehen. An manchen Tagen glaube ich beinahe zu spüren, wie greifbar sie ist, und dann treibe ich mich noch mehr an, um sie zu fassen zu bekommen. Kein Wunder, dass ich jeden Tag so erschöpft bin. Es will mir einfach nicht gelingen, dieses wunderbare, einmalige Morgen in den Griff zu kriegen, das ich so unermüdlich zu kreieren versuche.

Es ist interessant, wie meine Seele mich kürzlich aus diesem allzu vertrauten Gedankenspiel herausholte und in die Gegenwart zurückbrachte. Meine große Tochter, Sonia, rief mich vor einigen Tagen auf ihrem Handy an, als ich gerade aus dem Haus stürzte, um an »meiner Zukunft« zu arbeiten. Unschlüssig, ob ich den Anruf entgegennehmen sollte oder nicht, da ich auf dem Weg zu einer wichtigen Besprechung war, schrie meine Seele: »Antworte!«

In dem Moment, als ich »Hallo« sagte, wusste ich, dass etwas Schlimmes passiert war. Bevor Sonia ein Wort sagte, spürte ich Angst in der Leitung. Nach Luft ringend, kreischte sie, dass ihre beste Freundin soeben direkt vor ihren Augen von einem Auto angefahren worden sei. Die junge Frau war durch den Aufprall über die Kühlerhaube des Wagens geflogen und lag verletzt am Straßenrand. Während wir sprachen, wartete meine Tochter auf den Krankenwagen. Sie stand unter Schock, war völlig hysterisch und traumatisiert und wiederholte immer wieder: »Er hat mich nur um Zentimeter verpasst. Oh mein Gott, wie konnte das nur so schnell passieren!«

Diese Situation katapultierte mich sekundenschnell in die Gegenwart zurück. Das Leben hörte auf, ein reißender Fluss zu sein, den ich nur mit Mühe im Zaum halten konnte, und alles kam von einer Sekunde auf die andere zum Stillstand. Mein Ego verstummte. Dieses Ereignis war so überwältigend, dass weder Kämpfen noch Kommentieren angesagt war.

Gott sei Dank nahm diese Geschichte ein glückliches Ende. Sonias Freundin, eine Turnerin, hatte den Aufprall wie durch ein Wunder gut überstanden und trug nur ein paar kleine Abschürfungen davon. In weniger als einer Woche war sie wieder auf den Beinen ... und ich in weniger als einer Sekunde im realen Leben gelandet. Ich empfand den Schock wie ein Geschenk für meine Seele. Die erschreckende Möglichkeit, meine Tochter oder ihre Freundin zu verlieren, hatte meinen Fokus binnen Sekunden neu ausgerichtet.

Ich war am Leben, und die beiden jungen Frauen auch. Plötzlich wurde mir kristallklar, wie wichtig diese Tatsache war und wie meine vielseitigen Beschäftigungen mich erfolgreich in eine tote Zone manövriert hatten, in der nichts lebendig war.

Ich war so dankbar, wieder in der Gegenwart angekommen zu sein und eine solche Gnade erfahren zu dürfen, dass ich meine Aufmerksamkeit vollkommen verlagerte. Ich habe nach wie vor Ziele und kreiere, weil es mir Spaß macht, doch bin ich fest entschlossen (zumindest für den Moment), Glück nicht in der Zukunft zu suchen, sondern stattdessen im Hier und Jetzt zu leben. Mein Fokus ist auf die Gegenwart gerichtet – zur Hölle mit »der Zukunft«! Und jetzt wollen wir mal sehen, ob ich die Lektion dieses Mal wirklich gelernt habe.

Das Lustige an dieser Veränderung ist, dass seither die Dinge, die ich um jeden Preis kreieren wollte, förmlich zu mir geflogen kommen, so als gäbe es umso mehr Raum für all das Gute, das ich mir gewünscht hatte, je mehr ich im Augenblick verweile.

Bleib nicht in unerledigten Kindheitsdramen gefangen. Du wirst von deiner Herkunftsfamilie beeinflusst, da du dir dort zum ersten Mal deines Wertes bewusst wirst, Beziehungen erlebst und deine frühesten Werkzeuge erhältst, um in der Welt zurechtzukommen. Doch irgendwann musst du die Begrenzungen deiner Familie und die Art und Weise, wie sie dich vielleicht verletzt hat, erkennen, ihr vergeben und weitergehen.

Vergiss nicht, dass deine Verwandten Bestandteil deiner Seelenschule sind und dass du sie auserwählt hast. Sie bringen sozusagen einen Brutkasten oder ein Gewächshaus hervor, in dem du deine Seele so schnell wie möglich wachsen lassen kannst, und in Wahrheit sind sie dir gute Helfer. Jedoch befinden sich deine wahren Eltern nicht auf dieser Erdenebene, sondern es sind der Göttliche Heilige Vater und die Gottesmutter, die dich erschaffen haben. Deine irdischen Eltern sind die heiligen Gefäße, die dir den Eintritt in die Erdenschule ermöglichen, und sie sollten respektiert und geehrt werden, dass sie sich damit einverstanden erklärt haben – doch mit deiner wahren Herkunft haben sie nichts zu tun.

Betrachte deine Familie als Teil des Lehrplans deiner Seele. Dies wird dir Perspektive und Mitgefühl geben und dich hoffentlich motivieren, jeglichen Zorn oder Groll, den du gegen sie hegst, loszulassen. Liebe diese Menschen und erkenne, dass sie sich genau wie du in dieser Erdenschule herumtasten. Solange ihr auf dieser Ebene weilt, seid ihr alle Schüler und lernt sowohl gemeinsam als auch einer vom anderen. Wenn deine Erwartungen an deine Familie und jeden anderen Menschen realistisch sind, wird dir dies helfen, dich sowohl von der Vergangenheit als auch von der Zukunft zu befreien und anzufangen, im Jetzt zu leben.

Achte auf das, was jetzt real und wahr ist in deinem Leben, selbst wenn es schmerzvoll ist. Wenn du dich verletzt fühlst, mach dir bewusst, wie überaus lebendig dieses Gefühl ist. Wenn du aufmerksam bist, wirst du sehen, dass der größte Teil deines Leidens nicht die Gegenwart betrifft, sondern das Resultat einer Angst vor möglichem zukünftigem Leid darstellt, von dem du glaubst, es nicht ertragen zu können.

Dies war bei Michael der Fall. Als Werbeleiter tätig, sehnte seine kreative Seele sich danach, durch Musik, Schreiben und Poesie Ausdruck zu finden, und sie ließ ihm keine Ruhe. Doch obwohl diese Künste ihn riefen, so erschreckten sie ihn auch. Was würde passieren, wenn er seinen Job kündigte, um dem Ruf seiner Seele zu folgen? Was wäre, wenn er dann Pleite gehen würde? Und wenn dann seine Frau der Zorn packen und sie sich von ihm scheiden lassen würde? Und wenn sie ihm dann die Kinder wegnehmen würde – die schlimmste Vorstellung für ihn –, wäre er zu verzweifelt, um irgendetwas kreieren zu können, und könnte dadurch obdachlos und allein auf der Straße enden. Welcher Schmerz! Welches Leid!

Verängstigt und verstört von seinen eigenen Gedanken, fühlte er sich überfordert und niedergeschlagen, gab seiner Frau die Schuld an seinem Elend und sonderte sich von seinen Kindern ab. Er verschloss sein musikalisches Herz und saß schlecht gelaunt im Haus herum, weil er seinem Ego erlaubt hatte, seine kreative Seele niederzudrücken.

Glücklicherweise konnte ich ihn rechtzeitig auffangen. Seine Frau hatte beschlossen, ihn mit den Kindern zu verlassen, weil sie sich so aus seinem Leben ausgeschlossen fühlten. Ich überzeugte ihn davon, im Geiste nicht bei der Zukunft zu verweilen und versuchsweise einen Monat lang in der Gegenwart zu leben.

Da er sich unbedingt weiterentwickeln wollte, willigte er ein. Um sich in seiner Absicht zu stärken, trug er an einer Kette eine Pfeife um den Hals und gab auch seiner Frau und seinen Kindern jeweils eine und wies sie an, ihn jedes Mal, wenn sie merkten, dass er in der Zukunft lebte, mit einem schrillen Pfiff in die Gegenwart zurückzuholen.

Es funktionierte. Es dauerte drei Wochen, bis er sein Gehirn umprogrammiert hatte, nicht zuletzt aber ihm ging der schrille Pfeifton so auf die Nerven, dass er beschloss, seine Aufmerksamkeit wirklich voll und ganz auf die Gegenwart zu richten, anstatt es einfach nur zu »versuchen«. Kaum hatte er diese Entscheidung getroffen, eröffneten sich ihm alle Möglichkeiten, die er sich gewünscht hatte. Er begann, wieder zu schreiben, zu komponieren und Musik zu machen. Außerdem gründete er zwei Bands, eine mit Freunden und eine mit seinen Kindern. Das Erwachsenenensemble trat schon bald in örtlichen Clubs auf, und die Kindergruppe auf Geburtstagspartys. Wenn man ihn heute nach der Zukunft fragt, antwortet er: »Ich habe keine Zeit, darüber nachzudenken. In jedem Fall fühlt sie sich vielversprechend an.«

Es braucht Übung, zentriert in der Gegenwart zu bleiben. Achte auf das, was sich gerade direkt vor dir befindet. Mach dir die Farben bewusst, die Gerüche, Lichtverhältnisse, Strukturen, Geschmacksrichtungen, Landschaften, Geräusche und Energien. Schenke der Tatsache Beachtung, dass deine Sinne deine Welt umso intensiver wahrnehmen, je mehr du im Hier und Jetzt verweilst. Nimm die Macht und Freiheit wahr, die diesen Moment ausmachen. Wenn du dich auf das Jetzt konzentrierst, hast du die Möglichkeit und die Fähigkeit, das zu wählen, was du dir wünschst, und dich darauf zu fokussieren.

Jetzt kannst du diese Lektion anwenden.

- Wenn du besessen bist von Gedanken an die Vergangenheit, dir ständig um die Zukunft Sorgen machst, dich leicht ablenken lässt und dich daher nicht auf den Augenblick konzentrieren kannst oder wenn du dir einfach nur selten dessen bewusst bist, was unmittelbar vor dir liegt ... dann bist du ein **Schüler** hinsichtlich dieser Lektion.

- Wenn du in der Gegenwart leben möchtest, aber Unerledigtes, familiäre Angelegenheiten, Enttäuschungen oder Schmerzen aus der Vergangenheit mit dir herumträgst, die dir keine Ruhe lassen, bereit bist, im Jetzt zu leben, wenn du dir nur sicher sein könntest, dass die Zukunft keine unangenehmen Überraschungen bereithält, beschlossen hast, dass *jeglicher* Zeitrahmen zu groß ist, um darüber nachzudenken, und dich einfach nur ausklinken willst, indem du meditierst oder bewusstseinsverändernde Drogen nimmst, vielleicht um eins mit Gott zu werden, oder wenn du davon überzeugt bist, am Aufmerksamkeitsdefizit-Syndrom zu leiden und dich nicht einen Augenblick lang auf etwas konzentrieren kannst, weil du zu viele »Hummeln im Hintern« hast und es einfach so schwer ist ... dann bist du ein **Lehrling**.

- Wenn du fest davon überzeugt bist, dass es das Beste ist, in der Gegenwart zentriert zu bleiben – wenn du nur immer daran denken könntest, in der Regel einfach nur lebst und leben lässt und weder Gedanken an das Gestern noch das Morgen verschwendest, dir gelegentlich Sorgen machst, doch zu dem Schluss kommst, dass die Dinge sich schon zum Guten wenden werden, oder wenn du das Leben leicht nimmst und das Heute unbeschwert genießt ... dann befindest du dich in der **Gesellen**-Phase.

- Wenn du nach dem Motto »Que será, será. Es kommt, wie es kommt« lebst, den Menschen und Dingen in der Gegenwart deine volle Aufmerksamkeit schenkst, wenn du dir nicht zu viel aufbürdest, nicht herumjammerst und nicht bei der Vergangenheit verweilst oder wenn du dich auf jeden Tag freust als ganz neue Gelegenheit, genau das zu kreieren, was du dir wünschst ... dann bist du auf dem besten Weg, diese Lektion zu **meistern** und ein relativ stressfreies Leben zu genießen.

Wenn du ein Schüler bist ...

- Hör auf, von der Vergangenheit zu reden.
- Richte bei Gesprächen deinen Fokus auf das, was im Augenblick passiert.
- Vermeide Diskussionen über die »Zukunft« – vor allem, wenn sie sich um etwas Unheilvolles drehen.
- Halte jede Stunde inne bei dem, was du tust, und erwähne mit lauter Stimme etwas, was im Hier und Jetzt direkt vor dir liegt oder vor sich geht – beispielsweise ein Kalender, eine Uhr, das Wetter, anwesende Personen –, und sage dann: »Ich bin hier, und alles ist gut.«
- Übe dich in langsamem, tiefem Atmen.
- Fokussiere dich jede Stunde ein paar Minuten lang auf eine bestimmte Sache, wie zum Beispiel eine köstliche Tasse Tee, den Stuhl, auf dem du sitzt, oder das Gespräch, das du führst.

Wenn du ein Lehrling bist ...

- Steige ein paar Stationen vorher aus oder parke dein Auto ein paar Straßen weiter und gehe zu Fuß zu deinem Arbeitsplatz, während du auf das achtest, was um dich herum vor sich geht.
- Konzentriere dich beim Telefonieren auf die Gegenwart und unterbrich deinen Gesprächspartner, wenn er in die enttäuschende Vergangenheit oder erschreckende Zukunft abgleitet.
- Rede nur über das, was heute ist – egal, wie unwichtig es sich angesichts der ungewissen Zukunft oder der bedrückenden Vergangenheit anfühlen mag.
- Bitte deinen Schöpfer, dir zu helfen, an diesem Tag zentriert zu bleiben.

Wenn du ein Geselle bist ...

- Wann immer du zurück in die Vergangenheit oder voraus in die Zukunft abgleitest, lache und bitte Gott, die Kontrolle zu übernehmen.
- Sei voll und ganz im Hier und Jetzt. Was machst du gerade? Wie fühlst du dich? Fahre damit fort.
- Sprich einen Ansagetext auf deinem Anrufbeantworter oder Handy, der besagt: »Hinterlass mir ein Geschenk, indem du mir etwas Wunderbares über den heutigen Tag erzählst. Vergangenheit und Zukunft müssen nicht antworten.«
- Suche Unterstützung und Freunde in Organisationen, deren Philosophie es ist, einen Tag nach dem anderen zu leben, und arbeite eng mit diesen Leuten zusammen.

Wenn du dabei bist, diese Lektion zu meistern ...

- Lass dir Zeit beim Frühstücken und genieße deinen morgendlichen Start.
- Bewege dich im gemächlichen Tempo durch den Tag und freue dich an den Menschen, die dir begegnen.
- Nimm häufig tiefe, lange Atemzüge.

- Genieße es, wie viel Zeit, Raum und innerer Frieden dir das Leben in der Gegenwart bringt.

DEINE SEELENLEKTION

Lebe in der Gegenwart

DEINE SEELENAUFGABE

Die Macht zu bekunden, die von einem
Leben in der Gegenwart herrührt

Seelenlektion Nr. 7

Göttliche Energie fließt durch dich, nicht aus dir

Die Macht, etwas zu kreieren, fließt durch dich, nicht aus dir. Diese Kraft kommt aus deinem Höheren Göttlichen Selbst, nicht aus deinem persönlichen Ego. Dieser Teil deines Selbst blockiert Manifestationen, während dein essentielles Wesen sie lenkt.

Deine innere Intelligenz ist die Quelle deiner Kraft, und sie verleiht dir die Energie und Fähigkeit, dein kreatives Potenzial voll zum Ausdruck zu bringen. Wenn du dein Ego beiseitelässt und dich mit deinem heiligen Bewusstsein verbindest, findest du Zugang zu deiner Quelle von Ideen, Möglichkeiten und Fülle.

Dieses Konzept zu verstehen kann eine echte Herausforderung sein, die auch mir Schwierigkeiten bereitete, als ich mich vor Jahren zum ersten Mal damit konfrontiert sah. Zum einen hatte ich ein sehr ausgeprägtes Selbstwertgefühl und Ego, und die Idee, im Sinne meiner höchsten kreativen Möglichkeiten nicht mehr die zu sein, die ich war, sagte mir gar nicht zu.

Mein Lehrer, ein wunderbarer intuitiv begnadeter Metaphysiker namens Charlie Goodman, lachte mich liebevoll aus, als ich meinem Widerstand Ausdruck gab. Irritiert fragte ich ihn, was er daran so lustig fände. Er ging an seinen Schrank, holte eine wunderschöne alte Lampe heraus und stellte sie auf den Boden vor mich hin.

»Wie findest du sie?«, fragte er mit einem Grinsen.

Nicht ganz begreifend, was er meinte und was das mit meiner Frage zu tun hatte, antwortete ich zögernd: »Nun, sie ist hübsch«, und bewunderte die feinen Gravierungen an dem Messingständer und die tränenförmigen Kristalle, mit denen ihr Schirm geschmückt war.

«Das finde ich auch«, stimmte er zu.

»Warum ist sie dann aber in deinem Schrank und nicht im Wohnzimmer, wo man sie sehen und benutzen kann?«, fragte ich.

»Das ist eine gute Frage«, erwiderte er. *»Warum schaltest du sie nicht ein und stellst sie drüben auf den Tisch?«*

Während ich mich fragte, was das alles zu bedeuten hatte, hob ich sie auf, stellte sie vorsichtig auf den Tisch und bückte mich dann nach dem Kabel, nur um festzustellen, dass der Stecker fehlte.

»Augenblick mal, Charlie«, sagte ich, nicht sicher, ob er wusste, dass kein Stecker da war. *»Das Kabel hat keinen Stecker, also kann ich die Lampe nicht anmachen. Ohne Stecker kein Licht.«*

»Genau«, meinte er. *»Egal wie schön dieser Gegenstand ist, so lange er nicht an eine Energiequelle angeschlossen wird, kann er nicht zum Ausdruck bringen, wofür er gemacht wurde, stimmt's?«*

»Natürlich nicht. Es ist nutzlos«, sagte ich und dachte, dass eine solch prachtvolle Antiquität, die man nicht benutzen konnte, irgendwie absurd war.

»So schön sie auch ist, sie war dafür vorgesehen, Energie durch sich hindurchfließen zu lassen, damit man sie einschalten und den Raum erhellen kann«, erklärte er. *»In gewisser Weise unterscheiden wir uns nicht von dieser Lampe, da auch wir großartige Schöpfungen sind, ebenso dafür bestimmt, einer höheren Energie zu erlauben, durch uns zu fließen.«*

Du besitzt die Fähigkeit, Dinge zu manifestieren, weil du göttliche Kraft fließen lässt. Als Mitschöpfer des Universums wurde dir die Macht verliehen, die perfekten Bedingungen zu schaffen, damit Kreativität fließen kann, doch sie kommt aus dem höheren Selbst und fließt *durch* dich – nicht *aus deinem Ego* oder persönlichen Willen.

Denke über die Kräfte in der Natur nach. Wenn du zum Beispiel beschließt, einen Garten anzulegen, wählst du die Blumen und Pflanzen, entscheidest dich für den richtigen Platz, bearbeitest den Boden, pflanzt die Samen und schützt sie, während sie unter der Erde heranwachsen. Doch lässt du persönlich nichts wachsen. Der göttliche Geist, der durch die Natur fließt, bringt den Garten zum Blühen. Du sorgst für die idealen Bedingungen, damit die Pflanzen gedeihen können, doch damit der Prozess erfolgreich verlaufen kann, musst du dann beiseitetreten und die göttliche Intelligenz wirken lassen.

Wende die gleichen Regeln bei all deinen Manifestationen an. Du kannst deine Intelligenz, Emotionen und Vorstellungskraft benutzen, um etwas zu formen, was du dir wünschst, doch dann musst du dich an deine innere Weisheit wenden, um es zu manifestieren. Dein Ego kann zuschauen und lernen, doch es kann den Prozess nicht steuern.

Vielleicht hast du schon einmal spontan die kreative Macht deines höheren Selbst erlebt, die durch dich Ausdruck findet. Wenn du zur Seite trittst, ob bewusst oder unbewusst, und diesem übergeordneten Bewusstsein erlaubst, die Angelegenheit zu übernehmen, erwacht eine unglaubliche Kraft, die größer ist als du, und übernimmt die Kontrolle.

~

Ich spüre die Macht meines höheren Selbst, wann immer ich einen öffentlichen Vortrag halte. Normalerweise bin ich ein eher zurückhaltender, stiller, introvertierter Mensch, doch in dem Augenblick, in dem ich vor einer Gruppe oder auf einer Bühne zu sprechen beginne, verschwindet mein Ego ganz, und meine göttliche Essenz kommt mit einer ungeheuren Kraft zum Vorschein. Ich komme mir vor, als wäre ich 20 Meter groß und furchtlos. Jegliches Unbehagen fällt weg, und stattdessen wird mein Herz von Liebe, Enthusiasmus, Intention und Freude erfüllt. Die Worte kommen von einer anderen Quelle als meinem Gehirn, und ich bin oft selbst überrascht über das, was ich sage. Das Ganze ist ein unglaubliches und wundervolles Erlebnis.

Wenn mein höheres Selbst die Kontrolle übernimmt, werden meine Wahrnehmungen rasiermesserscharf. Ich spreche nicht nur einfach zu den Menschen – ich fühle ihre Seelen und verbinde mich direkt mit ihnen. Es ist unmöglich, diese Art der Kommunikation einzuüben oder sich darauf vorzubereiten. Vielmehr erscheine ich einfach, werde empfänglich für mein inneres Wissen, öffne den Mund und lass mich überraschen von dem, was durchkommt. Zuweilen bin ich vorher ein wenig nervös, doch da ich darauf vertraue, dass die Stimme, die sich durch mich meldet, die Weisheit meiner Seele ist, schenke ich den Befürchtungen meines Ego nicht allzu viel Aufmerksamkeit. Ich habe gelernt, dass ich keine Angst haben muss, da mein höheres Bewusstsein nie enttäuscht.

Ich habe andere Redner kennengelernt, die sagen, dass sie die gleiche Verbindung spüren wie ich. Wayne Dyer zum Beispiel ist ein Mann, der stets aus dem Fluss seines höheren Selbst spricht. Ich weiß das, weil ich es <u>wahrnehme</u>, wenn er Vorträge hält. Auch die Anthropologin und Autorin Jean Houston und der Schauspieler und Komiker Robin Williams (einer meiner absoluten Lieblinge) erlauben ihrem göttlichen Geist, durch sie zu fließen. Meine liebe Freundin, die Malerin Julia Cameron, fand sich eines Tages plötzlich damit beschäftigt, eine Oper über das Leben des Entdeckers Magellan zu Papier zu bringen. Nachdem sie sich tagelang in ihr Schreiben vertieft hatte und endlich eine Pause einlegte, beschwerte sich ihr entsetztes Ego lautstark und klagte: »Wie kannst du dir anmaßen, eine Oper schreiben zu wollen? Wer glaubst du, wer du bist, Julia?!«

Ihr höheres Selbst antwortete gelassen: »Du bist Musikerin, und ich zeige dir, wie man eine Oper schreibt.«

Viele große Erfinder und Künstler sagen, dass ihnen ihre besten Ideen eines Tages einfach eingefallen sind, so als hätte jemand sie ihnen gegeben. Edisons Glühbirne nahm ihren Anfang in seiner Vorstellung. Auch Einsteins Relativitätstheorie und Leonardo da Vincis Flugzeugentwurf waren Geschenke des heiligen Bewusstseins.

Alle wichtigen Erfindungen im Bereich der Kunst, Musik und sogar der Wissenschaft wurden durch das höhere Selbst manifestiert. Es ist deine Verbindung zwischen unbegrenztem göttlichem Potenzial und deinen persönlichen latenten Fähigkeiten. Wenn du die Macht dieses Lichtes erkennst und ihr erlaubst, durch dich zu fließen, sind deinen kreativen Möglichkeiten keine Grenzen gesetzt.

Meine Tochter Sonia ging vor einiger Zeit mit dem international bekannten Rockstar Billy Corgan, einem Freund unserer Familie, essen. Normalerweise ist er ein zurückhaltender, extrem scheuer und reservierter Mann, daher konnte sie nicht verstehen, wie er es schaffte, sich auf der Bühne in eine solch elektrisierende Präsenz zu verwandeln. Sonia fragte ihn, wie er das fertigbringen und wie er sich bei seinen Auftritten fühlen würde.

Einen Moment lang saß er schweigend da und antwortete dann: »*Ich betrete die Bühne mit meinem normalen Bewusstsein und meiner normalen Persönlichkeit, doch in dem Moment, in dem ich das Publikum sehe und die erste Saite auf der Gitarre anschlage, ergreift mich eine andere Macht und übernimmt die Kontrolle. Das bin zwar ich, aber nicht mein ›kleines Ich‹. Vielmehr habe ich das Gefühl, dass ich es mit meinem größten entfesselten Potenzial bin. In dieser Zeit glaube ich, dass mir alles möglich ist. Wenn die Show vorbei ist, zieht sich diese Energie zurück, und ich bin wieder mein stilles Selbst.*«

Ich verstehe, was er meint, da ich jedes Mal, wenn ich ein Reading für jemanden gebe, diese gleiche Verwandlung spüre. Selbst nach 30 Jahren gehe ich jeden Tag in meine Praxis und frage mich, ob ich in der Lage sein werde, diesem Klienten Einsichten zu bieten. Ich mache mir Sorgen, ob ich überhaupt irgendetwas zu sagen habe, und hoffe und bete, dass ich eine Verbindung herstellen kann, die für den Betreffenden segensreich ist. Ich bin mir nie sicher – zumindest mein kleines Ich ist es nicht. Doch in dem Moment, in dem ich meine Klienten sehe oder am Telefon ihre Stimmen höre, tritt eine tief greifende Veränderung ein. Mein Ego verschwindet vollständig, nur mein höheres Selbst ist präsent und übernimmt das Reading. Diese Veränderung ist so drastisch, dass ich mich hinterher oft nicht an das erinnern kann, was ich gesagt habe. Mein Ego war nicht da, also habe ich die Botschaft nicht gehört.

Ohne das göttliche innere Wesen wird sehr wenig oder nichts erreicht – zumindest nichts, was wahrhaft kreativ, Kraft spendend oder mit Licht und Brillanz erfüllt ist. Wenn der innerste göttliche Kern nicht die Kontrolle übernimmt, bleibst du in den Schöpfungen der Vergangenheit gefangen, statt die Träume von heute zu verwirklichen.

Mein Klient Jerry kam zum dritten Mal in diesem Jahr zu einer Sitzung zu mir, und auch dieses Mal kämpfte er wieder mit den gleichen Problemen und Frustrationen. Er hasste seinen Job, wollte kündigen und sein eigenes Geschäft aufmachen, vielleicht ein kleines Café. Er dachte ständig daran, konnte jedoch die Angst vor einer solchen Entscheidung nicht überwinden. Obgleich ich ihm versicherte, dass die Idee genau richtig war und er damit erfolgreich sein würde, erlaubte er sich nicht, mir zu glauben. Oder treffender, sein kleines Selbst – sein Ego – ließ es nicht zu, dass er Vertrauen in seinen Traum hatte. Jedes Mal, wenn er zu mir kam, äußerte er neue Vorbehalte gegenüber dieser Idee.

»Wie kann ich sicher sein, dass dies das Richtige für mich ist? Cafés kommen und gehen jeden Tag! Wenn ich eins eröffne, wird mich das meinen letzten Cent kosten, und mir bleibt nichts mehr für den Notfall. Ich kann nicht mal kochen! Was sollte ich den Gästen anbieten? Warum sollten die Leute in mein Restaurant kommen? Es ist nur eine verrückte Idee, und ich kann nicht glauben, dass ich sie überhaupt zur Sprache bringe.«

Alle seine Widerstände zeigten deutlich, dass seinem höheren Selbst nicht erlaubt war, an seinem Vorhaben teilzuhaben.

»Jerry«, beteuerte ich, »zum hundertsten Mal, Sie schaffen das. Stehen Sie sich einfach nicht selbst im Weg und lassen Sie Ihre innere Weisheit die Kontrolle übernehmen.«

Wann immer ich das sagte, erhellte sich sein Gesicht für einen kurzen Augenblick. Doch im nächsten Augenblick hatte sein Ego ihn erneut niedergerungen.

»Das ist ja alles gut und schön«, stimmte er zu, »falls das Geld keine Rolle spielt, doch im wirklichen Leben muss man praktisch vorgehen.«

Der Versuch, Jerry von den Erfolgsaussichten seiner Idee zu überzeugen, war reine Zeitverschwendung. In seinem Fall war Erfolg keine Option – nicht, solange er glaubte, dass sein Ego ihn herbeiführen würde. Das Einzige, was sein »kleines Ich« produzierte, war Elend und noch mehr Unzufriedenheit, doch er konnte es nicht erkennen. Sein Ego machte jede seiner Ideen zunichte und tat seine göttliche Essenz unverfroren als Fantasievorstellung ab, ganz nett, um darüber nachzudenken, aber nicht der Wirklichkeit entsprechend.

Schließlich sagte ich: »Jerry, ich kann Sie nicht anlügen, Sie haben vollkommen recht. Mit dieser Herangehensweise werden Sie weder mit einem Café noch mit irgendetwas anderem Erfolg haben. Bevor Sie nicht erkennen, dass Sie Geist sind, ein kreatives Wesen, und Ihr höheres Selbst darum bitten, den Weg zu weisen, wird nichts passieren. Nicht das Geringste.«

Als er meine Worte hörte, sah er aus, als hätte ich ihm kaltes Wasser ins Gesicht geschüttet. »Ist das Ihr Ernst? Ich dachte, Sie hätten gesagt, dass ich meinen Traum erfüllen kann!«

»Nein«, erwiderte ich, »Sie können kein gut gehendes Café manifestieren, zumindest nicht, solange Sie sich von Ihrem Ego dominieren lassen und Ihr höheres Bewusstsein ausschließen. Also können Sie genauso gut aufgeben und sich an Ihr Leiden gewöhnen, denn es wird sich nichts ändern – und das wissen Sie auch.«

Jerry fiel nichts mehr ein. Ich lächelte nur und schickte ihm Liebe. Ganze fünf Minuten saßen wir beide schweigend da. Dann stand er auf und ging zur Tür.

»Nichts wird sich ändern?«, fragte er noch einmal.

»Nein, nicht bevor Sie die Angelegenheit Ihrem höheren Selbst übergeben. Viel Glück.«

Er nickte nachdenklich, dann ging er.

Ich weiß nicht, was Jerry als Nächstes tun wird. Wir lernen Seelenlektionen in unserem eigenen Tempo, und diese stellte eine besondere Herausforderung für ihn dar. Ich hatte Mitgefühl, wusste aber, dass ich nichts mehr tun konnte. Wir können unser erworbenes Wissen miteinander teilen, können über unsere Erfolge reden, Unterstützung anbieten und uns gegenseitig aufmuntern, doch müssen wir diese Lektionen durch unsere eigene Initiative meistern. Ich wusste, dass es mir möglich gewesen war, Jerry wenigstens ein bisschen zu helfen, indem ich ihm sagte, was er tun musste – sein Ego unterwerfen und seinem höheren Selbst erlauben, kreativ zu werden. Alles Weitere muss er selbst entscheiden, wenn er bereit ist, den nächsten Schritt zu tun.

―

Anstatt etwas Neues zu manifestieren, wiederholt dein Ego Muster. Das ist nicht kreativ. Du erlebst weiterhin die gleichen enttäuschenden Beziehungen, Geldsorgen, gesundheitlichen Probleme, Tätigkeiten ohne Aufstiegschancen, Langeweile, Traurigkeit und Elend, alles Dinge, die du bereits kennst. Das Ego versteht es wirklich meisterhaft, diesen lieb- und leblosen Trott immer wieder neu zu erschaffen. Die einzige Möglichkeit, ihn zu durchbrechen und deine göttliche Kraft anzuzapfen, besteht darin, jede Intention und Vorstellung umgehend deiner geistigen Quelle zu übergeben und sie dort zu lassen.

Sprich täglich die folgende Affirmation: »Höheres Selbst, ich überlasse es dir. Ich bin dein treuer Diener und offen für deine Möglichkeiten.« Dann entspanne dich, lass los, sei offen und vertraue darauf, dass dieser heilige Teil von dir die Arbeit macht. Von dem Moment an, in dem du dies lernst, wirst du nie mehr von deinem Verstand geplagt oder bei der Erfüllung deiner Wünsche behindert oder aufgehalten werden. Deine innere Weisheit wird den Weg und die Mittel finden, deine kreative Absicht zu verwirklichen. Du musst nur einfach ihrer Führung folgen.

Jetzt kannst du die Lektion anwenden.

- Wenn du noch nie von deinem höheren Selbst gehört hast, wenn du die Idee, dein Ego einer höheren Macht zu übergeben, befremdlich findest, so kontrollierend bist, dass du dir nicht vorstellen kannst, irgendetwas zu übergeben, oder nachts wach liegst, weil sich dein Verstand in dem Bestreben, alles auf jede erdenkliche Weise zu verstehen, im Kreis bewegt, was ihm aber nicht gelingt … dann bist du ein *Schüler* bei der Arbeit an dieser Lektion.

- Wenn du schon von dem Konzept vom göttlichen inneren Wesen gehört hast und dies als angenehmen Gedanken empfindest, doch nur ungern ernsthaft darauf vertrauen magst, die Idee gut findest, über eine heilige Kraft zu verfügen, dir jedoch viel zu viele Sorgen machst, um dieser Kraft jemals zu gestatten, die Kontrolle zu übernehmen, wenn du akzeptierst, dass du ein übergeordnetes Bewusstsein besitzt, doch sicher sein musst, wie die Dinge funktionieren, bevor du ihm vertrauen kannst … dann bist du ein *Lehrling*.

- Wenn du weißt, dass dein höheres Selbst eine wahre Kraft ist, und erlebt hast, wie sie hin und wieder die Kontrolle übernommen hat, wenn du merkst, dass du dich weniger sorgst und grübelst, dafür umso mehr darauf vertraust, dass deine innere Weisheit die Dinge regeln wird, dir unerwartet Inspirationen zuteil werden, den Wunsch und Mut entdeckst, deiner Intuition zu folgen und immer wieder überrascht feststellst, wie kreativ du bist, wenn du die Präsenz deiner heiligen Quelle spürst und sie um Hilfe bittest … dann bis du ein *Geselle*.

- Wenn du in deinen Vorstellungen furchtlos bist und Kraft, Mut, Bereitschaft und Freude in der Sicherheit findest, dass dein höheres Selbst alles realisieren wird, was du dir wünschst, wenn du in deinem Herzen weißt, dass das, worauf du dich fokussierst, eintreten wird, sofern du es deiner göttlichen Seele überlässt, wenn du dich in deinen kreativen Möglichkeiten uneingeschränkt fühlst und deiner essentiellen Intelligenz vertraust oder wenn du nachts friedlich schläfst und mit erbaulichen, inspirierenden Ideen aufwachst ... dann bist du auf dem besten Weg, diese Lektion zu **meistern** und in grenzenloser Freiheit zu leben.

Wenn du ein Schüler bist ...

- Vergiss nicht, dass du ein höheres Selbst hast.
- Fang an, deine innere Weisheit zu bitten, die Kontrolle zu übernehmen.
- Gib deinem kontrollierenden Ego einen Spitznamen, zum Beispiel »Angsthase« oder »Tunichtgut«, und fordere es liebevoll auf, still zu sein.

Wenn du ein Lehrling bist ...

- Besuche Museen, studiere architektonisch interessante Gebäude, gehe in botanischen Gärten spazieren, höre dir Musik an, die dein Herz berührt, und achte darauf, ob dir die göttlichen Kräfte auffallen, die in den Werken präsent sind.
- Bitte dein höheres Bewusstsein, den direkten Kontakt mit dir aufrecht zu halten, indem es dir friedliche Gefühle vermittelt.
- Mach dir bewusst, wie stark dein Ego ist, und lerne, über dich selbst zu lachen (natürlich auf liebevolle Weise), um die Herrschaft des Ego zu verringern.
- Wiederhole täglich folgende Affirmation: »Höheres Selbst, bediene dich meines Geistes, Herzens und Körpers, um der Menschheit zu dienen und mein höchstmögliches Potenzial zu manifestieren«, oder entwirf eine eigene Affirmation ähnlichen Inhalts.

Wenn du ein Geselle bist ...

- Lass bei der Arbeit bewusst dein höheres Selbst die Regie übernehmen, indem du spontane Einfälle sammelst, die Kontrolle lockerst, spielst und betest.
- Achte auf die Schwingungen deiner göttlichen Seele, nicht nur bei dir, sondern auch bei anderen.
- Zähle 24 Stunden lang alle deine erleuchteten Kraft spendenden Augenblicke und bitte dein höheres Selbst, sie jeden Tag zu verdoppeln.
- Mach Gymnastik, Dehnübungen, Yoga oder tanze zur Musik deiner Lieblingsband – alles, was dich in Bewegung bringt und die Kontrolle deines Ego etwas mehr lockert.

Wenn du dabei bist, diese Lektion zu meistern ...

- Danke deiner inneren Weisheit täglich für ihre kontinuierliche Unterstützung und Segnungen und achte darauf, wie sie sich daraufhin vervielfachen.
- Bitte deine göttliche Essenz, dir jede Stunde neue und kreative Ideen zuzuführen, und sprich sie laut aus, sobald sie dir in den Sinn kommen.
- Gib dich ganz und gar deinem höheren Selbst hin und schicke deinen denkenden, kontrollierenden, sich sorgenden Verstand in Dauerurlaub.

DEINE SEELENLEKTION

Übergib alles deinem höheren Selbst

DEINE SEELENAUFGABE

Deinem höheren Selbst erlauben,
dein Leben zu führen

Seelenlektion Nr. 8

Kultiviere deinen Verstand

Entwickle deine Verstandeskraft, deine Fähigkeit, logisch zu denken und objektiv zu sein. Betrachte das Leben ohne deine emotionalen und subjektiven Filter, um zu erkennen, was jetzt in diesem Moment wahr ist. Richtig angewandt, ist der Intellekt ein machtvolles Instrument des Bewusstseins, das die Entwicklung deiner Seele unterstützt. Er ist der Kanal, durch den du die Welt siehst und interpretierst. Nichts unterstützt dein intuitives Bewusstsein und deine geistige Entwicklung umfassender als ein scharfer, analytischer, rationaler Verstand – der aufmerksam beobachtet, genau festhält und Informationen richtig herausfiltert.

Probleme tauchen auf, wenn du den objektiven Verstand mit unlogischen oder automatischen Folgerungen, Vorurteilen und Behauptungen – oder mit den Meinungen anderer Leute – durcheinanderbringst. Dies ist ein weit verbreiteter Fehler.

Einer meiner Klienten, Joe, hatte ständig Schwierigkeiten, zuverlässige Angestellte für sein Malergeschäft zu finden und zu behalten. Da er meistens Immigranten aus der Dominikanischen Republik oder Ecuador beschäftigte, war er davon überzeugt, dass sie alle ein paar Monate gut arbeiten, dann aber unzuverlässig werden, das Interesse verlieren, nicht mehr zur Arbeit erscheinen oder entlassen werden müssen.

»Das passiert jedes Mal«, sagte er. »Nach sechs Monaten ist Schluss mit lustig. Nicht ein einziger meiner Angestellten hat länger als ein halbes Jahr für mich gearbeitet. Als intelligenter Geschäftsmann mache ich mir dieses Wissen zunutze. Ich halte ständig nach neuen Arbeitern Ausschau, um die alten zu ersetzen. Auf diese Weise bleibt alles im Fluss. Es ist zwar mühsam, aber klug.«

So, wie Joe es erklärte, hörte es sich tatsächlich wie ein vernünftiger Plan an, zumindest auf den ersten Blick. Vor allem neue Immigranten können einen Job bitter nötig haben. Natürlich liegt ihnen daran, so schnell wie möglich Arbeit zu finden. Doch nachdem sie sich eingerichtet haben und ihr Leben ein wenig stabiler geworden ist, scheint es zwangsläufig der Fall zu sein, dass sie anfangen, sich zu fragen, ob sie ihre Tätigkeit lieben, und dass sie schließlich das Interesse daran verlieren.

Und dennoch, als ich ein wenig genauer hinschaute, konnte ich erkennen, dass Joes sogenannte Logik nichts anderes war als seine eigenen Projektionen, mit denen er seine Arbeiter dahingehend manipulierte, dass sie die Lust verloren und kündigten. Obwohl er sich seiner Manöver nicht bewusst war, war er der Grund ihres Weggehens. Am Anfang war er stets sehr freundlich, aber strikt, weil er wollte, dass sie gute Arbeit leisteten. Er wusste, dass diese Herangehensweise die beste Möglichkeit war, ihr Vertrauen zu gewinnen und ihnen die Angst zu nehmen.

Nachdem sie jedoch vier oder fünf Monate bei ihm waren – kurz bevor es an der Zeit war, ihre Gehälter zu erhöhen – fing Joe an, mehr von ihnen zu verlangen, übertrieben kritisch zu sein, sich unklar auszudrücken über die Arbeitsplanung und ihnen den Lohn verspätet auszuzahlen. Es war kein Wunder, dass sie zu diesem Zeitpunkt ihre Stelle aufgaben.

Ich riet ihm, mit diesem Verhalten, das eine derart hohe Fluktuation hervorrief, aufzuhören und stattdessen ein Gefühl von Stolz und Sicherheit unter seinen Angestellten zu fördern, was den Arbeitsplatz stabilisieren würde. Außerdem sagte ich ihm, dass er seine Angestellten nicht mehr so herablassend behandeln oder abschreiben solle, nur weil seine innere Uhr ihm sagte, dass es an der Zeit sei, sie loszuwerden.

Meine Vorschläge öffneten ihm die Augen. »Vielleicht haben Sie recht«, meinte er. »Mir ist nie der Gedanke gekommen, dass <u>ich</u> das Problem sein könnte. Ich werde darüber nachdenken.«

Er ging nach Hause, setzte sich mit seinem Verhalten gegenüber seinen Angestellten auseinander und probierte ein paar neue Techniken aus. Es war keine Überraschung, dass er als Folge dessen die Kündigungsrate um 50 Prozent senken konnte.

»Als ich das Geschäft begann«, bemerkte er, »sagten mir einige Bauunternehmer, dass ich von einer hohen Fluktuation ausgehen müsse, also vermutete ich, dass sie etwas wussten, was ich nicht wusste. Ich nahm an, dass sie recht hatten, und stellte es daher nicht infrage. Mir war nicht be-

wusst, wie sehr ihre Meinung mein Verhalten beeinflussen und ich auf diese Weise dafür sorgen würde, dass sie recht behielten.«

―

Die Vernunft wird blockiert, wenn du auf eine Situation emotional reagierst. Klammere deine Gefühle aus und prüfe die Fakten, bevor du reagierst. Versehen mit soliden und präzisen Informationen, kannst du jegliche Umstände ändern und sie in eine neue Richtung lenken. Ohne solche Einzelheiten bist du machtlos.

Um die Fähigkeit zu entwickeln, objektiv zu denken, beobachte sorgfältig und unvoreingenommen deine Umwelt. Sei dir deiner Neigung bewusst, deinen Verstand zu trüben, indem du mit starken (wenn auch oft unbewussten) Projektionen, die die Wahrheit verzerren, an Situationen oder andere Menschen herangehst.

―

Ich habe eine Klientin, die beim Finanzamt arbeitet. Sie ist freundlich, vernünftig und übermäßig großzügig. Doch in dem Augenblick, in dem jemand hört, wo sie arbeitet, wird sie sofort als »der Feind« kategorisiert und entsprechend schlecht behandelt. So sehr sie ihren Job auch liebt (und sie hat vielen Menschen bei ihren Steuerproblemen geholfen), bereitet er ihr gleichzeitig den größten Kummer, weil die Leute ihr mit solchen Projektionen begegnen und sie hassen.

―

Ein klarer Verstand kann nur mit Aufgeschlossenheit kultiviert werden. Oftmals, wenn andere, dein höheres Selbst oder deine geistigen Führer dir eine Idee oder die Lösung zu einem Problem nahelegen, verwirfst du sie, ohne sie angemessen in Erwägung gezogen zu haben, weil sie ungewohnt oder fremd ist.

―

Vor einem Jahr gab ich einer Klientin ein Reading, die am nördlichen Stadtrand von Chicago ein Day Spa eröffnen und etwas Originelles anbieten wollte, um Kunden anzuziehen und das Geschäft in Gang zu bringen. Ich wurde angeleitet, ihr vorzuschlagen, intuitive Readings, Farbtherapie und Aura-Balancing in ihre Angebotspalette aufzunehmen.

Sofort erhob sie als Zeichen des Protestes ihre Hand und sagte: »Machen Sie mir bitte einen ernstzunehmenden Vorschlag.« Trotz meiner Beteuerungen, dass solche Sessions und Heilmethoden heutzutage in Wellnesseinrichtungen sehr gefragt sind, und obwohl ich ihr mehrere bekannte Anlagen in den USA nannte, die diese Dienste anbieten, lächelte sie ausdruckslos und hörte nicht mehr zu. Ihr Verstand war gegenüber diesem Vorschlag fest verschlossen, und sie rückte nicht von ihrer Meinung ab. Sie fand, dass intuitive Readings und Heilpraktiker zu eigenartig und zu riskant waren, um sie für ihr Geschäft in Erwägung zu ziehen.

»Als Antwort auf Ihre Frage schlage ich Ihnen nur etwas vor, was Kunden anlocken könnte«, wiederholte ich in einem letzten Versuch.

Wieder tat sie diese Idee ab. Da sie nicht aufgeschlossen war, blieb mir nichts anderes übrig, als zu sagen: »Nun, dann muss eben Mundpropaganda genügen, da Ihr Budget keine Werbemaßnahmen erlaubt.«

Kopfschüttelnd und darüber lachend, was sie meine »verrückte Idee, vor allem für die vornehme North Shore-Nachbarschaft« nannte, brachte sie mich zur Tür und lud mich zu ihrer großen Eröffnung ein, der ich aber nicht beiwohnen konnte.

Acht Monate später erhielt ich einen dringenden Anruf von ihr mit der Frage, ob sie mich sofort treffen könne. Mit gequältem Ausdruck betrat sie meine Praxis. Sie erzählte, dass weniger als eine Meile von ihr entfernt ein neues Spa eröffnet habe, das ihr die ganze Kundschaft wegnahm. Die Situation war so ernst, dass sie befürchtete, schließen zu müssen. Auf meine Frage, ob sie sich schlau gemacht hätte, warum die neue Einrichtung einen solchen Zulauf verbuchen konnte, erwiderte sie, dass sie nicht nur die üblichen Wellnessanwendungen anbot, sondern auch alle möglichen alternativen Behandlungen, wie zum Beispiel Aura-Cleaning, intuitive Readings und Reiki-Energie-Behandlungen.

»Offensichtlich ist das der letzte Schrei. Hätte ich das doch bloß vorher gewusst!«, jammerte sie.

Fassungslos sah ich sie an. Sie hatte nicht nur meinen Vorschlag, diese Dienstleistungen anzubieten, abgelehnt, sondern ihn so ausgeblendet, dass sie sich nicht einmal mehr an unser damaliges Reading erinnerte.

Ein verschlossener Geist bedeutet den Tod für deine Schöpferkraft. Das Ego kann so rigide und fixiert in seinen Wahrnehmungen werden, dass es ungerechtfertigt die Wahrheit der aktuellen Situation und neuer Informationen herausfiltert.

―

Das bedauerlichste Beispiel für dieses »Zurechtbiegen« der Realität, das ich je erlebt habe, hatte mit einem homosexuellen Klienten zu tun, der mit seinem Liebhaber zu einem Reading kam, der offensichtlich krank und dem Tode nahe war. Kaum hatten sie meine Praxis betreten, sagte mein Klient zu mir: »Auf gar keinen Fall möchten wir etwas Negatives hören. Wir sind heute nur an guten Nachrichten interessiert. Natürlich bin ich mir sicher, dass Sie sowieso nur solche anzubieten haben.«

Da ich seine Wünsche respektierte und erkannte, dass es aussichtslos war, gegen seine unsinnige Unaufgeschlossenheit anzugehen, vermied ich das Thema der fortschreitenden Krankheit seines Partners und der daraus resultierenden Notwendigkeit, sich auf seinen Tod vorzubereiten. Stattdessen konzentrierte ich mich auf andere Themen. Ich hatte das Gefühl, so zu tun, als ob kein riesiger Elefant mitten im Raum stehen würde, doch blieb mir nichts anderes übrig, da ich innerhalb der Grenzen arbeiten musste, die man mir gesetzt hatte. Es kam mir beinahe absurd vor, mich auf unbedeutende Dinge zu konzentrieren, aber offenbar war es genau das, was sie von mir erwarteten.

Sechs Wochen später, nachdem sein Liebhaber plötzlich zusammengebrochen und ins Krankenhaus eingeliefert worden war, rief mich mein Klient wieder an, erschüttert und fassungslos.

»Hätten Sie das nicht voraussehen und mich warnen können?«, fragte er aufgebracht. »Wenn Sie Ihren Job richtig gemacht hätten, wäre mein Partner vielleicht in der Lage gewesen, diese Katastrophe zu vermeiden.«

Es ist schwer zu glauben, dass Menschen so unlogisch sein können, doch es passiert. Auch ich habe mich zuweilen schon so verhalten, und Sie sicher auch. Wir alle wissen, was es bedeutet, zuzulassen, dass unsere Emotionen sich über unseren Verstand hinwegsetzen.

―

Dein höheres Selbst leitet dich, doch wenn du den Kanal mit emotional geladenen Ungenauigkeiten, unscharfen Wahrnehmungen und vorgefassten Ideen blockierst, wirst du nicht darauf zugreifen können. Stattdessen wirst du in Dramen und Verwirrung untergehen. Nur wenn du deine Situation ruhig und unvoreingenommen betrachtest, kannst du die klare, direkte, intuitive Führung deiner inneren Weisheit empfangen.

—

Eine meiner engsten und liebsten Freundinnen, Joan Smith, spürte vor einiger Zeit die dringende Notwendigkeit, klare Informationen von ihrer höheren Weisheit zu erhalten. Nachdem sie im vergangenen Herbst plötzlich einen schweren Anfall erlitten hatte und ins Krankenhaus eingeliefert wurde, diagnostizierten die Ärzte einen Gehirntumor. Bei der Operation kurz danach wurde festgestellt, dass sie Krebs im Stadium IV hatte. Man stellte ihr eine vernichtende Prognose und ließ sie mit diesem erschreckenden Szenario allein.

Als Erstes machte sich Joan daran, so viel wie möglich über ihren Zustand und jede bekannte Behandlungsart in der Schul- sowie der Alternativmedizin in Erfahrung zu bringen. Diese Aufgabe half ihr, zentriert zu bleiben und nicht in einen Abgrund schieren Horrors zu fallen. Ausgerüstet mit den aktuellsten medizinischen Informationen, erstellte sie Schritt für Schritt einen persönlichen Heilungsplan. Je mehr sie über ihren Krebs wusste, desto klarer wurde ihre Intuition in Bezug darauf, wie sie damit umgehen musste.

Der Schlüssel, sagte sie, sei die Unterscheidung zwischen Tatsache und Meinung. Einige ihrer Ärzte glaubten nicht, dass sie überleben würde, während andere es ganz anders sahen. Joan distanzierte sich sofort von jenen, die nicht optimistisch waren, da sie Belege dafür gefunden hatte, dass ein im Gesundheitswesen Beschäftigter mit einer negativen Einstellung für die Überlebenschancen des Patienten tödlich ist.

Nachdem sie sich über die Vor- und Nachteile von Chemotherapie informiert hatte, entschied sie sich dagegen und konzentrierte sich vielmehr auf alternative Behandlungsweisen, da ihr Bauchgefühl ihr sagte, dass dies der richtige Weg sei. Viele Bekannte lehnten ihre pro-aktiven, intuitiven Entscheidungen als verrückt und leichtsinnig ab, doch andere unterstützten sie in ihrem Vorhaben. Welche Folgen hat ihre Entscheidung? Während ich dies schrieb, zeigte ihr letzter Gehirn-Scan, dass sie krebsfrei war.

—

Beobachte und nimm alles an, einschließlich deiner Gefühle, doch lass dich nicht von ihnen überwältigen. Sie sind stark, und wenn man mitten in einer erregten Reaktion steckt, ist nichts klar ersichtlich. Doch irgendwann beruhigen sich die Gefühle. Es ist zu schwierig, einen solchen gesteigerten Zustand lange Zeit aufrechtzuerhalten. Der physische Körper wird von starken Emotionen und der damit ausgelösten erhöhten Adrenalinausschüttung erschöpft, und du stellst sie ab, sobald du den Sättigungspunkt erreicht hast. Beurteile nie eine Situation oder entscheide dich für eine Vorgehensweise, wenn du dich in etwas hineingesteigert hast. Deine Wahrnehmungen werden nicht präzise sein, und dein Zugang zu deinem höheren Selbst ist blockiert. Lass die Stürme der Emotionen vorüberziehen, denn nur dann wirst du in der Lage sein, klar zu sehen und weise und kreativ zu handeln.

Du hast blinde Flecken, Stellen, wo du als Folge deiner Erziehung, gesellschaftlichen Konditionierung und sogar vergangener Inkarnationen nicht fähig bist, über den Tellerrand hinaus zu schauen. Es ist die Lektion deiner Seele, diese Hindernisse für die Vernunft zu beseitigen. Sei bereit, zu sehen, was dir bisher verborgen geblieben ist. Wo ist dein Verstand aufgrund von Unfähigkeit oder Unwillen daran gehindert, die größeren Zusammenhänge so objektiv und genau wie möglich zu erkennen? Welche gewohnheitsmäßigen emotionalen Reaktionen versperren dir den Zugang zu deiner inneren Weisheit? Denke über diese Fragen nach, und dein höheres Bewusstsein wird dir die Antworten zeigen.

Ignoriere die Sicht deines Ego. Es ist defensiv, engstirnig, subjektiv, selbstgerecht, wertend, unsicher, wütend und furchtsam. Betrachte das Leben vielmehr aus der Perspektive deines höheren Selbst – eine Perspektive, die besonnen, sachlich, kreativ, lösungsorientiert, vorurteilsfrei und liebevoll ist.

Das ist verzwickt. Ich schaue auf und sehe einen Stapel Papiere, einen leeren Starbucks-Kaffeebecher, überall auf dem Tisch Bücher verstreut und die Reste der bunten Verpackung eines Geburtstagsgeschenks, das ich von meiner Freundin Lilly bekommen habe. Meine erste emotionale Reaktion lautet: »Ich sehe Unordnung, und ich muss sie beseitigen.« Meine zweite

Feststellung lautet: »Ich sehe einen gemütlichen Arbeitsplatz, und es gefällt mir.« Was ist wahr? Wahrscheinlich beides.

―

Ein mangelhaft entwickelter Verstand ist häufig eine Folge eines unzureichenden Sehens – damit ist nicht einfach nur die physische Sehkraft gemeint, auch wenn sie eine Rolle dabei spielt, sondern auch Einsicht und Betrachtung. Hast du schon einmal den Ausspruch »Man sieht nur, was man sehen will« gehört? Egal ob du eine rosa Brille aufsetzt und alles Unangenehme herausfilterst oder ob du die Welt als ein halb leeres Glas wahrnimmst und nur die dunklen und negativen Aspekte einer Situation siehst; in jedem Fall vermitteln beide Herangehensweisen dir kein genaues Bild von der Realität, und daher bist du nicht in der Lage, sie zu verändern.

Lass deine Augen untersuchen, um sicherzugehen, dass du klar sehen kannst. Wenn deine Sehkraft schwach ist, wird es bei deinem Verstand nicht anders sein. Fokussiere deine Beobachtungen, damit du auf allen Ebenen einen ungetrübten Blick hast. Je objektiver du aktuelle Bedingungen erkennen kannst und je vorurteilsfreier deine Wahrnehmung ist, desto besseren Zugang wirst du zu deinem höheren Selbst haben, das dich dann zu positiven Lösungen und effektiven Handlungen führen wird.

―

Einer meiner Klienten bezichtigte grundlos seine Frau, eine Affäre zu haben, und wollte sich scheiden lassen, weil er sie in einem Restaurant gesehen hatte, wie sie einen anderen Mann küsste. Es kam ihm gar nicht in den Sinn, dass sie zu dem Zeitpunkt zu Hause bei den Kindern war. Sie wies seine Anschuldigung von sich und beteuerte ihm, dass sie ihn nicht betrog. Doch er wollte davon nichts wissen und lieber seinen Augen zu trauen. Das Problem war, dass er extrem kurzsichtig war, und obwohl er glaubte, dass er seine Frau in dem Restaurant gesehen hatte, war tatsächlich ihre jüngere Schwester dort gewesen. Er gab seinen Irrtum erst zu und entschuldigte sich, als die Schwester drei Wochen später zu Besuch kam, um ihren neuen Verlobten vorzustellen, der sich als der Mann in dem Restaurant herausstellte. Es hört sich absurd an, doch machen wir uns nichts vor – solche Dinge passieren ständig.

Übermäßig emotionale Reaktionen beeinträchtigen deine schöpferische Effizienz. Lass dich nicht von deinen Gefühlen betäuben; erlaube ihnen nicht, deine Wahrnehmung zu beeinflussen. Lass deinen Impulsen freien Lauf, spüre sie, drücke sie aus und höre sie an, dann beruhige dich. Wenn alles ruhig ist, betrachte die Situation erneut mit klarem Verstand, bevor du dich für eine Vorgehensweise entscheidest.

Vorurteile, blinde Flecken und engstirnige Meinungen beeinträchtigen deine Fähigkeit, gekonnt deine Wünsche zu manifestieren. Der göttliche Geist versteckt sich vor nichts und urteilt nicht. Der Verstand, sofern fein abgestimmt und sorgfältig eingesetzt, ist die Brücke zwischen dem, was jetzt existiert, und dem, was du dir in Zukunft wünschst.

Jetzt kannst du die Lektion anwenden.

- Wenn du ein Heißsporn bist oder wenn du nah am Wasser gebaut hast, wenn du dich selten präzise an Einzelheiten über Personen, Orte oder Ereignisse erinnerst, alles persönlich nimmst und dich fragst, wie die Welt so grausam sein kann, eine Katastrophe nach der anderen erlebst, jede mit einem ähnlich angsterregenden Thema, vorschnell reagierst, dich zu schnell und ohne nachzudenken auf alles Mögliche einlässt und dazu neigst, voreilige Urteile zu fällen … dann bist du hinsichtlich des Lernens dieser Lektion ein *Schüler*.

- Wenn du äußerst empfindlich auf Menschen und Dinge reagierst und dich schnell verschließt, wenn deine Gefühle leicht verletzbar sind, du dir die Meinungen anderer zu sehr zu Herzen nimmst, zögerst, bevor du etwas sagst, und versuchst, Dinge durchzudenken, bevor du handelst, aber oft nicht fähig bist, die Sichtweise eines anderen zu verstehen, oder wenn du Tagebuch führst und mit dem Gedanken spielst, zu einem Therapeuten zu gehen, um tiefere Erkenntnisse zu gewinnen … dann bist du ein *Lehrling*.

- Wenn du niemals eine voreilige Entscheidung triffst, sondern dir Zeit nimmst, um alles über das jeweilige Thema in Erfahrung zu bringen, bevor du den nächsten Schritt tust, getreue Freunde und unterstützende Berater kontaktierst, um dir bei der Lösung deiner Probleme helfen zu lassen, wenn du nicht klar denken kannst, wenn du Personen, Orte und Objekte aufmerksam betrachtest und ein scharfes Auge für Einzelheiten hast, einen Moment innehältst, bevor du reagierst, es vorziehst, Dinge zu besprechen, wenn du ruhig und gelassen bist, oder wenn du darauf wartest, dass Antworten zu dir kommen, nachdem du so viel wie möglich über ein Thema herausgefunden hast ... dann bis du ein *Geselle*.

- Wenn du ein beinahe fotografisches Erinnerungsvermögen hast, über die äußere Erscheinung sehen und fühlen kannst, als hättest du Einblick in die Dinge, es vermeidest, Schlussfolgerungen zu ziehen und Entscheidungen zu treffen, bevor du nicht alle erforderlichen Informationen zur Verfügung hast, sie aussortierst und eine Nacht darüber schläfst, aufgeschlossen und immer willens bist, mehr zu lernen, vor allem in Bereichen, in denen du deiner Meinung nach gut bewandert bist, oder wenn du betest, meditierst und auf Führung von deinem höheren Selbst wartest ... dann bist du auf dem Weg, diese Seelenlektion zu *meistern*.

Wenn du ein Schüler bist ...

- Treib dich nicht zur Eile an; beruhige dich.
- Besorge dir mehr Informationen und achte darauf, dass deine Quellen objektiv und zuverlässig sind, bevor du Schlussfolgerungen ziehst.
- Achte auf so viele Einzelheiten wie möglich, wenn du dich mit Menschen zusammentust oder an einem neuen Ort bist.
- Atme tief, gehe spazieren oder nimm ein Bad und entspanne dich, wenn du allzu emotional bist.

Wenn du ein Lehrling bist ...

- Werde Mitglied einer Selbsthilfegruppe, um Feedback zu bekommen und neue Perspektiven zu gewinnen.
- Sei aufgeschlossen und bereit, über deinen Blickpunkt hinaus zu sehen.
- Bestimme deine »blinden Flecken«, indem du dir wiederholt auftauchende Probleme mithilfe von Lehrern, Therapeuten und unvoreingenommenen Freunden anschaust.
- Lass deine Augen vom Augenarzt untersuchen, lege dir eventuell neue Brillengläser zu und lerne Übungen, mit denen du deine Augenmuskeln stärken kannst.
- Strebe jeden Tag danach, neue Aspekte und mehr Einzelheiten über vertraute Personen und Orte zu erkennen.

Wenn du ein Geselle bist ...

- Bitte dein höheres Selbst, dir deine blinden Flecken zu zeigen und dein Gewahrsein zu schärfen.
- Nimm dir jeden Tag ein paar Minuten Zeit für körperliche und meditative Übungen.
- Zähle bis zehn und atme durch Dramen und Herausforderungen des Lebens, anstatt darin zu versinken.
- Stell Fragen, recherchiere oder besuche einen Kurs, um so viel wie möglich über eine Situation, ein wiederkehrendes Problem oder einen kreativen Interessenbereich zu erfahren.
- Such dir bewährte Lebensberater, die dir zuhören und dabei helfen können, alle von dir gesammelten Informationen durchzugehen, damit du dir ein möglichst klares, genaues Bild machen kannst.
- Sobald du recherchiert und deine Daten organisiert hast, wende dich an deine innere Weisheit, um die endgültige Antwort oder Lösung zu erhalten.

Wenn du auf dem Weg bist, diese Lektion zu meistern ...

- Lies neue Bücher über alte und Lieblingsthemen.
- Wenn du dich mit jemandem unterhältst, nimm alle Einzelheiten sowohl mit deinem Verstand als auch mit deinem Herzen auf und bitte um zusätzliche Informationen, wann immer dein Geist dir dazu rät.
- Nimm dir regelmäßig Zeit zum Alleinsein, um nachzudenken, Dinge zu verarbeiten und durchzusehen, was du gelernt hast.
- Übergib zum Schluss alles deinem höheren Selbst für eine endgültige Entscheidung.

DEINE SEELENLEKTION

Entwickle und verfeinere deine Verstandeskraft

DEINE SEELENAUFGABE

Benutze deine höhere Vernunft, um den wahren Geist in allen Menschen zu erkennen, egal auf welcher Stufe ihrer Entwicklung sie sich befinden

Seelenlektion Nr. 9

Folge deiner inneren Stimme

Folge deiner inneren Stimme – dem ruhigen, führenden Ausdruck deines höheren Selbst. Sie ist in deinem Herzen zu finden, der Heimat der göttlichen Intelligenz in deinem physischen Körper. Dein innerer Ratgeber hat nichts mit den Verhaltensmaßregeln deines Ego zu tun. Er ist direkt, ruhig, besonnen und klar und dient nicht nur deinem eigenen höchsten Interesse, sondern dem Wohl aller Menschen. Weder schmeichelt deine innere Stimme noch verurteilt sie, und sie sagt dir niemals, was du tun sollst. Sie gibt nur liebevolle Vorschläge, die deinen authentischen Weg unterstützen. Sie ist der Kompass deiner Seele in diesem Leben, und sie hält dich davon ab, dich in das Durcheinander der Welt zu verlieren.

Deine innere Stimme ist nicht persönlicher Natur, sondern deine private Verbindung zum göttlichen Geist, den wir alle teilen. Sie ist immer bereit, dich zu führen. Um dich mit ihrer Weisheit zu verbinden, fokussiere dich einfach auf dein Herz und lausche.

Um wahrhaft hören zu können, musst du dich zunächst von anderen Stimmen lösen. Als Erstes höre auf, andere um ihre Meinung zu fragen. Es ist völlig in Ordnung, sich um Führung und Hilfe aus allen verfügbaren Quellen zu bemühen, doch letzten Endes sollte dein höheres Selbst deine endgültige und höchste Autorität sein.

Tu nichts, bevor du nicht deine innere Weisheit konsultiert hast. Zu diesem Zweck beruhige deinen Geist und richte deine volle Aufmerksamkeit auf dein Herz. Sei geduldig und erlaube ihm, sich zu äußern. Bitte direkt um Führung, und dann höre hin. Das höhere Selbst ist subtil und unterbricht weder dein Ego noch die Stimmen der Welt. Daher musst du die äußeren Geräusche und das Genörgel deines Ego abschalten, um die leise Unterweisung deiner inneren

Weisheit vernehmen zu können. Wenn du dir diese Mühe machst, wirst du dich immer mit deiner Quelle verbinden.

Lausche mit deinem ganzen Wesen deiner inneren Stimme – mit jeder Zelle deines Körpers. Bist du schon einmal allein in einem Haus gewesen und hast ein Geräusch gehört, das du nicht einordnen konntest? Kannst du dich daran erinnern, wie alle Gedanken, die dir durch den Kopf gingen, plötzlich verstummten, als du dir des potenziellen Eindringlings bewusst wurdest? Diese Art der ungeteilten Aufmerksamkeit auf Zellebene erschließt dir den Zugang zu deiner inneren Stimme. Die Fähigkeit, sich auf dieser Ebene zu fokussieren, wird durch regelmäßige Zeiten stiller Reflexion, Kontemplation und Gebete entwickelt. Fang mit fünf Minuten an und dehne diesen Zeitraum schließlich auf 30 Minuten täglich aus. Je öfter du diese Übung durchführst, desto leichter und entspannender wird sie.

Um zu wissen, ob die Führung, die du erhältst, wirklich von deinem göttlichen Bewusstsein herrührt, schau dir an, welche Wirkung sie auf dich hat. Gibt sie dir das Gefühl, mit dir selbst im Frieden zu sein? Entspannt? Erfrischt? Deine Essenz übt auf natürliche Weise einen zentrierenden und beruhigenden Einfluss aus. Sie hallt in jeder Zelle deines Wesens als Wahrheit wider.

Niemand kann für dich entscheiden, ob es deine innere Stimme ist, auf die du hörst, oder dein Ego. Ein Teil deiner Seelenarbeit besteht darin, zu lernen, diese Unterscheidung selbst vorzunehmen. Wir können dir jedoch Tipps geben, um es dir leichter zu machen:

Deine göttliche Weisheit

- bestätigt deinen Geist
- lässt dich selbstsicher fühlen
- verringert deine Unsicherheiten
- weckt dein Mitgefühl und deine Bewunderung für die Menschen um dich herum
- stärkt Selbstliebe und Selbstakzeptanz
- ist ehrlich
- inspiriert dich dazu, großzügiger und mutiger zu sein

Solltest du diese Gefühle nicht erleben, spielt das Ego dir Streiche. Schalte auf einen anderen Kanal um, denn du bist auf etwas eingestellt, was deiner Seele nicht dienlich ist.

Wenn du Zugang zu dem Licht deiner göttlichen Seele hast, wirst du Momente erleben, in denen du die Meinung anderer infrage stellen oder dich über sie hinwegsetzen musst. Hab keine Angst. Vertraue weiterhin deiner inneren Stimme und folge ihr. Letzten Endes hilfst du damit jedem.

Als ich kürzlich mit dem Auto vom Einkaufen nach Hause fuhr und über das Schreiben an diesem Teil des Buches nachdachte, schaltete ich das Radio ein und bekam das Ende eines Interviews auf National Public Radio mit. Ein Journalist sprach mit einem Wissenschaftler, der im Jahr 2000 am Humangenomprojekt teilgenommen hatte. Der Forscher erzählte, dass nach der ersten Entschlüsselung des menschlichen Genoms die Experten in der Lage waren, ungefähr 90 Prozent aller Informationen bezüglich unserer genetischen Zusammensetzung zu verstehen. Die restlichen 10 Prozent blieben jedoch ein Geheimnis und sind seither für die meisten Genforscher der wichtigste Forschungsbereich.

Erst vor Kurzem gelang ihnen ein äußerst bedeutender Durchbruch, als sie entdeckten, dass sich ein großer Teil der menschlichen Genstruktur, der bislang als unbedeutend galt und entsprechend ignoriert worden war, als wichtiger Informationsträger herausstellte, vielleicht sogar die Schlüsselverbindung, um zu einem umfassenden Verständnis unserer DNA zu gelangen.

Der interviewte Wissenschaftler sagte, dass es angesichts seiner ungeheuren Bedeutung unglaublich sei, dass dieser Abschnitt des Genoms ursprünglich ignoriert worden war. Genforscher überall fragten sich, wie um alles in der Welt das hatte passieren können, vor allem weil es vergleichbar damit war, ein riesiges weißes Nashorn mitten im Zimmer zu übersehen. Neugierig geworden, fragte der Reporter: »Nun, und wie <u>konnte</u> es passieren?«

»Ganz einfach«, antwortete er. »Wissenschaftler unterscheiden sich nicht von anderen Menschen. Wir sehen, was wir zu sehen, und hören, was wir zu hören gelernt haben. Von einer Generation zur nächsten hat niemand die Informationen infrage gestellt, die weitergegeben wurden.

Man hat sie einfach als Tatsache akzeptiert – zumindest bis einer unserer Forscher begann, sie anzuzweifeln. Er erklärte: ›Meine innere Stimme sagte mir, ich sollte diese Daten überprüfen, und das habe ich getan.‹«

Indem er auf seine Seelenweisheit hörte, landete dieser Mann einen wissenschaftlichen Volltreffer. Seine innere Führung half, unser Verständnis auf dem Gebiet der Humangenetik zu vertiefen. Weil ein Mensch seinem höheren Selbst Aufmerksamkeit schenkte, auf Experten in der Außenwelt zu hören, haben wir einige äußert wertvolle Informationen über menschliche Gene gewonnen.

Ihr seid dazu erzogen worden, eure göttliche Intelligenz in einem solchen Grad zu ignorieren, dass es für viele von euch undenkbar ist, die Informationen, die andere Menschen euch geben, überhaupt infrage zu stellen. Berücksichtige diese irrige Einflussnahme und passe scharf darauf auf, auf was und wen du hörst – und auf die Macht, die du diesen angeblichen Autoritäten anstelle deines höheren Selbst gibst. Du bist dir vielleicht nicht einmal dessen bewusst, wie die Meinungen anderer deine innere Stimme zum Verstummen bringen.

Vor einiger Zeit kam ein brillanter junger Mann zu mir, der an der Universität von Chicago an seiner Doktorarbeit im Bereich Kunst- und Musikgeschichte arbeitete. Obwohl er in den ersten paar Minuten unseres Gesprächs scharfsinnig, lebhaft und ungemein wortgewandt war, hatte ich das Gefühl, als würde ich mit einem Roboter reden. Seine Worte waren kurz, nüchtern, abgedroschen und wie einstudiert. Ich konnte Jahrtausende von Professoren hören, die Leben für Leben durch ihn sprachen. Ich spürte, dass er einfach ihre Ideen und Wertvorstellungen weitergab. Es waren nicht seine Worte, Gedanken, persönlichen Gefühle oder Überzeugungen, die aus seinem Mund kamen, sondern die Meinungen anderer. Er hatte ein erworbenes, künstliches Selbst.

Ich teilte ihm meine intuitiven Beobachtungen mit und fragte ihn, ob er irgendetwas von dem, was er sagte, auf der Seelenebene spürte oder damit in Resonanz stand. Überrascht, dass ihm jemand diese Frage stellte, stotterte er, suchte nach Worten, wand sich und schüttelte den Kopf, als wollte er jene Stimmen verscheuchen, und wurde schließlich ganz still.

Dann meinte er: »Ja, es ist wahr. Ich gebe wie ein Echo Dinge weiter, die ich gelernt habe. Dies alles sind nicht meine Worte oder überhaupt irgendein Teil von mir. Ich wiederhole sie, weil ich darin trainiert bin. Doch ich hasse mich dafür. Ich weiß nicht einmal mehr, was ich wirklich denke, weil ich so damit beschäftigt bin, meine Lehrer zu beeindrucken. Das ist der Grund, warum ich zu Ihnen gekommen bin – ich weiß nicht, ob ich eine eigene Stimme habe.«

Die nächsten paar Minuten saß ich ihm schweigend gegenüber, dachte über sein Problem nach und betete um Führung, um ihm zu helfen, mit seinem höheren Selbst in Kontakt zu kommen. Und plötzlich kam der Rat durch – nicht in Sätzen, sondern in Musik. Sein inneres Wesen sprach zu mir mit der Melodie seiner Seele, und sie war wunderschön.

»Ihre innere Stimme spricht durch Musik zu Ihnen«, bemerkte ich, »nicht durch Worte.«

Er schaute mich fassungslos an und wurde dann von seinen Gefühlen überwältigt. Verlegen fragte er: »Warum weine ich?«, und versuchte, sich die Tränen aus den Augen zu wischen. »Wie eigenartig. Und ich kann nicht glauben, dass Sie Musik erwähnt haben. Sie ist meine erste Liebe – der einzige Bereich in meinem Leben, in dem ich nicht mit dem Fachwissen anderer bombardiert werde. Ich liebe es, zu komponieren und Klavier zu spielen, aber ich komme nur noch selten dazu.«

Ich fühlte mich angeleitet, still zu sein. Ich vertraute darauf, dass er seine göttliche Quelle hören würde, wenn ich schwieg. Nach einigen Minuten entspannte er sich. »Vielen Dank. Ich habe die Antwort bekommen, die ich haben wollte«, sagte er und ging.

Lerne, die Stimme deines höheren Selbst von dem Rat körperloser Wesenheiten, wie zum Beispiel Geistführer und Wesen aus der Elementarwelt, zu unterscheiden. Wenn sie auch hilfreich sein können, neigen einige dieser Wesenheiten dazu, dich zum Narren zu halten und in die Irre zu führen. Achte ganz besonders auf Schmeicheleien, da dies die typische Art ist, wie sie deine Aufmerksamkeit und dein Vertrauen gewinnen. Wann immer du dich geschmeichelt fühlst, ist dies ein sicheres Zeichen dafür, dass du es mit einem Wesen niederer Ebenen zu tun hast, das du ignorieren solltest.

Fran, eine Klientin von mir, rief mich an und erzählte mir, dass sie ganz aus dem Häuschen sei, weil sie endlich ihre göttliche Essenz angezapft habe. »Wissen Sie«, sagte sie recht selbstgefällig, »mein höheres Selbst hat gesagt, dass nicht jeder so erhaben ist wie ich und dass ich eine besondere Seele bin.«

»Und welches Gefühl haben Sie dabei?«, fragte ich.

»Wunderbar«, kreischte sie. »Als hätte ich einen Preis gewonnen!«

»Und wenn Sie so besonders sind, was bringt Ihnen das?«, fuhr ich fort.

»Weiß ich nicht«, sagte sie verwirrt und ein wenig gekränkt, dass ich nicht begeistert war über ihre Mitgliedschaft im Klub der medialen Elite. »Was meinen Sie damit?«

»Wollen Sie besser oder anders sein als alle anderen? Ist das nicht ein bisschen isolierend?«

»Nun ja, da haben Sie vielleicht recht«, gab sie zu.

»Haben Sie nicht in letzter Zeit darüber geklagt, dass Sie sich entfremdet und einsam fühlen? Wie kann das sein, wenn Sie doch so außergewöhnlich sind?«

»Ich weiß es nicht. Jetzt bin ich ganz verwirrt.«

»Alles, was ich weiß«, fuhr ich fort, »ist, dass die wahre innere Stimme Dinge klärt – sie macht sie nicht kompliziert; sie führt zu Frieden und Einheit mit der Welt, nicht zu Isolation. An Ihrer Stelle würde ich mir die Botschaften, die Sie erhalten, genauer anschauen, bevor Sie sich überzeugen lassen, dass sie von Ihrem höheren Selbst kommen. Bis jetzt scheinen sie jedenfalls nicht die richtigen Resultate zu zeitigen.«

Fran sagte, dass ich nur eifersüchtig sei, und legte auf. Ich weiß nicht, wohin ihre Stimme sie seit unserem Gespräch geführt hat, doch habe ich gehört, dass ihre Äußerung, etwas Besonderes zu sein, viele Menschen abgestoßen hat, die vorher eine wichtige Rolle in ihrem Leben gespielt haben.

Geistige Führer haben einzig die Aufgabe, dir zu helfen, mit deinem höheren Selbst in Kontakt zu kommen und ihm zu folgen, und nicht, dich von ihm zu trennen oder im Widerspruch zu ihm zu stehen. Höre auf nichts anderes als auf deine innere Stimme. Sie liefert den besten, zuverlässigsten Rat, den du auf deinem Seelenweg befolgen kannst.

Konsultiere dein höheres Selbst hinsichtlich aller Dinge in deinem Leben, da es dein allerliebster Freund ist. Beseitige den unerwünschten Lärm und die äußeren Einflüsse, damit du ohne Ablenkung kommunizieren kannst. Wenn du zu einem Kontakt bereit bist, wird er sich ergeben. Dein höheres Selbst ist seit jeher präsent – du hast ihm lediglich deine Aufmerksamkeit entzogen.

Jetzt kannst du die Lektion anwenden.

- Wenn du deine innere Stimme nicht hören kannst, ständige Berieselung durch Fernsehen, Radio, iPod oder Internet brauchst, um die innere Leere zu füllen, zahllose Zeitungen, Magazine und Groschenblätter liest und die darin enthaltenen Informationen nie infrage stellst oder wenn du ständig von anderen erwartest, dass sie dir sagen, was du tun sollst … dann bist du hinsichtlich dieser Lektion ein *Schüler*.

- Wenn du andere Menschen nach ihrer Meinung fragst und »sachverständigen« Rat einholst, ihn jedoch nicht unbedingt befolgst, wenn du tust, was deine Familie und Freunde sagen, doch insgeheim wünschst, du könntest dich losreißen oder aus dem Staub machen, wenn du anfängst, auf deine inneren Gefühle zu achten und darüber zu reden, jedoch nur mit »zuverlässigen« Personen und nie mit jemandem, der gegen dich opponieren könnte, oder wenn du dich nach mehr Alleinsein sehnst, dies jedoch nicht als wichtige Priorität siehst … dann bist du ein *Lehrling*.

- Wenn du es müde bist, auf andere zu hören, kein Blatt vor den Mund nimmst, wenn du anderer Meinung bist, dir Zeit für dich nimmst, selbst wenn du darum kämpfen musst, wenn du dich aufgerufen fühlst, Meditation oder Yoga zu lernen, dir ein spirituelles Retreat zu gönnen oder einen Kurs über Seelenreflexion mitzumachen, oder wenn dir plötzlich der Klang der Stille gefällt … dann bist du ein *Geselle*.

- Wenn du regelmäßige Perioden der Stille einlegst, und zwar ohne Ausnahme, deine innere Stimme befragst, bevor du eine Entscheidung triffst oder dich zu etwas verpflichtest, auf deine höhere Führung hörst und ihr folgst – selbst wenn sie andere irritiert, enttäuscht oder wütend macht, wenn du deinem Spirit vertraust und weißt, dass du sicher geführt wirst und in der Lage bist, jegliche intuitiven Eindrücke zu erkennen, die dir und allen Beteiligten zum Nutzen gereichen ... dann bist du auf dem besten Weg, diese Seelenlektion zu **meistern**.

Wenn du ein Schüler bist ...

- Höre auf, alle und jeden zu bitten, sich zu deinem Leben zu äußern – vor allem, wenn es darum geht, was du tun sollst.
- Kultiviere dein Feingefühl für dein höheres Selbst, indem du dir ein Musikstück anhörst, das dir besonders gut gefällt, und darauf achtest, wie viele Stimmen und Instrumente du unterscheiden kannst.
- Vermeide überflüssiges Gerede, vor allem mit Personen, von denen du Anerkennung suchst.

Wenn du ein Lehrling bist ...

- Entwöhne dich von Zeitungen, Radio und Fernsehen – zumindest am Morgen – und genieße stattdessen die Stille.
- Sei aufmerksam in Gesprächen mit anderen und pass auf, dass du nicht allem zustimmst, nur um das Gefühl zu haben, dazuzugehören.
- Achte auf deine Worte. Bringst du zum Ausdruck, wie du dich wirklich fühlst und woran du glaubst, oder wiederholst du Gedanken, Ideen und Empfindungen, die du von anderen übernommen hast?
- Bitte deine innere Stimme, laut und deutlich zu sprechen, und sei dann höflich, geduldig und aufmerksam genug, um sie zu hören.

Wenn du ein Geselle bist …

- Bete jeden Tag still.
- Sorge in deinem Alltag für so viel Ruhe wie möglich, um dich nach innen wenden zu können.
- Wenn du dich mit jemandem unterhältst, höre ab und an einfach nur zu, ohne deine Meinung zu äußern. Halte mit dir selbst Rat.
- Höre, was deine innere Stimme sagt, bevor du deinen Standpunkt kundtust, eine Verpflichtung eingehst oder deine Entscheidung äußerst.
- Bitte andere nicht darum, deine Seelenweisheit anzuerkennen. Führe stattdessen Tagebuch, bete und denke über deine Führung nach, um mehr Klarheit zu erhalten.

Wenn du auf dem Weg bist, diese Lektion zu meistern …

- Beginne jeden Tag damit, deinem höheren Selbst zuzuhören und es darum zu bitten, jegliche Einflüsse zurückzuweisen, die nicht mit deinem Seelenweg übereinstimmen.
- Entspanne und löse dich von den Meinungen und Zurschaustellungen des Ego in der Außenwelt.
- Richte dir einen stillen Rückzugsort in deinem Zuhause ein, an dem du direkt mit deinem göttlichen inneren Wesen kommunizieren kannst.
- Strebe danach, noch scharfsichtiger zu werden.
- Rede weniger und höre mehr zu.

DEINE SEELENLEKTION

Nur auf das höhere Selbst zu hören

DEINE SEELENAUFGABE

In Übereinstimmung mit deinem wahren Geist zu leben, was zu persönlicher Anmut, Macht und Autorität führt

SEELENLEKTION NR. 10

Öffne dein Herz

Gehe mit offenem Herzen durchs Leben. Du kannst auf der Seelenebene nicht wachsen, wenn dein Herz verschlossen ist. Empfänglich zu bleiben verbindet dich mit deinem Geist, mit anderen Menschen und mit unserem Schöpfer, dem Herrn des Lebens. Ein offenes Herz lässt in jeden, dem du begegnest, Lebenskraft fließen und erweist Gott Ehre. Als göttliches unsterbliches Wesen ist es für dich nur natürlich, den Fluss positiver Emotionen zuzulassen.

Wenn dein Herz offen ist, empfängst und gibst du reichlich Liebe. Du bist vorurteilslos und freundlich und empfindest Mitgefühl für alle Menschen auf der Welt. Du liebst das Leben und erfreust dich der Liebe des Himmels. Außerdem vertraust du, bist tolerant und geduldig. Und vor allem wirst du immer mutiger, denn Liebe ist das Gegenmittel gegen Angst.

Um dein Herz zu öffnen, beginne damit, dich selbst zu lieben. Du bist ein kostbares, geschätztes Kind Gottes, erschaffen als Spiegelbild des Göttlichen, das reine Liebe ist; daher bist auch du nur diese Eigenschaft. Dies zu wissen und zu akzeptieren wird dich automatisch im höchsten Grad empfänglich machen. Die Lüge, die dein Ego dir vorgaukelt – und die Quelle all deines Schmerzes –, besagt, dass du nicht aus diesem heiligen Funken geschaffen bist und folglich seiner nicht wert bist.

Wenn du erkennst, dass das Gegenteil der Fall ist und dass du hier bist, um Liebe zu sein und zu erfahren, beginnst du, die Verteidigungsmechanismen, Blockaden und Barrieren abzubauen, die dich davon abhalten, diese Wahrheit zu leben. Du fängst an, dich über einschränkende Vorstellungen von romantischen oder persönlichen Bindungen hinaus auszudehnen und dich auf eine Aktivierung allumfassender universaler Liebe hin zu entwickeln.

Ein offenes Herz heißt nicht, dass du keine leidenschaftlichen oder liebevollen Beziehungen mit einzelnen Personen haben kannst. Stattdessen bittet es dich, nicht mehr länger *selektiv* zu lieben, indem du deine Zuneigung einigen schenkst und sie von anderen zurückhältst. Erkenne das Gute in allen Menschen und ehre das Göttliche in jedem. Dies ist ein grundlegender Aspekt deiner Aufgabe auf der Erde.

Wenn du deine Verteidigungsmechanismen aufgibst, sendest du automatisch eine positive, harmonische, friedliche und liebevolle Schwingung in die Welt, die dazu beiträgt, den Planeten zu stärken. Diese Energie lindert zudem das Leiden anderer Menschen, das immer auf einen Mangel an Liebe zurückzuführen ist.

Dein Herz besitzt einen energetischen Schutzschild, den du aktivieren kannst, wann immer du extremem Schmerz, Angst oder Furcht ausgesetzt bist. Dieser Schild ist sehr nützlich, wenn du ein Trauma erlebst, doch sollte er nicht ständig in Benutzung sein. Wenn du einen solchen Schutzpanzer errichtest – selbst wenn er notwendig erscheint –, schneidest du deine Seele von allem ab, einschließlich deinem Schöpfer, der Quelle deines Seins. Wir empfehlen dir, dein Herz nur in schwerwiegenden Situationen zu verschließen, und auch dann nur so kurz wie möglich. Um unter extremem Stress empfänglich zu bleiben, bitte Gott, die Engel und geistigen Führer um Hilfe; und vergib jenen, die dir Schmerz zufügen. Vergebung heilt alle Wunden und ist der beste Schutz für deine fühlende Natur.

Andrew und seine Frau hatten nur ein Kind, Natalie, das im Alter von sieben Jahren brutal vergewaltigt und ermordet wurde. Beinahe verrückt vor Trauer und Wut, musste Andrew nicht nur den unvorstellbaren Verlust seiner Tochter ertragen, sondern bei dem nachfolgenden Prozess auch immer wieder vor Gericht erscheinen.

Seine Ehe zerbrach unter der Last seiner Verzweiflung, und er und seine Frau ließen sich scheiden. Schließlich stellte sich nach einem DNA-Test heraus, dass der Mann, der wegen des Mordes angeklagt war – und den er so lange aus tiefstem Herzen gehasst hatte – unschuldig war, und er wurde freigesprochen. Der Schmerz, die Verzweiflung und das Durcheinander dieser Ereignisse brachten Andrew beinahe um.

Durch die Hilfe und Liebe seiner Familie und Freunde fand er den Mut, zu vergeben und sein Herz erneut zu öffnen. Anstatt sich weiterhin mit Hass und Verachtung zu vergiften, entschied er, seine Situation Gott zu übergeben und sich wieder dem Leben zuzuwenden. Er und seine Frau, mit der er in Kontakt geblieben war, heirateten noch einmal und wagten einen Neuanfang. Diese enorm bedeutsamen Entscheidungen gaben Andrew sein Leben zurück. Heute hält er überall in den USA Vorträge über die Macht der Vergebung und des offenen Herzens, die sowohl ihn als auch seine Frau geheilt hatte. Und gemeinsam helfen sie anderen Menschen in ähnlichen Situationen.

Das Fließen reiner Liebe ist die machtvollste heilende Schwingung der Welt. Mit einem offenen Herzen verschwindet jedes Hindernis in deinem Leben, da nichts in der Welt dieser Energie auf Dauer widerstehen kann. Liebe ruft Hilfe, Unterstützung und Enthusiasmus aus jedem Winkel der Erde und des Universums hervor; darüber hinaus ist sie das Geheimnis charismatischer Ausstrahlung, denn je mehr du liebst, desto anziehender wirst du auf energetischer Ebene. Was dazu führt, dass du bald alles, was du brauchst, direkt anziehst.

Vielleicht hast du schon viele Momente erlebt, in denen du andere Personen grenzenlos geliebt hast. Dein Herz hat sich jenen gegenüber bereitwillig geöffnet, die dir am nächsten stehen – deine Familie, Kinder und engen Freunde. Zudem ist es empfänglich für Personen, zu denen du dich automatisch hingezogen fühlst – jene, die deinen äußeren Sinnen gefallen (einschließlich deiner Augen) und deinem Ego schmeicheln. Diese Erfahrungen helfen dir, tiefer und allumfassender zu lieben. Jede positive Begegnung öffnet dich ein bisschen mehr, bis du schließlich lernst, die ganze Menschheit als deine Familie zu akzeptieren und zu lieben.

Du wirst umso empfänglicher, je weniger du dich von der Stimme des Ego in deinem Leben leiten lässt, sondern dich stattdessen der Führung deines höheren Selbst anvertraust.

Reflektiere über das Gefühl reiner, empfänglicher Liebe. Stell dir zum Beispiel die Geburt eines Babys vor. In dem Moment, in dem du zum ersten Mal ein Neugeborenes erblickst, ist dein Herz zutiefst berührt und öffnet sich sofort.

Ein geliebtes Haustier übt eine ähnliche Wirkung aus. Tiere sind höchst erfolgreich, wenn es darum geht, deine Verteidigungsmechanismen außer Kraft zu setzen und dich dazu zu verleiten, dein Gefühlszentrum ganz zu öffnen, weil sie dir bedingungslose Zuneigung und Hingabe schenken. Selbst noch so verhärtete und verschlossene Menschen werden bei solch starken Emotionen sanft und herzlich.

Ich habe die Fähigkeit von Tieren, das Herz zu öffnen, vor einigen Jahren am eigenen Leib erfahren, als mein geliebter Zwergpudel, Miss T., eine ganze Schachtel Pfefferminzschokolade verputzte, die mir mein Mann Patrick zum Muttertag geschenkt hatte. Miss T. musste sofort in die Notaufnahme zur Magenaushebung gebracht werden, da Schokolade für Hunde tödlich ist.

Als Patrick und ich im Krankenhaus ankamen, war der Warteraum mit allen möglichen besorgten Menschen und ihren kranken Haustieren gefüllt. Am meisten beeindruckte mich zu sehen, wie alle trotz ihrer offensichtlichen sozialen Unterschiede miteinander umgingen.

Wir waren zu der einzigen Tierklinik gefahren, die damals offen hatte, im Westen von Chicago, nicht weit von einer als besonders kriminell berüchtigten Gegend. Als ich mit meinem kranken Pudel mit seinem Minzschokoladenatem dort ankam, war der erste Mensch, den ich sah, ein wütend dreinblickender bärtiger, tätowierter junger Mann mit einer Narbe über dem linken Auge, der einen blutenden Pitbull im Arm hielt. Neben ihm saß eine ältere, ungepflegte Frau, die stark nach Urin und Alkohol roch, auf dem Schoß hatte sie eine große, schäbige, apathische Perserkatze. Die nächsten beiden Stühle waren von einem älteren Paar mit einem kleinen, keuchenden, beinahe haarlosen Pekinesen besetzt, der offenbar in den letzten Zügen lag.

Da an jenem Abend nur ein Tierarzt Dienst hatte, meinte die Frau an der Rezeption, wir sollten uns auf eine lange Wartezeit gefasst machen. Wir saßen eine Weile schweigend da, jeder von uns angespannt und voller Sorge um unsere Tiere.

Schließlich wurde es Patrick zu langweilig, und er begann, mit den anderen zu reden. Er fragte den ungepflegt wirkenden Mann, was mit seinem Hund passiert sei. Er antwortete, dass sein Pitbull ein paar Stunden vorher in einen Kampf verwickelt war und dabei beinahe sein linkes Auge und Ohr eingebüßt hatte. Als Nächstes schilderte die Frau mit der Katze, wie diese eine Nadel verschluckt hatte, die operativ entfernt werden musste, da sie sonst den Darm der Katze verletzen und sie töten könnte. Dann sprach das ältere Paar über seinen Pekinesen und sagte, dass er einfach alt und asthmatisch war ... und an diesem Abend wahrscheinlich eingeschläfert werden würde. Schließlich gestanden wir, dass unsere Miss T. eine ganze Schachtel Pfefferminzschokolade verschlungen hatte, und alle lachten.

Während wir unsere Sorge um unsere Tiere zum Ausdruck brachten, fielen unsere Fassaden und Schutzmechanismen von uns, und wir fühlten uns alle miteinander verbunden. Im Laufe der nächsten drei Stunden erzählten wir einander persönliche Geschichten, Erlebnisse mit unseren Tieren, stellten uns namentlich vor und nahmen Anteil an den Erlebnissen der anderen. Wir betrachteten uns nicht länger als unterschiedlich, da es offensichtlich war, dass wir abgesehen von unserer äußeren Erscheinung alle gleich waren. Wir waren allesamt besorgte Tierbesitzer, die ihre pelzigen Freunde liebten und wollten, dass es ihnen wieder gut ging. Als sich der Abend neigte, erstreckte sich diese Liebe auch auf die Menschen im Raum.

Schließlich gingen wir alle mit unseren Tieren nach Hause, beruhigt und erleichtert (außer natürlich dem älteren Paar mit dem Pekinesen). Wir weinten und dankten dem Himmel, dass es nicht unser geliebter vierbeiniger Gefährte war, der eingeschläfert werden musste. Unsere Herzen weit geöffnet, waren wir es, die in diesen Stunden wirklich geheilt worden waren.

~

Den Fluss der Emotionen zuzulassen erweist sich als schwierig, wenn du einen schrecklichen Verlust, Schmerz oder Misshandlung in dieser oder vergangenen Inkarnationen erlebt hast. Wenn ein Mensch plötzlich ein Trauma erleidet, kann die Seele zerspringen und tatsächlich den Körper in Stücken verlassen – daher der Ausdruck »Ich bin zerbrochen«. Dies ist wirklich eine ziemlich genaue Beschreibung dessen, was passiert, wenn deine göttliche Essenz schwer verletzt wird. Wenn sie zerspringt und das physische Selbst verlässt, macht dein Herz zu.

~

Meine Klientin Ellen litt als Kind unter den vielen brutalen Misshandlungen einer wütenden und gewalttätigen Stiefmutter. Diese Tortur ließ ihre Seele zerspringen und führte dazu, dass sich ihr Herz ganz verschloss. Als ich ihr zum ersten Mal begegnete, hatte ich das Gefühl, als würde ich zu einer kalten Stahltür sprechen. Meine Worte prallten an ihrem Schutzpanzer ab, während sie vor mir saß, stoisch, der Welt gegenüber vollkommen gleichgültig. Sie war so distanziert, dass es schwerfiel, überhaupt irgendetwas zu ihr zu sagen.

Ellen hatte sich völlig isoliert, konnte jedoch nicht verstehen, warum sie kein Glück in der Liebe hatte. Sie fragte sich, warum Menschen – Männer wie Frauen – ihr so schnell den Rücken zukehrten. Dieses Verhalten verletzte sie, ohne dass sie sich bewusst war, welche Wirkung ihr verschlossenes Herz auf die Menschen in ihrer Umgebung hatte.

Obwohl sie außergewöhnlich schön war, wollte kaum jemand mit ihr zu tun haben, da ihre Schwingung so leb- und lieblos war. Es brauchte viel Fürsorge, einschließlich Therapie, Massage, Körperarbeit, spiritueller Beratung und Gebete, um ihre zerbrochene Seele wieder in ihren Körper zurückzurufen und ihr zu ermöglichen, sich anderen Menschen erneut zu öffnen. Ellen machte sogar ein paar spezielle Sessions mit, um wieder Zugang zu ihrer inneren Quelle zu finden und deren Ganzheit wiederherzustellen, bevor sie begann, sich ihres Herzens bewusst zu werden. Mit viel Zeit, Mühe und der Gnade Gottes jedoch begann ihr energetischer Kern zu heilen und sich wieder zu öffnen.

Was ihr wirklich half, über den Berg zu kommen, war ihr Beitritt zu einem Selbsthilfe-Netzwerk für misshandelte weibliche Teenager. Indem sie die Mädchen durch ihre Traumata begleitete, heilte sie sich selbst, und mit jedem Tag öffnete sich ihr Herz ein wenig mehr. Innerhalb weniger Wochen betrieb sie mit Leidenschaft die Unterstützungsarbeit mit diesen jungen Frauen. Sie legte ihren Schutzpanzer ab und entwickelte Seelenweisheit. Ellen benutzte ihre Erfahrung, um ihnen zu zeigen, wie sie ihre Gefühlsnatur wiedergewinnen konnten.

Es ist nicht schwer zu sehen, wenn das Herz eines Menschen verschlossen und er nicht in seinem Körper ist, da seine Augen glanzlos sind und seine Energie sich steif, kalt, dunkel oder leer anfühlt. Diese Menschen strahlen keine Wärme aus. Wenn das Ego die Kontrolle hat, ist der Kiefer gewöhnlich angespannt, die Lippen sind geschürzt, die Arme verschränkt oder steif, und es wird kein Blickkontakt hergestellt.

Du kannst deine Seele durch die Kraft der Intention in deinen Körper zurückholen; setz gesunde Grenzen um dich herum, um ein sicheres Gefäß für deinen Geist zu schaffen. Außerdem kannst du deine Essenz durch Bewegung und körperliche Betätigung wiedergewinnen. Dies erhöht die Schwingung deines Körpers, reinigt ihn von negativen Energien, die sich an ihm festgemacht haben, und schafft Platz für die Seele, um zurückzukehren. Aber die beste und machtvollste Möglichkeit, diesen verlorenen Teil von dir wiederherzustellen, ist die Selbstliebe.

Der göttliche Geist in dir ist stärker als jede Verletzung, die du jemals erlitten hast. Sobald du dich mit diesem tiefsten Aspekt deines Wesens verbunden und dich mit ihm als deinem wirklichen Du identifiziert hast, besinnt es sich auf seine verlorenen Teile und kehrt vollständig zurück.

Um deine Seele nach Hause zu rufen, zapfe dein göttliches Licht an, liebe dich selbst und fordere dein Recht ein, friedlich in deinem Körper zu leben, frei von den Übergriffen anderer Menschen.

Da deine Zellen Erinnerungsmuster vergangener Verletzungen in sich tragen, sind Massagetherapie, Reiki, Handauflegen und Reflexzonentherapie äußerst effektive Methoden, um diese Eindrücke zu beseitigen und den Weg zu ebnen, damit deine heilige Essenz zurückkehren kann.

Ein weiterer machtvoller Weg, um das Herz zu öffnen, besteht darin, jenen zu vergeben, die dich verletzt haben. Dies mag für das falsche Selbst – das Ego, das ewig an Verletzungen festhalten will – zunächst eine undurchführbare Aufgabe sein. Doch Vergebung ist keine Aktivität des Ego, sondern ein Geschenk Gottes. Hast du schon einmal das Sprichwort »Irren ist menschlich, vergeben göttlich« gehört? Es ist wahr: Wenn du jemandem vergibst, gewinnst du Zugang zu deinem göttlichen, unsterblichen Selbst. Du befreist dich von den schweren Ketten deines Ego – und von denen aller anderen. Je mehr du dich mit deiner inneren Weisheit verbindest, desto stärker wird deine Seele, und das Loslassen von Schuldzuweisung wird somit nicht nur möglich, sondern etwas, was du dir wünschst.

Vergib dir selbst, dass du vergessen hast, dass du ein Lichtwesen bist, und zugelassen hast, von den egobasierten Projektionen manipuliert und beeinflusst worden zu sein, die du erlebt oder angewandt hast, als du zu lieben lerntest. Wir stellen fest, dass es dir leichter fällt, anderen zu vergeben als dir selbst. Selbstverurteilung ist das letzte Mittel des Ego, mit dem es versucht, Kontrolle auszuüben und dich davon abzuhalten, deine Seele wachsen zu lassen. Wenn du dich von dieser negativen Einstellung befreist, ist das ein Hinweis darauf, dass du dich auf höhere Bewusstseinsebenen hin bewegst.

Selbstvergebung fällt dir leichter, wenn du betest und die Verbindung zu deinem höheren Selbst herstellst. Die Fähigkeit, schnell loszulassen und selten beleidigt zu sein, ist einer der größten Beweise dafür, dass du dabei bist, deine Seelenlektionen zu meistern.

Der letzte Schritt, um das Herz zu öffnen, besteht darin, alles und jeden aus der Perspektive deines höheren Bewusstseins zu sehen und zu erkennen, dass ihr alle Schüler und bemüht seid, euch von euren zerbrechlichen und unsicheren Egos zu befreien. Manche von euch sind diesen Lehren gegenüber bewusster und wacher als andere, und es besteht kein Grund, sich dessen zu schämen. Erkennt euren gemeinsamen Kampf um Befreiung und das gemeinsame Leid, das Menschen durchmachen, während sie seelisch wachsen. Betrachte andere mit den Augen des Geistes und nicht mehr durch die Linse des Ego.

Betrachte alles und jeden mit Mitgefühl und Liebe und beginne dabei mit dir. Sieh an erster Stelle die Menschen, nicht ihr Verhalten, liebe sie und vergib ihnen ihre Taten. Schlage nicht länger um dich und verurteile oder verletze nicht länger, weil du Angst hast. Falls du einem Fehlurteil unterliegst, tritt einen Schritt von der verletzenden Situation zurück und verbinde dich erneut mit deiner göttlichen Essenz.

―

Der inspirierendste und offenherzigste Mensch, den ich kenne, ist meine Mutter. Sie war nicht immer so, doch vor vielen Jahren beschloss sie, ihr Herz immer offen zu halten. Seitdem verurteilt sie niemanden mehr, auch nicht sich selbst, und sieht nur den Geist Gottes in uns allen. Selbst wenn ihr jemand sagen würde, er sei ein Serienmörder, bin ich mir sicher, dass sie ihn dennoch lieben und mit ganzem Herzen und ohne Zögern annehmen würde.

Ich habe sie vor Kurzem gefragt, wie es ihr gelingen würde, so zu leben. Sie erwiderte, dass es das Egoistischste sei, das sie jemals getan habe. Von dem Moment an, in dem sie beschloss, ihr Herz allen Wesen Gottes, einschließlich ihr selbst, zu öffnen und nur das Göttliche in jedem zu sehen, verschwand ihr Schmerz. All die Kränkungen und das ganze Leid, die sie ertragen und anderen zugefügt hatte und die sie davon abgehalten hatten, nachts in Frieden zu schlafen, wurden immer weniger und verschwanden schließlich ganz. Sie sagte: »Ich habe meinen Frieden gefunden, und das war die Entscheidung wert, auf diese Weise zu lieben – trotz aller damit verbundenen Herausforderungen.«

~

Ein offenes Herz führt zu innerem Frieden, und diese Empfänglichkeit zu erreichen ist ein deutliches Zeichen dafür, dass deine Seele enorm wächst. Jeder Schritt, den du auf diesem Weg machst, ist bedeutsam und sehr heilsam sowohl für dich als auch für den Planeten.

Jetzt kannst du die Lektion anwenden.

- Wenn du zu sehr verletzt und wütend bist, um jemals die Chance zu ergreifen, einem anderen Menschen gegenüber offen zu sein, wenn du kühl und verschlossen bist, dich Situationen nicht gewachsen fühlst, distanziert bist und dich von deinem Herzen getrennt fühlst, wenn du misstrauisch, eifersüchtig oder konkurrenzorientiert bist, wenn du Groll und Missgunst hegst; negativ über andere redest, dich über die Schwierigkeiten anderer lustig machst oder deine Gefühle verbirgst und dich selbst kritisierst ... dann bist du hinsichtlich des Lernens dieser Lektion ein **Schüler**.

- Wenn du die Vergangenheit hinter dir lassen, vergeben und vergessen willst, doch nicht genau weißt, wo du anfangen sollst, wenn du gerne anderen gegenüber freundlich wärst, dich jedoch leicht einschüchtern und verunsichern lässt, wenn du dabei bist, weniger kritisch zu sein und eine positivere Selbsteinschätzung zu entwickeln, es müde wirst, das Leben pessimistisch zu beurteilen, und mehr Freude am Leben, an dir und anderen haben möchtest oder wenn du aktiv dabei bist, dein defensives Verhalten zu untersuchen ... dann bist du ein *Lehrling*.

- Wenn du dich aktiv darum bemüht, die Vergangenheit zu verarbeiten und alte Wunden loszulassen, dich darauf festgelegt hast, zu lernen, mit dir selbst und anderen freundlicher und mitfühlender umzugehen, daran interessiert und entschlossen bist, das Beste in den Menschen zu sehen und ehrlich in Bezug auf deine Schwächen zu sein, oder wenn du nur schwer zu kränken bist, schnell vergibst und Beleidigungen, Angriffe und Verletzungen sogar noch schneller vergisst ... dann bist du ein *Geselle*.

- Wenn du erkennst, dass das Leben zu kurz ist, um mäkelig, voller Vorurteile oder Schuldzuweisungen zu sein, wenn du wirklich gern mit Menschen zusammen bist und danach Ausschau hältst, was in jedem positiv und gut ist – und es ihnen sagst, wenn du es nie persönlich übel nimmst, wenn sich jemand schlecht benimmt oder etwas Verletzendes tut, für jene betest, die wirklich von der Norm abweichen, immer der Erste bist, der sagt: »Es tut mir leid«, den menschlichen Geist liebst, dich für andere einsetzt, wenn du siehst, was großartig ist, und wenn du Mitgefühl und Humor für das aufbringst, was nicht so großartig ist ... dann bist du auf dem besten Weg, diese Lektion zu *meistern*.

Wenn du ein Schüler bist ...

- Geh zu einem spirituell orientierten Therapeuten, der dir helfen kann, die Höhen und Tiefen und Herausforderungen des Lebens einzuordnen.
- Lass dich einmal in der Woche von einem ganzheitlich ausgerichteten Massagetherapeuten oder einem Reiki-Anwender behandeln.
- Gewöhne es dir an, täglich zu meditieren, und arbeite anfangs – wenn möglich – mit einem Lehrer.

- Suche die Unterstützung einer Selbsthilfegruppe, wie etwa einer 12-Schritte-Gruppe, um die Probleme deiner Vergangenheit zu verarbeiten und frei zu werden, dich so zu lieben, wie du heute bist.

Wenn du ein Lehrling bist ...

- Bete um Hilfe dabei, dein Herz zu erweichen und dich mit deiner göttlichen Essenz zu verbinden.
- Tritt einer spirituellen Gemeinschaft bei, die auf Liebe, Vergebung und Unvoreingenommenheit ausgerichtet ist.
- Tu dir etwas Gutes, indem du dir zum Beispiel Zeit für einen Tee, Blumen, ein Schaumbad, klassische Musik und Theaterbesuche nimmst.
- Enthalte dich eine Weile bewusst jeglicher Kritik.
- Bemühe dich bewusst um unbeschwerten Humor, um deine Sichtweise zu erhellen.

Wenn du ein Geselle bist ...

- Erkenne das Göttliche in deinem Inneren als reine Liebe und erfülle jeden Morgen deine Aura mit dieser Wahrheit.
- Sende bewusst Liebe und Licht (die Schwingung der Liebe) jedem Menschen, dem du begegnest, besonders denjenigen, die schwierig sind oder deiner Seele nicht guttun.
- Entferne dich liebevoll und schnell von Situationen und Menschen, die provozierend, chaotisch, aggressiv oder gewalttätig sind.
- Verurteile weder dich noch andere durch Worte. Lache laut und gestatte dir, das, was du am Leben liebst, jeden Tag neu zu genießen.

Wenn du auf dem Weg bist, diese Lektion zu meistern ...

- Sei weiterhin liebevoll und freundlich.
- Sei geduldig, humorvoll, herzlich und großzügig in deiner Wertschätzung anderer Menschen.

- Liebe den hinreißenden, brillanten Geist in dir und bemühe dich, die strahlende göttliche Essenz in jedem zu sehen und dich daran zu erfreuen.

DEINE SEELENLEKTION
Öffne dein Herz

DEINE SEELENAUFGABE
Lass mehr Liebe durch dich in die Welt fließen

SEELENLEKTION NR. 11

Loslassen

Löse dich von der physischen Welt. Sei Bestandteil des täglichen Lebens, aber lass dich nicht davon versklaven. Lass nicht zu, dass dein Glück oder dein innerer Frieden von irgendetwas außerhalb deiner Seele abhängt – einschließlich der Anhäufung materieller Dinge, der Manifestierung erfüllender Beziehungen oder der Anerkennung und Zustimmung anderer. Du solltest nur deinem Herzen vertrauen, ihm folgen und deinem göttlichen inneren Wesen treu bleiben. Du kannst nicht veranlassen, dass das Universum oder die in ihm lebenden Menschen tun, fühlen oder denken, wie du es gern hättest, egal wie hoch du deine Überredungskünste einschätzt oder wie sehr du es versuchen magst.

Wenn du danach strebst, Kontrolle über etwas zu erlangen, was du in Wahrheit nicht kontrollieren kannst, in dem Versuch, Freude und ein Gefühl des Wohlergehens zu finden, bist du für immer verloren. Löse dich von dem Bedürfnis nach einer solchen Manipulation und verschwende keine Zeit damit, zu leiden oder über etwas zu klagen, das nicht nach deinem Willen geht – und halte nicht an Gedanken darüber fest, dass die Umstände anders sein sollten, als sie sind. Das Leben ist, was es ist.

Du magst deine Vorlieben haben und beschließen, etwas anderes zu kreieren, falls du mit dem, was du erlebst, unzufrieden bist. Aber vergeude nicht Stunden damit, dir über Dinge den Kopf zu zerbrechen, die nicht nach deinen Wünschen verlaufen. Loslassenkönnen ist eine Eigenschaft, die inneren Frieden dem Kampf gegen die Welt vorzieht. Sie bedeutet, das zu akzeptieren, was ist, ohne deine Energie auf Widerstand zu verschwenden, oder den Wunsch, dass die Dinge anders sein mögen, als sie sind. Sie bedeutet nicht Resignation, sondern das klaglose Akzeptieren der gegenwärtigen Realität, wie du sie erschaffen hast. Wenn du ruhig und zentriert bist, schützt du deine Emotionen und lenkst sie in die Richtung dessen, was du kreieren willst, anstatt gegen das, was du nicht willst.

Von der Welt losgelöst zu sein ist selbst für die ambitioniertesten spirituellen Schüler eine verwirrende Seelenlektion, da einer der wichtigsten Gründe, warum du dich zu einem geistigen Weg hingezogen fühlst, der ist, dass du eine angenehmere Erdenexistenz kreieren willst. Aufgefordert zu werden, den starken Sog deiner Sehnsüchte loszulassen, kann sich anfühlen, als würde man dich in einen Süßwarenladen bringen und dir dann sagen, dass du nichts von diesen Leckereien naschen darfst.

Doch die Befreiung von diesen starken Sehnsüchten bedeutet nicht, dass du keine Süßigkeiten oder sonstigen Vergnügungen haben kannst, die du dir auf der physischen Ebene wünschst. Es bedeutet lediglich, dass du dir nicht erlaubst, auf Süßigkeiten fixiert zu sein – oder auf irgendeine andere Sache, Idee oder Wunsch –, die deinen inneren Frieden zerstören könnten.

Nichtanhaftung – Loslassen – bedeutet, dich für einen ruhigen, zufriedenen Geist zu entscheiden, unabhängig von deinen äußeren Bedingungen. Du wirst nicht dazu aufgefordert, dich zurückzuziehen, dich abzukapseln, dich zu verschließen, Erfahrungen abzuwehren oder dir die Freude an den Dingen des Lebens zu versagen. Vielmehr sollst du einfach kreativ und nicht emotional auf das Leben reagieren, so wie es sich vor dir entfaltet.

Ein wichtiger Grund für dieses Verhalten ist der, dass du als spirituelles Wesen irgendwann die physische Ebene verlassen wirst und daher nie wirklich irgendetwas besitzt. Egal was du in diesem Leben ansammelst – wenn die Zeit gekommen ist, durch den Tod in eine andere Dimension hinüberzugehen, musst du das alles zurücklassen.

Das Einzige, was es in diesem Leben zu erlangen lohnt, ist die Erfahrung des Gebens und Annehmens von Liebe. Dies ist der einzige Aspekt der irdischen Reise, der mit dir transzendiert, während du von dieser Ebene auf eine andere wechselst. Je mehr du liebst, desto mehr wächst deine Seele. Die Wurzel der Nichtanhaftung ist reine Liebe und Akzeptanz.

Solange das Ego deine Wünsche bestimmt, ist Loslassen unmöglich. Dieser Teil von dir hängt an allem und will alles kontrollieren. Nur dein Geist – deine unsterbliche Seele – ermöglicht es dir, dich zu befreien. Wenn du dich daran erinnert, dass du göttlich bist, fällt es dir leichter, da du weißt, dass dir als kreativem Wesen nichts versagt ist.

Fang damit an, dass du alle unnötigen materiellen Dinge loslässt. Es ist wichtig, sich wohl und sicher zu fühlen, und es ist vollkommen in Ordnung, all die herrlichen Dinge und Erfahrungen der Erdenebene zu manifestieren und zu genießen, die du dir wünschst.

Aber vergiss nicht, dass das *Kreieren* unerlässlich ist, nicht das *Haben*. Fall nicht darauf hinein, etwas zu *brauchen* oder an dem, was du in dein Leben hineingezogen hast, allzu sehr festzuhalten – oder schrecklich habgierig zu sein aus Angst, nicht zu bekommen, was du haben willst –, denn der Preis ist dein Seelenfrieden.

Das Ego liebt es, deine Bedürfnisse und alles, was du seiner Meinung nach brauchst, um dich zufrieden und sicher zu fühlen, immer höher zu schrauben, und es ist nie zufrieden. Tatsächlich macht die Anhaftung an das Ego innere Ruhe und Gelassenheit unmöglich. Je mehr du in der Lage bist, dich von diesen Anhaftungen zu lösen und sie in Vorlieben statt Notwendigkeiten zu verwandeln, desto leichter fällt es dir, heiter und gelassen zu sein.

Mein Lehrer Charlie, der mir als junger Frau so viel Wissen über die Kunst des Außersinnlichen vermittelt hat, war ein sehr einfacher Mann mit ganz wenigen Bedürfnissen. Er erzählte mir einmal, dass er nur einen Anzug besaß, drei Hemden, zwei Hosen und ein Paar Schuhe. Er hütete das Haus einer älteren Frau, die in einem Pflegeheim war, und ging überall zu Fuß hin oder nahm den Bus, denn ein Auto hatte er nicht. Er bewohnte nur zwei Zimmer des Hauses – das Schlafzimmer und den kleinen Raum, in dem er Readings gab und unterrichtete. Er sah ärmlich und irgendwie schäbig aus, wie ein Penner, doch sagte er immer wieder – und ich hatte keinen Grund, ihm nicht zu glauben –, dass ihm sein ungebundenes Leben über alle Maßen behagte.

Darüber hinaus war er auch einer der großzügigsten, freigiebigsten Menschen, die mir je begegnet sind. Nichts an ihm ließ auf Mangel schließen. Das lag daran, dass er nicht übermäßig an materiellen Anschaffungen interessiert und von allem losgelöst war. Er schätzte das, was er hatte, und handelte, als gehörte ihm die ganze Welt, die er mit allen zu teilen be-

reit war. Die Tatsache, dass er nicht an materiellen Gütern hing, schenkte ihm große Freiheit, was seine Erfahrungen umso reicher machte.

Im Gegensatz dazu lernte ich einige Jahre später Clare kennen, die für ein Reading zu mir kam. Sie war so reich, dass mich die Spekulation darüber, wie viel Geld sie haben mochte, schier schwindlig machte. Sie und ihr Mann waren Grundstücksmakler, und sie besaßen mehrere Hoch- und Bürohäuser direkt am Eriesee, Chicagos teuerster Wohnlage, sowie einige Strandhotels in Hawaii. Der Nettowert dieser Anlagen betrug fast 600 Millionen Dollar, und das war lediglich die Summe ihrer Investitionen.

Auch ihr persönlicher Besitz ging in die Zigmillionen. Ich muss nicht erwähnen, dass sie alles besaßen, was man sich nur vorstellen kann, und das in allen möglichen Farben, Formen und Stilen – ganz zu schweigen von zahlreichen Angestellten und Bediensteten, die sie von morgens bis abends umsorgten.

Man sollte denken, dass bei all dieser irdischen Fülle Clare ganz außer sich vor Glück über ihre Segnungen war. Doch dem war nicht so. Im Gegenteil, sie war beinahe psychotisch vor Angst und Sorgen bezüglich ihres materiellen Königreichs. Konnte sie es vergrößern? Oder würde sie es verlieren? Würden andere versuchen, es ihr wegzunehmen? Konnte sie ihrem Ehemann vertrauen? Oder sollte sie einen Detektiv beauftragen, ihm nachzuspionieren, um sicherzugehen, dass er sie nicht bestahl?

Alle diese Fragen stellte sie mir. Ihre Besorgnis war so groß und überwältigend, dass sie täglich zwei Medikamente nahm: eins, um ihre Angst und Depression zu mindern, und das andere gegen Schlaflosigkeit.

Sie weinte während der ganzen Session und bat mich wiederholt, ihr zu versichern – und sogar zu versprechen –, dass ihr Reichtum erhalten bleiben würde, was ich natürlich nicht tun konnte, zumindest nicht genug, um sie zu beruhigen.

Clare hing so sehr an ihrem materiellen Besitz und der Notwendigkeit, ihn zu kontrollieren, dass sie für nichts anderes mehr Energie hatte. Sie fühlte weder Freude noch Frieden noch Befriedigung. Es gab nichts, was in meinen Kräften stand, um ihren Schmerz zu lindern, und als sie ging, war sie unglücklicher als zuvor, weil ich ihr kein Gefühl von finanzieller Sicherheit garantieren konnte.

Genau wie du vermeiden solltest, an Dingen zu hängen, ist es dumm, sich zu sehr in Ideen oder Glaubenssätze zu verbeißen. Was in einer Situation funktionieren mag, kann sich in einer anderen als nutzlos erweisen. Ein Teil des größten Leidens auf der irdischen Ebene in dieser Zeit hat damit zu tun, dass die Menschen an unterschiedlichen Glaubenssätzen festhalten und versuchen, anderen ihren Glauben aufzuzwingen. Dies passiert sowohl im persönlichen als auch im globalen Bereich. Was jedoch für dich wahr ist, mag für den Menschen neben dir nicht wahr sein, daher ist der Streit über diese kategorisch vertretenen Standpunkte sinnlos.

Das heißt nicht, dass einer von beiden unrecht hat. Ihr befindet euch zu jeder Zeit individuell und kollektiv auf unterschiedlichen Stufen des kreativen Lernens. Was sich für dich im Moment richtig anfühlt, mag nicht unbedingt für den nächsten gelten, und es ist auch kein absolutes universales Gesetz. Bei deiner Seelenlektion auf der Erde geht es unter anderem auch darum, deine persönliche Wahrheit zu finden und zugleich zu wissen, dass sie in Entwicklung begriffen ist, sich verändert und nicht fixiert, unwandelbar oder das einzig Richtige ist. Es gibt kein kosmisches Richtig oder Falsch; es gibt nur Liebe. Wenn du an irgendetwas hängen möchtest, dann lass es diese göttliche Eigenschaft sein – *Liebe* für dich und andere, bedingungslos.

Halte an deiner Überzeugung fest, solange sie die gewünschten Resultate produziert. Sobald diese dir nicht länger zusagen, gib deine Position auf und wähle eine andere. Anhand der Erfahrungen, die deine Überzeugung in deinem Leben kreiert, kannst du erkennen, ob sie dir noch dient oder durch eine neue ersetzt werden muss.

Eine gute Freundin von mir stammt aus einer polnisch-katholischen Familie, die seit Generationen unter Geldmangel leidet, was sie vor allem als kleines Kind deutlich spürte. Sie besaßen nur wenig, fanden das, was sie brauchten, in Secondhandläden und teilten sich die Kleider und Betten – wie alles andere auch. Diese Erfahrung programmierte meine Freundin darauf, zu glauben, dass der Wunsch nach Dingen, besonders materiellen Gegenständen, spirituell und moralisch nicht vertretbar wäre. Zweifellos bot sich diese Einstellung als logische Möglichkeit an, eine große Familie mit wenigen Mitteln zu versorgen und das Frustrationsniveau niedrig zu halten.

Die Vorstellung, einen starken Wunsch zu haben und sich diesen kraft ihres kreativen Geistes zu erfüllen, wurde missbilligt, als sie heranwuchs; stattdessen wurde sie belohnt, wenn sie ihre Wünsche und Träume in Schach hielt. Doch als sie dann erwachsen war, hat ihr das Festhalten an diesem Mangelbewusstsein nicht geholfen, zu wachsen. Wenn sie zum Beispiel einen finanziellen Engpass erlebt, beschließt sie jedes Mal, weniger auszugeben statt sich die Freude zu erlauben, mehr zu verdienen.

Dadurch, dass sie auf Entsagung festgelegt war, würgte sie ihre visionären Impulse ab, etwa ihre Idee, sich selbstständig zu machen. Sie war eine erstklassige Schneiderin und hatte jahrelang davon geträumt, Modedesignerin zu werden. Anstatt jedoch das Risiko der Selbstständigkeit einzugehen, redete sie sich ein, dass sie größenwahnsinnig sei und solche grandiosen Gedanken vergessen musste. Sie betrachtete ihr Festhalten an der Idee des Mangels als moralische Überlegenheit, was es ihr besonders schwer machte, ihre Einstellung zu ändern, doch schließlich gelang es ihr. Sie begann, nebenbei für Leute maßzuschneidern, und eröffnete bald darauf einen Laden, in dem sie ihre eigenen Kreationen verkaufte. Inzwischen ist sie so gefragt, dass sie drei Näherinnen einstellen musste, weil sie die Arbeit allein nicht mehr bewältigt. Nachdem sie ihre alten Glaubenssätze über Bord geworfen hatte, begann das Geld zu fließen.

Ich dagegen wuchs in einem Umfeld auf, in dem der Einsatz unserer Vorstellungskraft im Mittelpunkt unserer Familienidentität stand. Wenn wir etwas brauchten, wurde von uns erwartet, dass wir es kreierten – je schneller, desto besser. Diese Idee setzte sich in mir fest und bestimmte mein Handeln, und ich lernte früh im Leben, Dinge aus dem Nichts zu manifestieren.

Ich gewann Fernsehgeräte, Wettbewerbe, Stipendien und Reisen – selbst Modeljobs, bei denen ich hinterher die Kleider umsonst bekam. Ich gönnte mir nie eine Pause. Mein Bedürfnis nach Nonstop-Erfüllung wurde ein Zwang, immer weiterzumachen, zu träumen und aktiv zu sein, wobei ich selten innehielt, um mich auszuruhen oder mir genauer anzuschauen, ob das Ziel, das ich verfolgte, diese Mühe wert war.

Erst langsam werde ich mir der Notwendigkeit bewusst, loszulassen und mich nicht mehr so zu stressen. Meine Arbeitssucht ist einfach ein ungesundes Festhalten an einem alten Glaubenssatz, der mich davon ab-

hält, innerlich im Gleichgewicht zu sein und den Kontakt mit meinem authentischen Selbst aufzunehmen. Im Gegensatz zu meiner Freundin, die glaubte, es sei edel, mit wenig auszukommen, war ich der Idee verhaftet, dass mehr besser ist. Heute weiß ich, dass weder das eine noch das andere zutrifft.

In der buddhistischen Tradition spielt Nichtanhaftung eine zentrale Rolle, doch habe ich oft gespürt, dass Buddha in Wahrheit das Nichtanhaften an Ideen als noch wichtiger betrachtete als das Festhalten an materiellen Dingen. Ich erinnere mich noch gut daran, dass mein metaphysischer Lehrer Dr. Tully häufig Shakespeare zitierte, der gesagt hat: »Nichts ist gut oder schlecht, das Denken macht es dazu.«

―

Es ist von entscheidender Bedeutung, dass du dich von der Notwendigkeit löst, die Anerkennung anderer Menschen gewinnen zu müssen. Niemand hat das Recht, dich zu billigen oder abzulehnen. Der Herr des Universums hat dich kreiert, und was Gott kreiert, ist gut, vollkommen und heilig – und das schließt dich mit ein.

―

Ich habe einmal einer hochbegabten Lichtarbeiterin, Hellseherin und Heilerin, die die Fähigkeit besaß, durch Berührung und Beten Krankheiten in den Körpern von Menschen verschwinden zu lassen und sie wieder vollständig gesund zu machen, ein Reading gegeben. Es war eine außerordentliche Erfahrung, in der Nähe dieser Frau zu sein, da ihre therapeutischen Schwingungen so stark waren, und ich versicherte ihr, dass es sich bei dieser Arbeit um ihre Lebensaufgabe handelte.

Obgleich sie wusste, dass sie die Gabe besaß, konnte sie nicht akzeptieren, dass dies wirklich ihre Aufgabe war, und zwar aufgrund der simplen Tatsache, dass sie keinen akademischen Abschluss vorweisen konnte – ganz abgesehen davon, dass spirituelles Heilen (noch) nicht wissenschaftlich anerkannt ist.

Sie war auf die Idee fixiert, dass nur ein akademischer Abschluss ihr die Erlaubnis gab, ihre Arbeit legitim auszuüben, und sie war nicht bereit, ihre Überzeugung zu ändern. Darüber hinaus litt sie an schwerer Legasthenie und hatte kaum den Schulabschluss geschafft, und wenn es also tatsächlich einen Kurs gäbe, für den sie sich einschreiben konnte, hätte sie so große Probleme beim Lesen, dass sie wahrscheinlich nicht hingehen würde.

Leider hielt das störrische Festhalten an ihrer Überzeugung sie davon ab, ihre Gaben zu nutzen, abgesehen von ein paar wenigen Fällen. Sie wies regelmäßig Leute zurück, weil sie Angst hatte, dass ihre Dienste nicht legitim waren. Ihr Glaubenssatz sorgte dafür, dass sie feststeckte, innerlich unerfüllt blieb und vorübergehend ihr Geld als Nachtwächterin verdient. Mir kam das Ganze ziemlich dumm vor, aber dann wiederum, wer bin ich, dass ich ihren Entscheidungen anhaften sollte?

―

Um dich zu befreien, lass einfach los. Stell dir vor, du hältst etwas in der Hand, öffnest sie und lässt den Gegenstand fallen. Und nun kannst du das im wirklichen Leben üben. Nimm etwas in die Hand, zum Beispiel einen Löffel, Radiergummi oder Schuh, und halte diesen Gegenstand ganz fest. Dann lass ihn los. Sich von ungesundem Festhalten an Dingen oder Ideen zu befreien ist genau dasselbe und ganz einfach durchzuführen, wenn du dich dafür entscheidest.

Sich loszulösen heißt nicht, keine Liebe und Verantwortung mehr zu empfinden; vielmehr bedeutet es, dass du nicht länger versuchst, alles so sehr zu kontrollieren, sondern dem Universum erlaubst, die Richtung vorzugeben. Andernfalls kann es paradoxerweise passieren, dass du alles verlierst.

―

Ich hatte einen Klienten namens Alex, der aus zerrütteten Familienverhältnissen im Zusammenhang mit Alkoholproblemen kam und viele Demütigungen erlitten hatte. Er wurde zwischen entfernten Verwandten hin- und hergeschoben, lebte bei diversen Pflegeeltern und landete schließlich im Alter von 16 Jahren auf der Straße. Darüber hinaus nahm er Drogen, betrank sich bis zum Umfallen, gab die Schule auf und hatte seine eigenen Problembeziehungen.

Erstaunlicherweise kam er mit Gottes Gnade schließlich zur Besinnung. Er besuchte regelmäßig 12-Schritte-Programme, und es gelang ihm sogar, einen Anflug von Normalität und Routine zu etablieren, und er begann, ein geregeltes, ruhiges Leben zu führen. Doch aufgrund seiner traumatischen Kindheit und Jugend hielt er unerschütterlich an zwei

Ideen fest: 1) Er stammte von Verlierern ab und war selbst ein Versager; und 2) niemandem ist zu vertrauen.

Da diese irrigen Ideen sein Leben bestimmten, zog er sich immer mehr von seinen Mitmenschen zurück und schloss sie aus seinem Leben aus. Er arbeitete als Fahrer bei FedEx, lebte allein und isolierte sich zusehends von der Welt. Mit 60 Jahren starb er an einem Herzinfarkt. Es dauerte drei Tage, bevor jemand seine Abwesenheit bemerkte. Seine Gefährten aus dem 12-Schritte-Programm trauerten sehr um ihn, und sie alle äußerten ihre tiefe Enttäuschung über seine Weigerung, seine negativen Einstellungen aufzugeben und ihnen zu gestatten, an seinem Leben teilzuhaben.

Alles Leid ist die Folge von Anhaftung: »Wenn …. er/sie mich nur lieben würde … ich mehr Geld hätte … besser aussehen würde … meine Familie anders wäre … länger zur Schule gegangen wäre … mehr gelobt worden wäre … hätte ich bekommen, was ich wollte.«

Nichtanhaftung, Loslassen, befreit dich von egobasierten Ängsten und Forderungen und verbindet dich wieder mit deinem höheren Selbst. Es ist das Gegenmittel gegen deinen Schmerz; und es erlaubt dir, mit den Gegebenheiten des Lebens zu fließen, anmutig und erfüllt von innerem Frieden.

Jetzt kannst du die Lektion anwenden.

- Wenn du dir ständig wünschst, mehr zu besitzen, entschiedene Meinungen darüber, was falsch ist in dieser Welt, vertrittst, andere und dich selbst gnadenlos verurteilst oder wenn du häufig von anderen Menschen und dem Leben selbst hochgradig enttäuscht bist … dann bist du ein **Schüler** im Hinblick auf diese Lektion.

- Wenn du vergangene Fehler nicht loslassen kannst, dir übertriebene Sorgen darüber machst, was du hast und was du nicht hast, zwar versuchst, nicht zu kritisieren, es aber dennoch tust, oder wenn du die Karten übel nimmst, die das Leben dir ausgeteilt hat, und findest, dass die Dinge anders sein sollten, aber trotzdem darüber lachen kannst … dann bist du ein **Lehrling**.

- Wenn du mit allem, was du hast, unbeschwert und großzügig umgehst, an das Motto »Wie gewonnen, so zerronnen« glaubst, dir nicht über Kleinigkeiten den Kopf zerbrichst, zwar deine ethischen Vorstellungen und Ideen hast, sie aber weder anderen aufzwingst noch Andersdenkende verurteilst, oder wenn du das Leben nicht zu ernst nimmst und dankbar bist für die kleinen Dinge ... dann bist du ein *Geselle*.

- Wenn du selten andere verurteilst und problemlos Dinge loslassen kannst, wenn du einen Verlust erlitten hast, aber nicht dabei verweilst, es vorziehst, einfach nur glücklich zu sein, dankbar bist für alles, was du hast, und kaum glauben kannst, wie gut Gott es mit dir meint, oder wenn du dich wohlhabend fühlst, erfolgreich und zuversichtlich, dass deine Bedürfnisse immer befriedigt werden ... dann bist du auf dem besten Weg, diese Lektion zu *meistern*.

Wenn du ein Schüler bist ...

- Beginne deinen Tag damit, dass du dir deine Segnungen bewusst machst.
- Gib Dinge weg, die du nicht länger brauchst.
- Sei großzügig mit Komplimenten, Lächeln und Anerkennung, wenn du das Gefühl hast, nichts Materielles anbieten zu können.
- Werde dir deiner Anhaftungen bewusst und achte darauf, wie viel Leid sie bringen.
- Geh zu einer Beerdigung, um dir in Erinnerung zu rufen, was wirklich wichtig ist.

Wenn du ein Lehrling bist ...

- Such dir einen großen Stein und trage ihn den ganzen Tag mit dir herum.
- Betrachte diesen Gegenstand als Symbol für deine Anhaftungen und nimm zur Kenntnis, wie schwer und belastend er ist.
- Erstelle eine Liste der Ideen, auf die du fixiert bist, und befestige sie mit Klebeband an dem Stein.

- Wenn du bereit bist, dich deiner Last zu entledigen, lass sie los und zu Boden fallen.

Wenn du ein Geselle bist ...

- Jedes Mal, wenn du dich ärgerst, aufregst oder ängstigst, sage laut: »Loslassen«, und stell dir vor, wie du deine Verstimmung fallen lässt.
- Wann immer du in Streit gerätst, halte inne und frage dich, ob es etwas gibt, was du loslassen kannst.
- Mach einen Trapezkurs, melde dich für einen Kurs in Unterwassermassage an oder gönne dir eine Tiefenmassage, um Anhaftungen loszulassen, die sich in deinem physischen Körper festgesetzt haben.
- Gib ein Zehntel deines Einkommens oder zehn Prozent dessen, was du besitzt, ab.

Wenn du dabei bist, diese Lektion zu meistern ...

- Erlaube dir Vorlieben, aber keine Notwendigkeiten.
- Genieße den inneren Frieden und die freudige Erkenntnis, die von einem unbeschwerten und uneingeschränkten Leben herrühren.
- Sieh das Leid von anderen, das die Folge ihrer Anhaftungen ist, und sei dankbar dafür, dass du dies hinter dir gelassen hast.
- Öffne dein Herz noch mehr und lass alle vergangenen Verletzungen los, während du für die Gaben, die du erhalten hast, dankbar bist.

DEINE SEELENLEKTION

Befreie dich und lass los

DEINE SEELENAUFGABE

Leicht und unbeschwert durchs Leben zu gehen

2. Teil

Das göttliche Gesetz ist die Richtschnur

Seelenlektion Nr. 12

Alles befindet sich in göttlicher Ordnung

Alle Geschehnisse auf der menschlichen Ebene befinden sich zu jeder Zeit in göttlicher Ordnung. Egal, was sich entfaltet, deine Seele hat sich für diese Erfahrung entschieden, da sie Wachstumsmöglichkeiten bietet. Was dir auf der Erde begegnet, reflektiert sowohl persönlich als auch kollektiv genau das, was du aufgrund deines Fokus und deiner Entscheidungen kreiert hast. Die Ordnung oder das Chaos, das du in der Außenwelt siehst, spiegelt lediglich die Harmonie oder den Missklang zurück, den du innerlich wählst. Das spirituelle Gesetz legt fest, dass jeder Gedanke, jede Entscheidung und jede Handlung, die du nach außen hin zum Ausdruck bringst, die gleiche Energie zu dir zurückbringt.

Nichts ist willkürlich, zufällig oder irrtümlich. Jedes Ereignis stellt die Folge einer vorausgegangenen individuellen oder Gruppenhandlung dar, an der du beteiligt warst – egal ob in diesem oder einem vergangenen Leben, da die Spirale der Kreativität sich von einer Inkarnation in die nächste fortsetzt. Wenn das Leben schwierig wird, ist es nicht Gott, der versucht, dir irgendetwas beizubringen. Der Schöpfer erkennt nur deine Göttlichkeit. Vielmehr unterweist du *dich selbst* darin, dir deiner heiligen Essenz bewusst zu werden, und das lernst du in der Arena der menschlichen Erfahrung.

Diese Lektion ist eine Herausforderung, weil das, was du zuweilen erlebst oder beobachtest, jeglicher Logik zu entbehren und absolut keinen Sinn zu machen scheint. Nichtsdestotrotz herrscht göttliche Wahrheit. Mach dir als geistiges, unsterbliches Wesen die Tatsache zu eigen, dass es – trotz gegensätzlicher Erscheinung – eine unnachgiebige Ordnung im Universum gibt, der du vertrauen kannst.

Letzten Endes werdet ihr alle überleben, lernen, wachsen, heilen und euch mit eurem Schöpfer wiedervereinen. Auf welche Weise dies geschieht, bestimmst du. Der Weg zurück zu Gott führt durch die Schule des Lebens, die du so viele Male durchläufst, wie du zum Lernen brauchst. Auf der geistigen Eben bist du ein zeitloses Wesen.

Kürzlich sprach ich am Telefon mit einer Klientin, die als Journalistin in Österreich arbeitet. Ihre Berichterstattung über die Kriege auf dem Balkan, in Afghanistan und im Irak haben sie völlig demoralisiert zurückgelassen. Sie hat im Laufe der Jahre so großes Leid gesehen, dass sie heute keine Nacht durchschlafen kann. Zu hören, dass das Universum perfekt funktioniert, nachdem sie miterlebt hat, wie Familien auseinandergerissen, Kinder von Landminen verstümmelt und Männer, Frauen und Kinder von Wahnsinnigen gequält wurden, erfüllte sie mit wilder Wut.

Als ich die Idee der göttlichen Ordnung beschrieb, verstand sie – beziehungsweise missverstand sie – die Lektion so, dass diese Tragödien von Gott auferlegt wurden oder, noch schlimmer, dass Lebewesen es verdienten, solche Gräueltaten erleben zu müssen.

In Wahrheit billigt das ewige Licht keine Grausamkeiten und erkennt auch nicht den Tod an. Wenn es auch den gegenteiligen Anschein haben mag, der menschliche Geist kann nicht getötet werden. Egal wie krank oder gestört dein Ego oder das Ego eines anderen wird oder wie zerstörerisch deine Entscheidungen sind, auf der Seelenebene bist du hier, um zu lernen, deine Schöpferkraft richtig anzuwenden, was dir schließlich gelingen wird, während du von einem Leben zum nächsten weitergehst. Unabhängig davon, was passiert und welche monströsen Ereignisse sich entfalten werden, bleibt das höhere Selbst am Leben und wächst weiter. Dies kannst du nur verstehen, wenn du direkt das Resultat deiner manifestierten Entscheidungen einschließlich Brutalität siehst.

Das Universum funktioniert entsprechend dem objektiven spirituellen Gesetz. Es gibt niemanden »da oben«, der euch danach beurteilt, ob ihr gute oder böse Kinder seid, und bereit ist, euch jederzeit für eure Fehler zu bestrafen. Im Gegenteil, Gott ist nur Liebe, und ihr seid nach seinem Ebenbild als Mitschöpfer entstanden. Was euch willkürlich zu widerfahren scheint, ist in Wahrheit etwas, was eure Seele für ihr Wachstum wählt, wie schmerzhaft, entsetzlich oder erschreckend es auch sein mag. Ihr lernt durch eure Erfahrungen, und euer Fortschritt ist letzten Endes alles, was für euer innerstes Selbst von Bedeutung ist. Die wichtigste aller Lektionen ist die, dass es keinen Tod gibt.

Die Seele lernt in Form einer Spirale, nicht auf direkte, lineare Weise. Daher kann das, was dir heute widerfährt, vor vielen Inkarnationen in Gang gesetzt worden sein und erst heute voll zur Geltung kommen.

Des Weiteren gilt, dass du als geistiges Wesen zwischen den Inkarnationen die Richtung deines Lernens selbst bestimmst. Es ist durchaus möglich, dass du beschließt, Schmerz und Leid zu ertragen, um etwas Neues verstehen zu lernen. Der von dir gewählte Weg mag dein Ego in der Gegenwart entsetzen, doch dient er deinem höheren Selbst. All dies ist Teil der göttlichen Ordnung.

Meine österreichische Klientin war in mehreren vergangenen Inkarnationen und in unterschiedlichen Rollen in Kriegen involviert gewesen – als Heerführer, Befreier und Soldat. Sie hatte verschiedene Aspekte des Krieges gelebt, unter anderem die damit einhergehende Macht, die edlen Absichten der Kämpfenden sowie die Berechtigung einiger Konflikte in der Vergangenheit. In dieser Lebenszeit wollte ihre Seele einen Schritt zurücktreten und die Zerstörung und den Schmerz des Krieges mit objektivem Blick sehen. Obwohl sie es kaum ertragen konnte, öffnete das Miterleben solch gnadenloser Grausamkeiten ihr Herz und stärkte ihren Entschluss, nie mehr an Kriegen teilzunehmen.

Als sie ihre Arbeit als Kriegsberichterstatterin begann, war sie sich ihrer spirituellen Mission nicht bewusst gewesen. Doch von Anfang an waren ihre Berichte mehr als nur eine Aufzählung von Fakten. Ihre Kommentare berührten die Menschen auf einer tiefen emotionalen Ebene und zeigten ihnen die zerstörende Wirkung ihrer Entscheidungen. Durch ihren mächtigen Einfluss half sie anderen, sich ihrer negativen Entscheidungen bewusst zu werden. Wenn sie die Menschen auf der Gefühlsebene ansprach, war sie mit ihrer Seelenaufgabe verbunden, während sie gleichzeitig ihr eigenes mitfühlendes Herz anderen öffnete. Ihr Weg entsprach ganz der göttlichen Ordnung, obwohl ihr Lernprozess – so wie es zuweilen für jede Art von Wachstum gilt – äußerst schmerzhaft war.

Tritt gelegentlich einen Schritt vom Leben zurück und nimm die Szenerie aus einem anderen Blickwinkel auf. Erinnere dich daran, dass du Geist bist und ein mächtiger Schöpfer, der nie sterben kann, egal wie sehr du in deiner menschlichen Form leidest. Der Körper kommt und geht, und die Emotionen steigen und sinken. Der Verstand kämpft um die Kontrolle, doch all diese Aktivitäten sind Teil deiner vorübergehenden körperlichen Existenz. Je mehr du dich mit deinem begrenzten Ego identifizierst, desto schwieriger wird es, die göttliche Ordnung zu akzeptieren. Nur wenn du dich daran erinnerst, dass du ein unsterbliches geistiges Wesen bist, das in einem sterblichen Körper lebt, und dass du auf der Erde bist, um zu experimentieren und zu lernen, verantwortungsbewusst zu kreieren, ergibt alles einen Sinn.

Wenn du akzeptierst, dass du selbst den Kurs deiner Erfahrungen bestimmst in der Absicht, das Wachstum deiner Seele zu fördern, erscheint das Leben nicht länger so entmutigend, willkürlich und erschreckend. Vielmehr verwandelt es sich in eine wunderbare Möglichkeit. Du beginnst zu verstehen, dass die Erde ein riesiges Laboratorium ist, in dem du mit deinen Schöpfungen spielst. Einige sind prächtig, andere entsetzlich. Deine wundervollen Experimente haben deine Siege und Durchbrüche zur Folge und die schlimmen führen zu deinen Tragödien. Jede Entwicklung lehrt dich etwas und bietet die Gelegenheit, noch mehr zu lernen.

Sieh über die physischen, linearen Ereignisse und die Welt der Erscheinungen hinaus, um die Lektionen deines Lebens zu finden. Versuche mithilfe deiner Vorstellungskraft, aus der Perspektive deiner zeitlosen Seele zu sehen, die von einer Inkarnation in die nächste reist, und nicht aus der deines Ego, das in Angst gefangen ist.

Kürzlich habe ich mit meiner Klientin Jacqueline, 45, gesprochen. Sie ist völlig verzweifelt, überfordert und wütend auf das Leben und Gott, weil ihr Mann, Phil, vor vier Jahren einen Gehirnschlag erlitt und seitdem ein

Pflegefall ist. »*Wie kann so was der göttlichen Ordnung entsprechen? Phil hat sich gesund ernährt, regelmäßig trainiert, jeden Tag gejoggt, und seine körperliche Fitness war ihm extrem wichtig. Es macht einfach keinen Sinn! Und was ist mit mir? Wer wird mich versorgen? Phil muss in ein Pflegeheim, weil ich ihn nicht mehr pflegen kann, was soll ich also tun? Daneben sitzen und zusehen, wie er mehr oder weniger bewusstlos bleibt und mich nicht mehr wahrnimmt, bis er schließlich stirbt? Warum musste mir das passieren? Was ist daran gerecht?*«

Ich konnte den Zorn nachfühlen, den sie empfand, wenn sie sich die oberflächliche Seite der Situation anschaute. Doch als ich einen Schritt zurücktrat und die größeren Zusammenhänge ihrer gemeinsamen Seelenreise erfasste, erkannte ich sofort, wie die Harmonie des Schöpfers im Spiel war.

Meine übersinnliche Einsicht offenbarte, dass Jacquelines Mann in vielen vergangenen Inkarnationen militärische Führungsrollen innehatte, darauf ausgerichtet, in jeder Hinsicht unbesiegbar und unverwundbar zu sein – physisch, geistig und emotional. Obwohl er enorme Kraft, strategisches Talent und Führungsqualitäten besaß, hatte er im Laufe der Entwicklung seiner Seele Dinge wie Intimität, emotionale Verbindung oder Liebe außer Acht gelassen.

Sein Geist beschloss, sich diesen Erfahrungen zu öffnen, indem er in diesem Leben jegliche Kontrolle aufgab und sich auf Verletzbarkeit und Abhängigkeit einließ. In Anbetracht dieses neuen Ziels war ein Gehirnschlag eine äußerst kreative Möglichkeit, die Intentionen seiner Seele zu realisieren. Als Folge seiner gesundheitlichen Probleme war er völlig hilflos und von anderen Menschen abhängig. Wenn auch erschreckend für das Ego und entmutigend für seinen Körper, stimmte alles vollkommen mit seinem heiligen Plan überein.

Als Jacqueline dies hörte, sagte sie, dass sie von Anfang an erstaunt darüber gewesen war, wie schnell er seine neue Situation hingenommen und sich ihr gefügt hatte. Tatsächlich ging er viel besser damit um als sie.

Was ihre Rolle in dieser Situation betrifft, so enthüllte der Rückblick auf ihre vergangenen Leben zahllose Inkarnationen als Krankenschwester, Kindermädchen, Betreuerin und Ehefrau – alles traditionelle Rollen, in denen das Wohl anderer im Vordergrund steht und die ihre eigene Identität und ihr Bedürfnis nach Unabhängigkeit ausgelöscht hatten. Sie war in ihrer Vergangenheit stets an andere gekettet gewesen; in ihrer gegenwär-

tigen Inkarnation auf diesem Planeten wollte ihre Seele diese Untertänigkeit beenden und ein unabhängiger, autonomer Erwachsener werden.

Ihre göttliche Essenz stimmte sich auf die ihres Mannes ein, da sein spiritueller Plan den ihren unterstützte. Seine Erkrankung bot ihr die Gelegenheit, den eigenen Zielen näher zu kommen. Sie konnte nicht länger hingebungsvoll für ihn sorgen und sich selbst dabei vergessen – was ihr vertraut war, sie aber unerfüllt ließ –, weil er zu behindert war, als dass sie ihn hätte allein pflegen können. Zudem konnte sie nicht länger davon ausgehen, dass er für sie sorgen würde, da er astronomische Arztrechnungen und kein Einkommen hatte. Die Situation zwang sie, trotz ihrer Ängste unabhängig und emotional stark zu werden. Wenn auch das Ganze aus der Ego-Perspektive gesehen eine Katastrophe für beide war, befand es sich in perfekter Übereinstimmung mit ihrer jeweiligen Intention, zu wachsen ... was auch geschah.

Es war nicht möglich, diese Situation mit dem analytischen Verstand zu erkennen oder zu verstehen. Die göttliche Ordnung im Leben dieser beiden Menschen wurde erst offenbar, als man sie aus der Sicht des höheren Selbst betrachtete und die Muster ihrer früheren Inkarnationen untersuchte.

Jacqueline gab zu, dass sie sich sofort gefragt hatte, ob der Gehirnschlag ihres Mannes etwas mit ihrem seelischen Wachstum zu tun hatte. Bis zu einem gewissen Grad wusste sie, dass das, was ich sagte, stimmte. Es ist nicht so, dass irgendjemand eine solche Tragödie »verdient«. Vielmehr ging es darum, dass diese Herausforderung Türen öffnete, die sie beide auf einer geistigen Ebene durchschreiten wollten, auch wenn es schmerzlich war. So funktioniert die geistige Ebene.

Sobald du die göttliche Ordnung akzeptiert hast, beginnt dein höheres Bewusstsein, dir die Pläne und Absichten deiner Seele zu offenbaren. Selbst wenn du es nicht sofort intellektuell oder emotional verstehst, fängt das Leben an, mehr Sinn zu machen.

Meine Klientin Millie fragte mich, wie sie lernen konnte, jemals so wie ich die tiefere Ordnung der Existenz zu erkennen, vor allem da sie so verzweifelt war. Besonders wichtig war es ihr, zu wissen, warum ihr Sohn Brad im Teenageralter gestorben war. Einige Jahre zuvor war er von einem Auto angefahren und sterbend auf der Straße in der Nähe seines Elternhauses zurückgelassen worden, ohne dass es Zeugen für den Unfall gab. »Welchen Sinn hat eine solche Verschwendung des Lebens?«, fragte sie.

Mein höheres Selbst zeigte mir, dass Brad unter solch mysteriösen und tragischen Umständen gegangen war, weil er in vielen vergangenen Leben von zu Hause weggelaufen war, auf der Suche nach Aufregung und Abenteuer – und um keine Verantwortung übernehmen zu müssen. Er brauchte ständig neue Herausforderungen. In dieser Inkarnation wollte er verantwortungsvoller sein.

Es war der Wunsch seiner Seele, nicht länger zu flüchten, sondern sich auf Dinge einzulassen und Hingabe, Verpflichtung und Verantwortungsbewusstsein zu lernen.

Doch das waren keine einfachen Lektionen, und in seinem kurzen Leben rang er jeden Tag ernsthaft mit diesen Absichten. Tatsächlich hatte er am Abend seines Todes nicht nur einfach einen Spaziergang unternommen – er war in seine früheren Egomuster zurückfallen und wollte heimlich weglaufen. Durch seinen Tod verhinderte seine Seele diese Absicht, da sie es vorzog, diese Welt zu verlassen, statt erneut den falschen Weg zu gehen.

Nach dieser Erklärung war Millie eine Weile ganz still. Dann sagte sie, dass sie ständig mit ihrem Sohn gestritten hatte, weil er sich vor Verantwortung drückte und immer den einfachsten Ausweg suchte. Tatsächlich hatte er sich einen Monat vor seinem Tod zum Militär gemeldet und es dann gleich darauf bereut. Sie hegte den Verdacht, dass er am Unfallabend vor dieser Verpflichtung weglaufen wollte.

Obwohl sie nach wie vor zutiefst traurig über den Tod ihres Sohnes war, fühlte sie, dass einige der Dinge, die ihr in unserer Session enthüllt worden waren, in ihrer Seele Widerhall fanden. Als Antwort auf ihre Frage, wie sie die göttliche Ordnung angesichts von Chaos entdecken konnte, blieb mir nur zu sagen: »Glauben Sie daran, dass sie existiert.«

Es ist dir nicht möglich, den Plan deiner Seele auf Verstandesebene zu verstehen, da der Intellekt Teil des Ego ist, deines vorübergehenden Selbst. Jedoch wirst du intuitiv die Richtung deiner Seele spüren, wenn du der göttlichen Weisheit vertraust.

»Das ist also der Grund, warum ich mit 17 fünf Millionen Dollar von einem Onkel geerbt habe, den ich gar nicht kannte?«, fragte mein Klient Mark. »Und heißt das, dass ich mich nicht schuldig fühlen muss, weil ich keine Geldsorgen habe?«
»Richtig«, antwortete ich. »Ihre Seele hat viele Inkarnationen lang äußerst mühsame Arbeiten verrichtet – die unter extrem harten Bedingungen sogar zum Tod geführt haben – und als Sklave anderen gedient. Für den jetzigen Aufenthalt auf der Erde hat Ihre Seele beschlossen, die Dienste und die Hilfe, die Sie in vergangenen Inkarnationen geleistet haben, in finanzieller Form zu empfangen. Sie sind einfach bezahlt worden.«
»Das Lustige ist«, sagte er, »trotz meines Geldsegens bin ich jetzt nicht glücklicher als vorher. Ich bin weniger gestresst, aber immer noch einsam.«
»Das ist eine ganz andere Lektion«, erklärte ich. »Ihr höheres Selbst wollte erfahren, ob materieller Reichtum die Quelle von Glück ist. Jetzt wissen Sie die Antwort.«

Beurteile Ereignisse nicht als gut oder schlecht, nur weil dein Ego es so sieht. Alles, was geschieht, entspricht der göttlichen Ordnung, um den Entschluss deiner Seele, wachsen zu wollen, zu unterstützen.

Meine Klientin Georgina war verzweifelt, als ihr erstes Kind, ein Junge, mit dem Downsyndrom auf die Welt kam. Mit 30 eine relativ junge Mutter, konnte sie nicht begreifen, wie so etwas passieren konnte. Mein höheres Selbst zeigte mir, dass ihr Kind in einem früheren Leben buddhistischer Mönch gewesen war, dessen Seele die Kunst der Nichtanhaftung praktiziert hatte. Er beschloss, ohne Ego geboren zu werden, die größte Herausforderung bei diesem Lernprozess. Das Downsyndrom war für ihn die perfekte Möglichkeit, da die Betroffenen keinen herrischen Willen haben. Georgina war in der Vergangenheit seine ergebenste Schülerin gewesen und hatte sich in diesem Leben mit seiner Seele abgestimmt, um selbst auch völlige Nichtanhaftung zu lernen.

Als sie seinen tieferen göttlichen Plan erkannte, nahm ihr Gesicht einen friedlichen Ausdruck an. »Das macht Sinn. Ich kann das mit ihm durchziehen«, sagte sie.

Jahre später habe ich sie wiedergetroffen. Sie erzählte mir, dass ihr Sohn, inzwischen im Teenageralter, die Schule erfolgreich abgeschlossen hatte und arbeiten ging. »Er ist meine größte Freude«, fügte sie hinzu. »Er hat mich gelehrt, mit meinem Herzen zu sehen – nicht nur mit meinen Augen. Ich bin so dankbar, dass er mir erlaubt hat, seiner wunderschönen Seele noch einmal zu dienen.«

Je mehr du erkennst, dass jeder Umstand Wasser auf die Mühle deines spirituellen Wachstums ist, desto stärker wirst du. Alle Umstände verwandeln sich in Gelegenheiten für deine Entwicklung. Indem du weiterhin die göttliche Ordnung akzeptierst, wird der Schleier zwischen Vergangenheit und Gegenwart immer dünner, während dein höheres Selbst die perfekten Muster in allen Dingen offenbart.

Betrachte jeden Aspekt deines Lebens durch den Filter der göttlichen Ordnung und akzeptiere, dass nichts grundlos geschieht. Es wird dir zusehends größere innere Ruhe schenken, egal, welches Chaos dich auch umgibt. Das Erlangen persönlichen Friedens ist deine größte Seelenlektion und sichert dir den höchsten Grad an Kreativität.

Jetzt kannst du diese Lektion anwenden.

- Wenn du glaubst, dass die Welt völlig verrückt geworden und ein einziges Chaos ist, wenn du entsetzt und zu Tode erschrocken bist über den Schmerz und Horror auf dem Planeten, angewidert und verbittert darüber bist, dass du so schlechte Karten bekommen hast, oder wenn du eifersüchtig auf das Glück anderer Leute bist und wütend auf die dunkle Wolke über deinem Kopf ... dann bist du ein **Schüler** beim Lernen dieser Lektion.

- Wenn du nicht fassen kannst, dass das Leben wirklich so verrückt ist, und du dich fragst, was wirklich los ist, dich zuweilen hilflos fühlst, aber dich nicht ganz und gar von Problemen herunterziehen lässt, dich manchmal von den Umständen überfordert fühlst, es dir aber schließlich gelingt, heil daraus hervorzugehen – und kreativ zu werden, sobald du dich erholt hast, oder wenn du glauben möchtest, dass es immer einen Silberstreifen am Horizont gibt, selbst wenn du ihn nicht sehen kannst ... dann bist du ein *Lehrling*.

- Wenn du glaubst, dass man das, was man sät, ernten wird, nach der tieferen Bedeutung hinter allen Ereignissen suchst, dich darauf konzentrierst, was du daraus lernen kannst, wenn die Dinge nicht so laufen, wie du es willst, oder wenn du darauf vertraust, dass das Universum von Natur aus gut ist ... dann bist du ein *Geselle*.

- Wenn du das Leben als eine Schule betrachtest und alle Ereignisse als Seelenlektionen, aus denen du lernen kannst, nicht bereit bist, dich als Opfer zu fühlen, egal was geschieht, Mitgefühl für Menschen hast, die unter katastrophalen Zuständen leben und leiden, und in Eigeninitiative anderen Unterstützung und Trost zuteil werden lässt, wann immer du kannst, du darauf vertraust, dass allen Dingen die göttliche Ordnung zugrunde liegt, und du danach strebst, Verantwortung für das Wachstum deiner Seele zu tragen, oder wenn du dich entscheidest, friedvoll zu bleiben, egal was um dich herum geschieht ... dann bist du auf dem besten Weg, diese Seelenlektion zu *meistern*.

Wenn du ein Schüler bist ...

- Rufe dir in Erinnerung zurück, dass du ein spirituelles Wesen bist – nicht nur ein physischer Körper oder ein auf dem Ego basierender Intellekt.
- Öffne dich der Idee, dass allem die göttliche Ordnung zugrunde liegt, und achte darauf, was sich dann ändert.

- Versuche, verborgene Zusammenhänge hinter allen Umständen zu sehen oder zu fühlen.
- Betrachte das Leben nicht nur mit deinen Augen, sondern auch mit deinem Herzen.

Wenn du ein Lehrling bist ...

- Achte auf Bereiche, in denen du dich mit wiederkehrenden Problemen oder Mustern konfrontiert siehst, und überlege dir, was deine Seele wohl lernen möchte.
- Denke über deine früheren Leben nach und bitte dein höheres Selbst, dir einen Einblick darin zu gewähren, welche Weisheit du aus vergangenen Inkarnationen gewinnen kannst.
- Erstelle eine Liste von trostlosen Situationen, in denen sich ein Silberstreifen am Horizont zeigte.
- Egal was passiert, vertraue darauf, dass dein inneres Wesen sich für diese Erfahrung entschieden hat, um zu wachsen.
- Fälle kein vorschnelles Urteil aufgrund oberflächlicher Erscheinungen.

Wenn du ein Geselle bist ...

- Schreibe alle Ereignisse in deinem Leben auf, die letzten Endes Sinn gemacht haben.
- Frage dein höheres Bewusstsein, was du in schwierigen Situationen lernen sollst, und dann lausche auf die Antwort.
- Sei geduldig, wenn das Leben dich herausfordert, und vertraue darauf, dass dies nicht grundlos geschieht.
- Bewerte keine Situation als gut oder schlecht, sondern erkenne, dass alles eine Lektion ist, die deiner Seele hilft, zu wachsen.

Wenn du dabei bist, diese Lektion zu meistern ...

- Entspanne dich und genieße die Dinge, wie sie kommen.
- Begegne schwierigen Situationen mit Gelassenheit und der Zuversicht in deinem Herzen, dass sich alles genau so entwickelt, wie es sich entwickeln sollte.

- Lass dich von Herausforderungen inspirieren, da sie Lernmöglichkeiten sind.
- Beherzige das Motto »Leben und leben lassen«, geh hinaus und amüsiere dich.

DEINE SEELENLEKTION

Alles befindet sich in göttlicher Ordnung

DEINE SEELENAUFGABE

Dem himmlischen Plan zu vertrauen

Seelenlektion Nr. 13

Kehre deine Vorstellungen um

Überdenke deine Vorstellungen von Sicherheit. Trotz allem, was deine Emotionen und dein Intellekt dir sagen, werden deine Sicherheit und Unterstützung niemals von etwas oder jemand anderem kontrolliert als deinem Schöpfer. Nur wenn du dein Bewusstsein veränderst, kann dein Geist wirklich frei sein.

Dein Ego spielt Streiche mit dir und kettet dich an Erscheinungen, die sich echt anfühlen, es aber eigentlich nicht sind – zumindest sind sie nicht beständig. Das Universum und alle Menschen und Ereignisse befinden sich in ständiger Bewegung und Entwicklung. Nichts auf der physischen Ebene ist fest oder unveränderlich. Es mag zuweilen den Anschein haben, als wäre dem so, doch von einer Sekunde auf die andere kann sich alles ändern – und es ändert sich auch.

Alle Gegenstände und Bedingungen auf der Erde entstehen als Folge bestimmter konzentrierter Gedanken und Glaubenssätze.

Wenn du also eine Situation verändern willst, akzeptiere das, was gegenwärtig ist, und dann verändere einfach deinen Fokus und deine Denkweise, die der gegenwärtigen Situation zugrunde liegt. Grüble nicht über die Dinge, wie sie heute erscheinen, wenn sie nicht dem entsprechen, was du erleben möchtest. Stattdessen richte deine Aufmerksamkeit auf die von dir gewünschte Veränderung. Dazu ist es nicht erforderlich, die aktuelle Realität zu verleugnen, sondern die Erkenntnis, dass die gegenwärtigen Umstände das Resultat von Denkmustern sind, an denen lange Zeit festgehalten wurde. Um etwas anderes zu manifestieren, wähle andere Glaubenssätze.

Umkehren bedeutet, etwas zu diskreieren. Es ist ein wichtiges Werkzeug, da so viele deiner Schöpfungen nicht deinen wahren Wünschen entsprechen. Das Wissen, dass du Dinge genauso schnell rückgängig machen kannst, wie du sie manifestierst, macht die Schule des Lebens umso verlockender.

―

Vor einigen Jahren sprach ich mit meiner Klientin Larissa, nachdem sie gerade nach zwölf Jahren eine schreckliche, leidenschaftslose Ehe mit einem emotional verschlossenen Sexmuffel beendet hatte. Während ihres Readings sagte ihr mein höheres Selbst, dass sie jetzt frei sei, »der Star zu werden, der sie von Natur aus war«.

Erschrocken über meine Wortwahl, gestand sie, dass sie das starke Gefühl hatte und sich angeleitet fühlte, trotz ihrer 46 Jahre eine Karriere als Schauspielerin, Fotomodell oder Synchronsprecherin anzustreben. Obwohl sie nur auf ein paar Monate Ausbildung und professionelles Training zurückblicken konnte, war sie gerade bei zwei wichtigen Vorsprechterminen gewesen und beide Male innerhalb weniger Wochen zurückgerufen worden – eine absolute Ausnahme in der Unterhaltungsindustrie, und sie konnte ihr Glück kaum fassen. Aber zugleich war sie nicht völlig überrascht, da sie das Gefühl hatte, dass ihre Entscheidung genau richtig war. Das Vorsprechen fiel ihr leicht und bereitete ihr Vergnügen.

Im nächsten Atemzug wechselte sie jedoch den Gang und erzählte besorgt, dass ihr geschiedener Mann mit allen Mitteln versuchte, seine monatliche Unterhaltszahlung von 4000 Dollar auf 1800 Dollar herunterzuschrauben. Sie hatte panische Angst und meinte, dass sie in völlige Armut abrutschen würde, sollte er Erfolg mit seinen Bemühungen haben. Ihr Vertrauen in ihre beginnende Karriere war wie weggeblasen. Larissa fand zwar, dass ihre Entscheidung richtig war, aber bezweifelte, dass sie sich nicht darauf verlassen konnte, damit genug Geld für sich und ihre beiden Kinder zu verdienen. Sie glaubte, auf die Zahlungen ihres Exmannes angewiesen zu sein. Diese Vorstellung raubte ihr jegliche Freiheit und sorgte dafür, dass sie wirklich vollkommen abhängig von ihm war – und genau das war der Streitpunkt in ihrer Ehe gewesen und der Grund, weshalb sie sich hatte scheiden lassen.

Meine innere Weisheit leitete sie an, das Gesetz der Umkehr anzuwenden. Obwohl sie davon überzeugt war, dass ihr Exmann sie unterstützte und dass nur er das in Zukunft tun könnte, war dieser Glaube falsch. Mit ihrer Unsicherheit und ihrem mangelnden Selbstvertrauen kettete sie sich an ihn, während sie ihn in Wahrheit nicht brauchte, um zu überleben. Ich schlug ihr vor, ihre Abhängigkeit von ihm zu revidieren und sie dahin zu platzieren, wo sie hingehörte: bedingungslos in die Hände ihres höheren Selbst und des Göttlichen.

»Also bitte, Sonia«, protestierte sie. »Ich glaube an eine höhere Macht und all das, aber ich habe zwei Kinder zu ernähren, und Gott ist da wohl kaum zuständig.«

Ich sagte ihr, dass sie sich irrte und dass der unendliche Geist sich nicht nur um ihre Träume und Pflichten kümmern würde, sondern dies sogar noch besser, als ihr Exmann es jemals könnte, egal wie die Richter entscheiden.

Larissa glaubte mir nicht. Sie hielt weiterhin an ihrer Sichtweise fest und brachte ihren Exmann vor Gericht, um weiterhin den vollen Unterhaltsbetrag zu bekommen. Nach acht Monaten zermürbenden Kampfes musste sie sich geschlagen geben und erhielt jetzt noch weniger als die ursprünglich angebotene Unterstützung von 1800 Dollar monatlich. Zudem hatte sie während dieser ganzen Zeit ihre Karriere vernachlässigt. Sie erhielt zwar viele Rückrufe, aber nur wenige Aufträge.

Voller Panik rief sie mich erneut an und wollte wissen, ob sie gegen die Entscheidung des Richters in Berufung gehen sollte, da sie ohne die Unterstützung ihres Exmannes verloren wäre.

Erneut schlug ich ihr vor, ihre Einstellung zu ändern und sich auf ihr höheres Selbst und Gott zu verlassen. Sie sagte: »Das muss ich wohl. Mir bleibt nichts anderes mehr übrig.«

»Das ist wahr«, stimmte ich zu, denn ich merkte, dass sie bereit war, Seelenlektion Nr. 13 zu lernen. Es blieb ihr tatsächlich nichts anderes übrig, wenn sie weiterkommen wollte.

Angesichts der Tatsache, dass sie in Zukunft nur noch 1100 Dollar monatlich von ihrem geschiedenen Mann bekommen würde, begann sie, ihre Sicherheit und ihre Unterstützung in die Hände Gottes zu legen. Wenn sie auch durch Angst motiviert wurde, stand außer Frage, dass sie Fortschritte machte. Drei Monate später rief mich Larissa ein drittes Mal an. Sie war für drei gut bezahlte, landesweit ausgestrahlte Werbespots verpflichtet worden und hatte soeben eine kleine Stammrolle in einer Fernsehshow bekommen.

Obgleich sie ihre Einstellung gezwungenermaßen änderte, hat sie schließlich kooperiert und so schließlich die Freiheit und Unabhängigkeit gewonnen, nach der ihre Seele sich gesehnt hatte.

Das Gesetz der Umkehr funktioniert auch dann, wenn du Angst hast. Wir verstehen, dass es dir nicht leichtfällt, Vertrauen zu haben, wenn dir die Rechnungen ins Haus flattern und du nicht weißt, wie du sie bezahlen sollst; an deine Gesundheit zu glauben, wenn du von Krankheit abgelenkt bist; oder dich geliebt zu fühlen, wenn es den Anschein hat, als gäbe es niemanden in deinem Leben, dem du etwas bedeutest. Verleugne nicht, was dich ängstigt; doch grüble nicht darüber nach und lass dich weder davon hypnotisieren noch versklaven, so als würde es sich dabei um etwas Bleibendes handeln.

Meine Mutter brachte dieses Gesetz am besten zum Ausdruck, als sie sagte: »Alles, was du als real wahrnimmst, ist nur im Hinblick auf heute oder gestern real. Das Morgen hast du noch nicht kreiert.«

Ich bin soeben aus Orlando zurückgekommen, wo ich eine Reihe von Seminaren zum Thema Intuition und spirituelle Lehren hielt. Als ich über die Macht der Seelenlektion Nr. 13 sprach, stand eine Zuhörerin auf und legte einen Beweis für die Macht der Umkehr ab. Sie erzählte, dass ihre Tochter ein Jahr zuvor mit schwerer Drogensucht, Alkoholismus und langjähriger Depression zu kämpfen hatte. Zudem hatte sie ihr Geld als Prostituierte verdient.

»Alles, was ich sah, überzeugte mich davon, sie verloren zu haben«, sagte die Mutter, »doch meine Seele weigerte sich, diese Wahrnehmung zu akzeptieren. Nicht dass ich die Tatsachen verleugnet hätte. Ich akzeptierte ihren Zustand, doch glaubte ich nicht, dass sie diesbezüglich keine Wahl hatte. Jedes Mal, wenn ich mit ihr sprach, an sie dachte oder hörte, wie andere über sie redeten, beschloss ich zu bekräftigen, dass ihre Seele in Veränderung begriffen war und Gesundheit wählte. Ich konzentrierte mich darauf, dass sie sich von ihrer Abhängigkeit löste und stattdessen die Verbindung mit ihrem Schöpfer wiederherstellte, statt sich auf Drogen und andere zerstörerische Gewohnheiten zu verlassen.

Obwohl meine Familie und diverse Ärzte meinten, ich sei nicht realistisch«, fuhr sie fort, »beschloss ich, sie zu ignorieren. Ich bat mein höheres Selbst, zu der Seele meiner Tochter zu sprechen und ihr zu helfen, ihren Kurs zu ändern. Ich hatte keine Angst davor, diesen inneren Schritt zu machen, weil ich wusste, dass sie sich ein neues Leben wünschte. Es dauerte fünf Monate, doch das Gesetz der Umkehr wirkte. Sie nahm freiwillig an einer Entziehungskur teil, zog wieder bei uns ein, ist wegen ihrer Depression in ärztlicher Behandlung und hat ihr Leben wieder im Griff. Ihre Seele gewann die Oberhand und hat sie in die richtige Richtung geführt.«

~

Nichts im Universum ist unveränderlich. Indem du deine göttliche innere Weisheit benutzt, kannst du auf die Entscheidungskraft setzen, um Situationen zu verändern. Je radikaler die Veränderung, desto länger kann es dauern, bis du Erfolg hast. Wenn du jedoch das Gesetz der Umkehr kontinuierlich anwendest, sind dir früher oder später positive Resultate sicher.

~

Ich habe den Beweis dafür gerade erst erlebt, als eine bildschöne, schlanke Frau von etwa 35 Jahren mich nach einem Seminar ansprach: »Erinnern Sie sich an mich? Ich bin Debbie Lin aus Denver.«

Als sie ihren Namen nannte, ließ ich die Kinnlade fallen. Die Person, an die ich mich erinnerte, war ein krankhaft übergewichtiges junges Mädchen, das ich ein paar Jahre zuvor kennengelernt hatte – nicht dieses hinreißende Geschöpf, das jetzt vor mir stand.

»*Natürlich erinnere ich mich, aber Sie sahen ganz anders aus*«, *erwiderte ich, ihre Schönheit bewundernd, und hielt ihr meine Hände entgegen.*

»*Gott sei Dank!*«, *rief sie lachend aus.* »*Ich konnte mein altes Ich nicht mehr ertragen, und irgendwann hatte ich die Nase voll. Ich beschloss, alles in die Waagschale zu legen, und fasste den Vorsatz, meine Energie zum Abspecken einzusetzen.*«

»*Und wie haben Sie das fertiggebracht?*«, *wollte ich wissen und fragte mich, ob sie sich vielleicht einer Magenbypass-Operation hatte unterziehen lassen.*

»*Ich habe meine Vorstellung davon geändert, wer ich zu sein im Begriff war. Wenn ich auch krankhaft dick war, wusste ich, dass meine Erscheinung nicht widerspiegelte, wer ich in meinem Innern war: eine schöne Frau. Ich zog meine Aufmerksamkeit von dem äußeren fetten Ich ab und* richtete sie auf mein inneres hinreißendes Selbst. Dieser Umkehrprozess veränderte mich, einschließlich der Art, wie ich mich kleidete, mich bewegte und wie ich aß. Ich hörte auf, vor lauter Selbsthass Essen in mich hineinzuschaufeln, und fing an, Dinge zu essen, die mir guttaten. Dies führte zu immer neuen Entscheidungen, und schließlich kam dieses unglaubliche, schlanke Ich zum Vorschein. Man kann nicht sagen, dass ich Diät gehalten habe. Ich habe einfach meinen Fokus darauf gerichtet, wer ich sein wollte. Der Rest ergab sich ganz von selbst.«

~

Das Gesetz der Umkehr ist auf alle Aspekte des Lebens anwendbar und macht keinen Unterschied.

~

Meine Klientin Pat hatte jahrelang Probleme, ihre Rechnungen zu bezahlen. Das Geld reichte ihr zwar immer gerade so zum Leben, doch konnte sie sich nie etwas Besonderes leisten. Nachdem sie einen meiner Vorträge gehört hatte, bei dem es um das Gesetz der Umkehr ging, beschloss sie, es auf einen Versuch ankommen zu lassen, um ihre finanzielle Situation zu verbessern.

Sie leugnete nicht die gegenwärtige Realität ihres monatlichen Einkommens und ihrer Ausgaben, doch erkannte sie auch, dass dies kein Dauerzustand war. Sie verlagerte die finanzielle Abhängigkeit von ihrem Job als Abteilungsleiterin eines Supermarktes, indem sie sie wieder ihrem Schöpfer überließ, und bat ihr höheres Selbst, die Kontrolle zu übernehmen und sie zu größerem Wohlstand zu führen.

Um ihre Umkehr von finanziellem Mangel zur Fülle zu verankern, beschloss sie außerdem, von nun an regelmäßig zehn Prozent ihres Gehalts an eine Person oder Organisation ihrer Wahl abzugeben. Obgleich ihr Ego schrie: »Bist du wahnsinnig? Du brauchst das Geld für Benzin, Heizung und Strom!«, ignorierte sie es.

Ihre Reaktion auf diese Ängste war: »Das mag gestern wahr gewesen sein, doch heute kreiere ich mehr, damit ich all das habe, was ich jetzt und in Zukunft brauche.«

Kurz darauf wurde sie zur Geschäftsführerin in ihrem Supermarkt befördert, was bedeutete, dass sie jährlich 4500 Dollar mehr Gehalt bekam. Drei Wochen später erbte sie von einer Lieblingstante in Baltimore, die ge-

storben war, ein dreistöckiges Mietshaus mit sechs Wohneinheiten. Das Gebäude war komplett abgezahlt und brachte ihr monatliche Mieteinnahmen von 5000 Dollar ein. Dank dieser beiden Veränderungen hatte sie jetzt keine Geldsorgen mehr.

»*Ich habe meine Denkweise geändert und aufgehört, mich auf andere zu verlassen, wenn es um meine Sicherheit geht*«, *sagte Pat.* »*Von dem Augenblick an, in dem ich mein Vertrauen in mein höheres Selbst setzte, begann alles wieder zu fließen.*«

Vielleicht ist die wichtigste Veränderung, die du vornehmen kannst, die, andere uneingeschränkt zu lieben, statt dein Herz zu verschließen. Du wirst verletzt, weil die menschliche Natur grob und ignorant sein kann, während ihr als Kollektiv euch abmüht, zu lernen. Doch wenn deine Reaktion darin besteht, dass du dich von Mitgefühl und Liebe abschneidest, fügst du dir noch viel größeren Schaden zu.

Ich sprach mit meiner Klientin Denise, die vor langer Zeit beschlossen hatte, sich nie wieder auf eine Liebesbeziehung einzulassen, nachdem ihr erster Mann sie mit seiner Sekretärin betrogen und verlassen hatte und sie ihre drei kleinen Söhne allein großziehen musste. Von diesem Vertrauensbruch zutiefst verletzt, verschloss sie ihr Herz und stellte praktisch ein »Komm bloß nicht näher!«-Schild auf, das die Annäherungsversuche jedes eventuellen Verehrers sofort verhindern würde. Sie war unerreichbar und sagte nicht ohne Stolz, es sei völlig ausgeschlossen, dass sie jemals ihre Absicht ändern und sich noch einmal von einem Mann so demütigen lassen würde.

Sie stand zu ihrem Wort und erlaubte sich keine Liebeserfahrung mehr. Sie war freundlich, aber distanziert, davon überzeugt, dass ihre Entscheidung ihr Freiheit gegeben hatte. Im Laufe der Zeit jedoch stellte sich diese Entscheidung als sehr unklug heraus. Als ihr Sohn herangewachsen war, zog er in eine weit entfernte Gegend. Bei einer Mutter, deren Herz verschlossen war, groß geworden, wurde er selbst gefühlskalt, und dachte nicht einmal darüber nach, welche Auswirkungen seine Handlungen auf seine Mutter oder irgendjemand anderen haben könnten.

Da Denise beschlossen hatte, nicht mehr zu lieben, pflegte sie auch keine engen Freundschaften, sondern hielt an ihren Schutzmechanismen fest und sorgte dafür, dass ihr niemand zu nahe kam. Das funktionierte auch gut, als sie ihr Designgeschäft aufbaute. Doch als sie Ende der Fünfziger war, wurde bei ihr Brustkrebs und eine Lymphknotengeschwulst diagnostiziert, und nun schien diese selbst auferlegte Isolation ihr nicht länger dienlich zu sein.

Was noch schlimmer war: Obwohl sie wusste, dass sie ihr Verhalten ändern musste, um sich auf die bestmögliche Art mit ihrer Krankheit auseinanderzusetzen, ließ ihr Stolz dies nicht zu. Als sie zu mir kam, war der Krebs im Frühstadium. Ich gab ihr Namen, Telefonnummern und nannte ihr zahlreiche Quellen, an die sie sich um Hilfe wenden konnte, und ermunterte sie, die Verbindung mit ihrem Sohn wieder aufzunehmen. Mit verschränkten Armen hörte sie mir die ganze Zeit zu. Schließlich legte ich ihr nahe, die Entscheidung rückgängig zu machen, die sie vor so vielen Jahren bezüglich Liebe getroffen hatte, und es sich anders zu überlegen.

Sie nickte, so als würde sie einen Moment lang meinen Vorschlag überdenken. Dann sagte sie: »Falls Sie sonst nichts zu sagen haben, werde ich jetzt gehen.« Ich hatte ihr nichts weiter zu sagen, aber ich umarmte sie zum Abschied, wobei ich das Gefühl hatte, als würde sie diese Umarmung nur zum Teil akzeptieren.

Knapp zwei Jahre später traf ich eine Frau, mit der Denise zusammengearbeitet hatte, und erkundigte mich nach ihr. Sie erzählte mir, dass meine frühere Klientin mehr als neun Monaten zuvor ganz allein gestorben sei. Ich war sehr traurig, als ich dies hörte – nicht so sehr über ihren Tod, sondern über die Tatsache, dass sie einsam gestorben war. Ich akzeptiere, dass wir alle irgendwann sterben, doch allein zu sterben ist eine Entscheidung. Auf dem Heimweg ging ich in meine Lieblingskirche, entzündete eine Kerze für sie und wünschte ihr mehr Glück auf ihrem weiteren Seelenweg.

Jedes Mal, wenn du dich entscheidest, zu lieben, gewinnt deine Seele Kraft und ist stärker mit deiner wahren Quelle – Gott – verbunden. Dein Schöpfer liebt dich über alle Maßen und hat dich mit Willensfreiheit versehen. Das Gesetz der Umkehr empfiehlt einfach nur, dass du Entscheidungen triffst, die dich weder in eine Falle locken noch isolieren noch in die Enge treiben.

Noch einmal: Verwechsle diese Seelenlektion nicht mit Verleugnung. Stehe zu den Tatsachen, doch vergiss nicht, dass jede gegenwärtige Manifestation verändert werden kann – vielleicht nicht sofort, doch auf jeden Fall irgendwann. Es braucht Zeit, etwas zu manifestieren, und genauso viel Zeit, um es umzuwandeln.

Benutze dieses Werkzeug, wenn deine Sinne verrückt spielen und dein Verstand dir sagt, dass es sich bei dem, was du siehst, um eine unveränderbare Realität handelt: »Ich werde immer dick sein«, Ich werde immer pleite sein« oder »Ich werde immer krank sein«. Das ist nicht wahr. Verändere deinen Fokus, und du kannst alles rückgängig machen, was du in dein Leben angezogen hast.

Um jetzt mit dem Diskreieren zu beginnen, schreibe die Bereiche auf, in denen du bisher keine idealen Resultate erlangt hast – wo du enttäuscht oder unzufrieden bist oder das Gefühl hast, von Dingen abhängig zu sein, die außerhalb deiner Kontrolle liegen. Erkenne, dass alles, was du aufgelistet hast, nur eine Schöpfung oder eine falsche Vorstellung ist, die verändert werden kann und will. Hege vor deinem geistigen Auge und in deinem Emotionalkörper eine möglichst klare Vorstellung von der Umkehr der unerwünschten Situation. Denke darüber nach und spüre und sieh es. Das setzt die Verwandlung in Gang.

Du kannst das Gesetz der Umkehr nutzen, indem du dein Verhalten änderst.

Mach Folgendes mal anders:

- Nimm einen anderen Arbeitsweg.
- Geh *rückwärts* zur Tür hinaus.
- Ändere deine Haltung bei einem Streit.
- Ändere deine Meinung.
- Zieh zuerst deine Socken und Schuhe an und dann die restliche Kleidung.
- Leg deine geistige Unbeweglichkeit ab und lass deinen Widerstand gegen Veränderung los.

Wenn du dieses Gesetz anwendest, bist du nicht länger an etwas anderes gebunden als an das, was dich immer unterstützt – dein liebendes höheres Selbst und dein himmlischer Schöpfer.
Jetzt kannst du die Lektion anwenden.

- Wenn du engstirnig und überaus selbstgerecht bist, dich weigerst, dir neue Ideen oder Gesichtspunkte, die deinen entgegengesetzt sind, anzuhören, dich selbst oder das Leben auf eine bestimmte, festgesetzte Weise siehst oder nicht verstehst, wie es dir möglich sein sollte, die »Wahrheit« oder Realität zu verändern ... dann bist du hinsichtlich dieser Lektion ein *Schüler*.

- Wenn du verstehen kannst, dass das Ändern einer negativen Meinung hilfreich sein könnte, es aber noch nicht getan hast, die Vorstellung, dass andere (zum Beispiel Arbeitgeber, Klienten, Familienmitglieder oder Freunde) deine Rechnungen bezahlen und sich um dich kümmern sollen, nicht überwinden kannst, glaubst, dass positives Denken nur begrenzt wirksam ist, oder wenn du bei Dingen verweilst, obwohl du weißt, dass das ungesund ist ... dann bist du ein *Lehrling*.

- Wenn du deine Gedanken änderst, sobald du erkennst, dass sie nicht in Ordnung sind, dich durch nichts aufhalten lässt, Möglichkeiten suchst, alte Ideen gegen andere und bessere einzutauschen, oder wenn du gerne Neues ausprobierst ... dann bist du ein *Geselle*.

- Wenn du dir nicht gestattest, dich in unglücklichen Zuständen zu suhlen, spontan bist und augenblicklich Veränderungen vornimmst, dich umgehend von der psychischen Sabotage in Form von Pessimismus und der Opferrolle anderer abwendest oder wenn du jeden Tag damit beginnst, deine kreative Richtung zu überprüfen und dich neu zu fokussieren, damit du nicht auf dem Holzweg landest ... dann bist du auf dem Weg, diese Lektion zu *meistern*.

Wenn du ein Schüler bist ...

- Achte auf Bereiche in deinem Leben, in denen du unbeweglich bist und an negativen Wahrnehmungen und Meinungen festhältst.
- Erstelle eine Liste dessen, was du umkehren möchtest.
- Gehe rückwärts durch ein Zimmer, buchstabiere Wörter rückwärts oder zieh deine Kleidung verkehrt herum an und befreie dich von automatischen Verhaltensweisen.
- Verändere heute eine Gewohnheit.

Wenn du ein Lehrling bist ...

- Umgib dich mit Personen, die deine Ansicht über die Richtung, in die du gehen möchtest, oder die Erfahrung, die du kreieren willst, teilen.
- Distanziere dich von Leuten, deren Glaubenssätze negative Bedingungen verstärken.
- Ändere jeden Tag deine Meinung oder deine Vorstellung von mindestens einer Sache.
- Stell die Möbel bei dir zu Hause um.

Wenn du ein Geselle bist ...

- Schreibe auf, was du nicht mehr erleben willst, und fertige eine Collage an, die die Erfahrungen enthält, die du dir stattdessen wünschst.
- Gestalte täglich eine Verhaltensweise um. Wenn du normalerweise schüchtern bist, lächle und sage »Hallo«. Wenn du zum Verurteilen neigst, halte dich mit solchen Erklärungen zurück. Wenn du ständig kritisierst, sei stattdessen schmeichelhaft.

Wenn du dabei bist, diese Lektion zu meistern ...

- Revidiere alle Vorstellungen, die du von äußerer Abhängigkeit hegst, und verlasse dich bei allem ganz auf das Göttliche.

- Verändere deine Gedanken der Zurückhaltung und sei offener dabei, anderen deine Liebe zu zeigen.
- Verändere negative Gespräche durch positive Äußerungen der Dankbarkeit.
- Verändere weiterhin deine Identität, indem du dir die Wahrheit zu eigen machst, dass du Geist bist, vom Göttlichen abhängig und versorgt.

Deine Seelenlektion

Kehre negative Manifestationen um

Deine Seelenaufgabe

Genauso einfach zu diskreieren,
wie du kreieren kannst

Seelenlektion Nr. 14

Akzeptiere den Tod

Akzeptiere das, was du am meisten fürchtest: den Tod. Höre auf, deine Identität mit deinem physischen Selbst und gegenwärtigen Ego zu assoziieren. Beides sind lediglich Vehikel auf deiner irdischen Reise. Du bist weder dein Körper noch deine Emotionen noch deine Gedanken. Du bist göttlicher, unsterblicher Geist.

In diesem Lehrplan für die Seele wird immer wieder die Tatsache betont, dass du ein ewiges, unsterbliches Wesen bist.

Doch selbst wenn du diese Vorstellung auf der intellektuellen Ebene annimmst – sobald es um den Tod geht, widersetzt du dich dieser Tatsache und fürchtest dich, was beweist, wie sehr du an deinem körperlichen und emotionalem Selbst festhältst. Es ist eine Sache, verstandesmäßig Zuflucht bei der Idee zu finden, dass du ein unvergänglicher Geist bist; eine ganz andere ist es, tatsächlich dem Ende dieses irdischen Lebens mit Frieden und Gelassenheit ins Auge zu sehen. Jetzt ist die Zeit, das zu lernen.

Beginne damit, dir bewusst zu machen, wie produktiv der Zyklus von Tod und Wiedergeburt ist. Du kannst dies überall sehen, vor allem in der Natur. Schau dir einen Garten an, und du wirst erkennen, wie Anfang und Ende miteinander verflochten sind. Selbst zwischen blühenden Blumen wirst du Verwesung finden. Während manche Blüten gerade dabei sind, aufzuplatzen, verwelken andere. Und am erstaunlichsten bei dieser Entwicklung ist die Tatsache, dass die verwesende Vegetation der beste Treibstoff für neues Wachstum ist. Jede vergehende Phase sorgt dafür, dass der nächste Zyklus entstehen kann. Der Prozess wird »Rad des Lebens« genannt und ist bei allem und jedem zu sehen.

Einer der größten Entwicklungsschritte, die du als Seele machen kannst, besteht darin, dich vollständig von der Identifikation mit deinem irdischen Vehikel zu lösen und deinen unsterblichen Geist zu akzeptieren. Dann fürchtest du dich nicht länger vor physischer Auflösung, was zur Folge hat, dass du deinem Ego nicht mehr erlaubst, dich mit allen möglichen Spielchen abzulenken, die darauf abzielen, dies zu verhindern. Zu akzeptieren, dass dein Körper eines Tages sterben wird, erlaubt dir zu leben.

Menschen, die eine Nahtoderfahrung hatten, bestätigen immer wieder, dass dies der befreiendste Augenblick ihres Lebens war – und letzten Endes ihr glücklichster.

Mein Klient James war ein begeisterter Abenteurer, und ganz besonders liebte er das Motorradfahren. Er spielte ständig mit seinem Leben, zum Beispiel wenn er um drei Uhr morgens mit mehr als 160 km/h den Lake Shore Drive in Chicago entlangraste.

Darüber hinaus fuhr er oft mit dem Motorrad von Chicago bis an die Westküste, wobei er tollkühn die Haarnadelkurven in den Bergen nahm und in der Wüste durch Sandstürme raste, doch er hatte immer noch nicht genug; Sicherheitsbedenken schlug er in den Wind. Er trug nie einen Helm, fuhr nachts, obwohl er dann nicht gut sehen konnte, sauste zwischen den anderen Fahrzeugen hin und her, als würde er Katz und Maus spielen, und ignorierte sämtliche Tempolimits.

Einmal habe ich ihm vorgeworfen, dass er seinen Tod herausfordern würde, woraufhin er nervös lachte. »Vielleicht«, meinte er. »Der Gedanke ist mir noch nie gekommen.«

Die Ironie lag darin, dass er kurz nach diesem Gespräch, als er in gemäßigtem Tempo durch Nevada fuhr und einfach den Tag genoss, von einem Laster überholt wurde, der zu schnell wieder auf die rechte Spur einbog und James von der Straße fegte. Er fiel acht Meter tief in eine Felsengrube und brach sich dabei fast jeden Knochen, einschließlich seines Schädels. Er lag zwei Tage lang in diesem Graben, bevor ihn jemand entdeckte und die Ambulanz rief. Er wurde herausgehievt, per Hubschrauber ins Krankenhaus gebracht und lag vier Wochen auf der Intensivstation.

Später erzählte James mir, dass er nach dem Unfall seinen Körper verlassen habe. Er sah sich selbst in dem Graben liegen, dem Tod nahe, zusammengekrümmt und voller Blut, ohne jedoch den geringsten Schmerz zu spüren – stattdessen fühlte er sich befreit von jeder Verletzung und jeder Angst, die er jemals erfahren hatte. In diesem friedlichen Zustand wurde ihm klar, dass seine Motorradabenteuer nur ein Weg waren, Verzweiflung, Sorgen und Einsamkeit zu entfliehen – und der Angst vor dem Tod. Er hatte eine solche Angst vor dem Leben und war so von Gedanken an sein zukünftiges Ableben besessen, dass er sich in haarsträubende Gefahr stürzte, um sich zu betäuben.

Als er sich nach dem Unfall beobachtete, war er völlig unvoreingenommen und von allem befreit – eine klassische Folge der Nahtoderfahrung. Er erkannte, dass er sein Leben nicht gelebt hatte; er war davor geflüchtet. Als man ihn aus dem Graben herausgeholt hatte und er wieder zurück in seinem Körper war, überwältigten ihn seine körperlichen Schmerzen, doch der tiefere, viel schlimmere seelische Schmerz war wie weggeblasen.

Es dauerte fast zwei Jahre, bis James von dem Unfall geheilt war, wenn er auch tiefe Narben im Gesicht zurückbehielt und auffällig hinkte. Doch er besteht darauf, dass der Unfall der Moment war, in dem er wirklich zu leben begann. Diese Tragödie mit einem Bewusstsein überlebt zu haben, das nicht an sein Ego oder seinen Körper gebunden war, gab ihm ein Gefühl des Friedens, das durch nichts beeinträchtigt werden konnte.

In der Folge gab er seine Wirklichkeitsflucht und das Motorradfahren auf. Er verliebte sich in seine Physiotherapeutin, verlobte sich mit ihr und begann, bei Vorträgen überall in den USA über sein Nahtoderlebnis zu sprechen und die Menschen darüber aufzuklären, dass es ein Leben jenseits dieser irdischen Existenz gibt.

James' Geschichte ist nicht einmalig. Allein in den USA gibt es ungefähr zwei Millionen dokumentierte Fälle von Menschen mit Nahtoderlebnissen. Ich glaube, dass die Zahl so groß ist, weil es einen universalen Plan gibt mit dem Ziel, unseren Fortschritt hinsichtlich dieser besonderen Lektion zu beschleunigen. Es ist leicht, die Geschichten einer Handvoll Leute nicht erst zu nehmen, doch es wird wesentlich schwieriger, wenn Hunderte oder Tausende darüber berichten.

Ich bin dankbar, sagen zu können, dass ich selbst zwei Begegnungen mit dem Tod hatte, die mir eine bewusste Erfahrung des Lebens außerhalb des Körpers ermöglichten. Die erste ereignete sich vor 25 Jahren, als ich in Frankreich studierte und eine Blinddarm- und Nierenentzündung bekam.

Ich lebte allein, und ohne zu wissen, was in meinem Körper passierte, legte ich mich ein Weilchen hin, um Erleichterung zu finden, und kam erst wieder zu mir, als ich im Krankenhaus aus der Narkose erwachte. Meine Vermieterin hatte nach mir geschaut, weil sie mich drei Tage lang weder gehen noch kommen gehört hatte. Sie fand mich im Delirium und brachte mich sofort in die Notaufnahme.

Während ich mich in Narkose befand und mein Blinddarm entfernt wurde, befand ich mich in einer veränderten Realität, in der ich meinen verstorbenen Lehrer Charlie sah, meine rumänische Großmutter und mehrere Kinder, die mich zum Lachen brachten. Noch nie im Leben war ich so entspannt und glücklich gewesen. Ich wollte gar nicht mehr weg von diesem Ort, wie mir klar wurde, als ich nach der Operation langsam das Bewusstsein wiedererlangte. In den nächsten zwei Tagen schwebte ich in einem Zustand zwischen Bewusstsein und Bewusstlosigkeit, während ich die ganze Zeit über versuchte, an diesen selig machenden Ort zurückzukehren. Ich war frustriert, dass es nicht klappte. Doch gleichzeitig spürte ich ein tiefes Gefühl der Erleichterung, denn ich war dort gewesen.

Bei meiner zweiten Nahtoderfahrung war ich, begleitet von meiner Schwester und meiner Nichte, mit dem Auto unterwegs, als uns ein anderer Fahrer, der ein Haltesignal übersehen hatte, seitlich rammte. Im Moment des Aufpralls wurde ich aus meinem Körper gerissen. Ich sah die beiden Autos, meine Schwester, meine Nichte auf dem Hintersitz eingeklemmt und mich selbst, vom Airbag in den Sitz gedrückt ... doch ich fühlte mich frei. Dann war ich auch schon wieder in meinem Körper zurück und merkte, wie meine Schwester mich aus dem Wagen zog. Ich war wieder in das Drama und Durcheinander eingetaucht, fühlte mich, als würde ich mich unter Wasser bewegen.

Während ich mich erholte, dachte ich über das Ereignis nach. Am meisten beeindruckte mich, wie still und friedvoll es auf dieser rein geistigen Ebene war. Einige Tage später erkannte ich, dass diese Stille davon herrührte, dass ich einen kurzen Augenblick lang von meinem Denken – meinem Ego – befreit war. Das war der wunderbarste Aspekt des Erlebnisses, außerhalb meines Körpers zu sein.

Wir alle lernen diese Lektion auf unsere eigene Weise und zur richtigen Zeit. Manchmal erkennen wir durch direkte Erfahrung (wie James und ich), dass wir unbegrenzte ewige Wesen sind. Gelegentlich lehren uns andere Seelen.

Seelenlektion Nr. 14

~

Der Tod ist nur ein Zugang zu einer anderen Schwingungsebene der geistigen Existenz.

~

Bei einem Seminar vor einiger Zeit in Kansas City lernte ich eine Frau kennen, deren vierjähriger Sohn ein Jahr zuvor plötzlich gestorben war. Sie erzählte mir, dass er ihr, seinem Vater und seinem Bruder an einem Montag gesagt habe, dass er am Samstag in den Himmel kommen würde. Er sagte, es gäbe dort blaue Ponys und blaue Häuser und es sei dort so schön, dass er es kaum erwarten könne, dorthin zu gehen.

Die Familie war nicht besonders religiös und das Leben nach dem Tod war auch kein Gesprächsthema gewesen, und so wussten sie nicht, was sie davon halten sollten. Darüber hinaus war er seit jeher ein völlig gesundes Kind gewesen, doch während der ganzen Woche sprach er immer wieder vom Himmel und dass er dorthin gehen würde. Am Freitag bekam er plötzlich hohes Fieber. Nicht allzu besorgt, gaben ihm seine Eltern Aspirin, doch das Fieber sank nicht.

Am Samstag riefen sie den Kinderarzt an, der ihnen empfahl, für weitere Untersuchungen in die Notaufnahme des nächsten Krankenhauses zu gehen. Immer noch nicht sonderlich beunruhigt, befolgten sie seinen Rat. Es stellte sich heraus, dass es im Laufe der Nacht zu einer Infektion gekommen war, und vier Stunden nach seiner Einlieferung ins Krankenhaus starb der Kleine.

Die Familie war verzweifelt ... doch sie konnten nicht leugnen, dass ihr Sohn selbst gesagt hatte, dass er gehen würde und sich darauf freue.

Diese Vorankündigung half ihnen, ein wenig besser mit seinem Tod fertig zu werden. So traurig es auch war, es war schwer, sich übermäßig schlecht zu fühlen angesichts der Tatsache, dass ihr Sohn sich so gefreut hatte, weiterzuziehen. Meine Klientin sagte, dass sie sich immer noch nicht mit seinem Tod abgefunden habe, doch inzwischen von der Idee beseelt sei, ihre Erfahrung zu nutzen und anderen Eltern das Wissen zu vermitteln, dass auch dann, wenn ihre Kinder nicht länger physisch präsent sind, ihre Seelen weiterleben. Sie war sich nur noch nicht ganz im Klaren darüber, wie sie das am besten anstellen könne. Ich drängte sie, darüber zu schreiben, und das schien ihr sinnvoll zu sein.

Bald danach traf ich bei einem Seminar in Chicago eine Frau, die eine ähnliche Erfahrung gehabt hatte. Ihr 24jähriger Sohn war zwar körperlich völlig gesund, aber nicht glücklich gewesen. Er war von Weltschmerz erfüllt und sagte, dass er sich vom Leben auf diesem Planeten »fallen gelassen« fühle und nicht entsprechend seinem wahren Selbst leben könne. Er kündigte seiner Familie an, dass er gehen würde und dass sie sich keine Sorgen machen sollten, da er sich darauf freute. Da sie nicht wussten, was er damit meinte, dachten sie, er plane vielleicht einen Umzug. Stattdessen fanden sie ihn zwei Wochen später in seinem Schlafzimmer, wo er eines natürlichen Todes gestorben war. Er war einfach eingeschlafen und nicht mehr aufgewacht.

Auch hier waren die Trauer und der Schmerz für die Familie zwar erdrückend, aber doch gemildert durch die Tatsache, dass er sein Hinübergehen angekündigt und sich darauf gefreut hatte. Seine Mutter sagte: »Ich bin traurig für mich, aber glücklich für ihn.«

Gelegentlich kommen jene Wesen, die hinübergegangen sind, zurück, um denen unter euch zu helfen, die ihre Trauer nicht bewältigen können, den Tod fürchten und hinter der Schwelle der physischen Welt nicht zu sehen, zu spüren oder zu fühlen vermögen. Solche Begegnungen sind oft zutiefst heilend, tröstend und beruhigend und helfen euch, diese schwierigste aller Seelenlektionen zu lernen.

Meine Klientin Betty zog ihren einzigen Sohn Erwin allein auf, und nun stand er kurz vor dem Highschool-Abschluss und sollte anschließend zur Marine. Doch dann blieben die Räder seines Autos am ersten Tag, an dem er damit ausfuhr, in einer Eisenbahnschiene stecken. Er wurde von einem Zug erfasst und starb auf der Stelle.

Von unsäglicher Trauer erfüllt, konnte sie weder essen noch schlafen noch sprechen, so überwältigt war sie von ihrem Verlust. Das ging zwei Wochen so, bis sie eines Nachts, als sie sich im Dämmerzustand befand, Erwin in Talar und Barett sah, wie er übers ganze Gesicht strahlte. Er kam ganz nah an sie heran und sagte: »Ma, hör auf zu weinen. Ich hab die Abschlussprüfung bestanden, und jetzt bin ich auf dem Weg.«

Er war so heiter, freudestrahlend und offensichtlich glücklich darüber, wo er war, dass sie nicht länger weinen konnte.

»Mir wurde klar«, sagte sie, »wie überzeugt ich immer gewesen war, dass es nichts Besseres gab, als auf diesem Planeten zu leben. Seine Erscheinung brachte mir zum Bewusstsein, dass es noch mehr gibt. Seit ich ihn gesehen habe, fühle ich, dass alles gut ist und dass er seine irdische Reise abgeschlossen hatte, und daher geht es mir jetzt wieder viel besser.«

So schwer es für Betty auch war, Erwin zu verlieren, so hat sie doch etwas gewonnen. Ihr ganzes Leben lang war ihr Sohn ihr Mittelpunkt gewesen. Nach seinem Tod schrieb sie ein Buch und ermutigt heute andere, dankbar für das Leben zu sein und mehr zu tun, als es einfach nur zu ertragen.

»Erwin ist bei mir«, sagte sie abschließend. »Ich spüre seine Seele, wo immer ich bin, und das tröstet und stärkt mich.«

―

Körperliche Sterblichkeit ist eine Tatsache. Aber die Seele eines jeden Menschen ist ewig. Ohne dieses Verständnis verbringst du deine Tage in einem von vornherein zum Scheitern verurteilten Versuch, die Zeit zu überlisten. Es besteht ein großer Unterschied zwischen dem bloßen Versuch, deinem Tod auszuweichen, und dein Leben wirklich zu genießen. Bei dem Versuch, dem Tod zu entfliehen, vergisst du zu leben. Du kannst dich von dieser erschreckenden Illusion befreien, indem du den Kreislauf von Tod und Wiedergeburt in allen Dingen erkennst.

―

In meiner mehr als dreißigjährigen Erfahrung als Lichtarbeiterin und Lehrerin habe ich Tausende verschiedene Möglichkeiten gesehen, wie uns das Universum diese Lektion lehrt. Ob durch Krankheit, Unfall, Selbstmord, hohes Alter oder natürliche Ursachen, irgendwann stirbt der physische Körper und mit ihm das Ego. Das ist nie leicht zu akzeptieren, und die Trauer um den Verlust ist immer notwendig, doch ist es unnatürlich, wenn wir uns nicht mit der Tatsache unseres Todes auseinandersetzen und das Ende unseres Lebens als einen normalen Teil der Entwicklung unserer Seele verstehen lernen.

―

Achte darauf, was jetzt in deiner Umgebung lebt oder stirbt. Der körperliche Tod ist nur ein Aspekt dieses Kreislaufs. Alle Dinge bewegen sich durch das Rad des Lebens. Zu jeder Zeit werden einige geboren, während andere vergehen.

Ich sehe dieses Rad, wie es sich jetzt in diesem Augenblick dreht, während meine ältere Tochter sich auf das College vorbereitet. Zuweilen bin ich erschüttert darüber, wie schnell die Jahre verflogen sind, und ich frage mich, wo mein Baby, mein Kind und selbst mein Teenager geblieben sind. Es macht mich traurig, und ich frage mich, ob ich irgendetwas verpasst oder die kostbare und jetzt offensichtlich begrenzte Zeit, in der ich meine Tochter für mich habe, mit den falschen Dingen vergeudet habe.

Doch gleichzeitig ist es ein erhebendes Gefühl, zu sehen, mit wie viel Selbstvertrauen und Begeisterung sie in die Welt hinausgeht, wenn ich auch ein ängstliches Kribbeln im Bauch spüre. Alles ist gut so, wie es ist – sowohl das Vergehen des Alten als auch das Erscheinen des Neuen.

Letzte Woche wurde mir wieder einmal der Kreislauf von Leben und Sterben bewusst, nachdem ich meine Eltern besucht und mit ihnen den 75. Geburtstag meiner Mutter gefeiert hatte. In meinen Augen sind meine Mutter und mein Vater, die ich beide von Herzen liebe, für immer jung; als ich jedoch mit meiner Digitalkamera ein Foto von ihnen machte, war ich schockiert zu sehen, wie alt sie aussahen. Ich wurde sofort von einem Gefühl der Dankbarkeit ergriffen, dass sie beide noch am Leben, gesund und guter Dinge sind und dass ich eine so wundervolle Beziehung mit ihnen habe.

Doch als ich ihre lieben, durchfurchten Gesichter betrachtete, wurde mit plötzlich klar, dass ich sie nicht für alle Zeiten in dieser Form um mich haben würde, und ich wäre am liebsten sofort nach Denver zurückgekehrt, nur um sie noch einmal umarmen und küssen zu können, solange ich diese Möglichkeit noch hatte.

Das Loslassen des physischen Selbst und des Ego befreit dich von den Einschränkungen der irdischen Ebene. Während der Körper altert, verliert er mehr und mehr seine Funktionstüchtigkeit. Genauso wie es dir Freude macht, dein altes, viel benutztes Auto gegen ein neues und besseres Modell einzutauschen, liebt es deine Seele, auf neue und energetischere Vehikel überzugehen.

Auch der Tod führt zu neuer Geburt. Die gefallenen Blätter nähren die blühenden Blumen, und unsere früheren und bestehenden Leben nähren gegenwärtige und zukünftige Generationen. Egal wie sehr du versuchst, dieser Lektion auszuweichen, sie kann wie alle anderen auch – wenn nicht sogar in höherem Maße – nur gelernt werden, wenn du sie durchgehst.

»Wir denken, es ist das Schlimmste, was man sich überhaupt vorstellen kann«, sagte eine Klientin von mir, die ihren Mann bei den Terroranschlägen auf das World Trade Center am 11. September 2001 verloren hatte, *»doch wie durch ein Wunder steht man es durch.«*

»Es wird leichter«, meinte eine andere Frau, der ich ein Reading gab und deren 23-jähriger Sohn im Irak gefallen war, *»wenn man akzeptiert, dass das Leben weitergeht und weiß, dass die Seelen der Menschen ihre Form ändern, aber weiterleben. Wenn wir das verstehen, können wir zumindest weiterhin miteinander in Verbindung stehen.«*

»Mein schlimmster Albtraum war Wirklichkeit geworden«, erzählte die junge Witwe eines Polizisten, der im Dienst erschossen worden war. *»Aber noch am Morgen seines Todes sagte er, dass er sein Leben liebe und so glücklich sei, zur Arbeit zu gehen. Ich weiß, dass er starb, während er tat, was ihm wichtig war.«*

Während ich dies schreibe, schaue ich aus dem Fenster und sehe, wie die Blätter des Kastanienbaumes im Garten in der herbstlichen Kälte abfallen. Ich höre den Arbeitern zu, die mein Mann angeheuert hat, um unsere alte Veranda winterfest zu machen; sie fluchen über das verrottete Holz und sägen es ab. Ich kann meine Nachbarin sehen, die ihrem Labradorwelpen nachjagt, gefolgt von ihrer zweijährigen Tochter.

Je genauer du hinschaust, desto klarer wirst du erkennen, dass es eigentlich keine Trennung zwischen Leben und Tod gibt. Beide reflektieren lediglich unterschiedliche Zustände dessen, was du bist, was du ablegst und was du zu werden im Begriff bist.

Obgleich das Akzeptieren der endlichen Natur des körperlichen Selbst die beängstigendste aller Seelenlektionen ist, ist sie in Wahrheit die befreiendste. Wenn dein Hauptanliegen nicht länger darin besteht, vor deinem unausweichlichen Tod davonzulaufen, sondern deinen Frieden damit zu machen, kannst du endlich beginnen, frei von Angst zu leben.
Jetzt kannst du die Lektion anwenden.

- Wenn du nicht einmal an den Tod denken kannst, da er dir so große Angst einjagt, jedes Mal depressiv und sentimental wirst, wenn du hörst, dass jemand gestorben ist, dich weigerst, über dieses Thema zu reden, und wütend wirst, wenn andere es tun, oder wenn du bei dem Gedanken daran, einen Menschen zu verlieren, in Tränen ausbrichst, selbst wenn derjenige lebt und bei bester Gesundheit ist ... dann bist du ein *Schüler* im Hinblick auf das Lernen dieser Lektion.

- Wenn du akzeptierst, dass der Körper vergänglich ist, aber trotzdem ewig trauerst, wenn jemand stirbt, über Möglichkeiten nachdenkst, wie du für immer jung bleiben und dem Tod ausweichen kannst, dich von jeglichem Gedanken an das Ende des Lebens ablenkst, indem du ständig aberwitzige Dinge unternimmst, oder wenn du insgeheim einen Todeswunsch hegst und daher schädliche Verhaltensweisen annimmst ... dann bist du ein *Lehrling*.

- Wenn du anfängst, über das Körperliche hinauszuschauen und zu erkennen, dass die Seele unsterblich ist, dich mit früheren Leben beschäftigst und dich vielleicht sogar daran erinnerst, glaubst, dass die Seele einen Zyklus vollendet hat, wenn der Körper stirbt, und wenn du das Rad des Lebens anerkennst, ohne übermäßig sentimental zu sein, oder nach Neuanfängen suchst, wenn Dinge zu Ende gehen ... dann bist du ein *Geselle*.

- Wenn du dem Tod ins Auge geschaut hast und er dir keine Angst mehr einjagt, wenn du die Auflösung aller Dinge und Neuanfänge anerkennst und sie willkommen heißt, anstatt dich an die

Vergangenheit zu klammern, wenn du um frühere Leben weißt und dich sogar an sie erinnerst oder wenn du problemlos mit der Geistebene kommunizierst … dann bist du auf dem Weg, diese Lektion zu **meistern**.

Wenn du ein Schüler bist …

- Studiere die Natur und achte auf ihre Zyklen von Leben und Tod.
- Sprich mit einem qualifizierten spirituellen Berater über deine Angst vor körperlicher Sterblichkeit.
- Erstelle eine Liste der Personen, die du kanntest und die gestorben sind, und schreibe dazu, wie ihr Tod dein gegenwärtiges Leben bereichert oder sich anderweitig ausgewirkt hat.
- Sprich zu den Seelen derjenigen, die gestorben sind, und bitte sie, dich wissen zu lassen, dass es ihnen gut geht.
- Bitte dein höheres Selbst, dir deine Ängste zu nehmen.

Wenn du ein Lehrling bist hinsichtlich dieser Lektion …

- Suche Beispiele dafür, wo und wie das Leben die Oberhand gewinnt.
- Halte in einem Tagebuch deine Gefühle über den Tod und die Dinge in deiner Welt fest, die bereit sind, zu vergehen.
- Mach dir die Zyklen deines Lebens bewusst, die zu Ende gehen, und jene, die gerade beginnen, sowie das Gute, das mit ihnen einhergeht, und sprich mit anderen darüber.
- Verbringe Zeit mit den Menschen, die du liebst, und betrachte nichts als selbstverständlich.

Wenn du ein Geselle bist hinsichtlich dieser Lektion …

- Bitte geliebte Menschen, die gestorben sind, sich auf irgendeine Weise mit dir in Verbindung zu setzen.
- Bezeichne dich selbst in den nächsten sieben Tagen nur als göttliches Wesen, indem du Sätze zum Beispiel mit »Meine Seele sagt …« beginnst.

- Frage, was in deinem Leben zu sterben versucht oder was mit neuer Energie versorgt wird.
- Sprich offen mit anderen über Tod, Reinkarnation, deine eigenen vergangenen Leben und die ihren, bis das Gespräch ungezwungen wird.

Wenn du dabei bist, diese Lektion zu meistern ...

- Erzähle anderen von positiven Todes- oder Nahtoderfahrungen, die du hattest.
- Halte in einem Tagebuch alle früheren Leben fest, von denen du meinst, dass du sie geführt hast.
- Bete zu Gott und bitte dein höheres Selbst, den Schleier zwischen dieser irdischen Ebene und der nächsten zu lichten und dir deine unsterbliche Natur zu offenbaren.

DEINE SEELENLEKTION

Nimm den Tod an

DEINE SEELENAUFGABE

Ohne Angst zu leben

SEELENLEKTION NR. 15

Nimm die Prüfungen des Lebens an

Deine Seele bewegt sich hin zur Meisterschaft, indem sie sich Prüfungen stellt. Diese helfen dir, deine menschlichen Reaktionen zu zügeln und deine höheren spirituellen Reaktionen zu entwickeln. Sie erscheinen in Form von Herausforderungen, Enttäuschungen, Verrat, Kränkungen, Prüfungen, Verlusten bis hin zu Verletzungen und Krankheit.

Es ist leicht, zu glauben, dass du eine göttliche, unsterbliche Seele bist, wenn alles entsprechend deinen Wünschen und Sehnsüchten geschieht. Es ist schwieriger, dich an die Aufgabe und die Macht deines inneren Wesens zu erinnern, mit deinem höheren Selbst verbunden und zentriert zu bleiben, wenn das Leben anfängt, schwierig zu werden. Nur wenn du dich allen Situationen mit Würde, Geduld und Liebe stellst, wirst du deine Kraft und höchste Freiheit finden und in der Lage sein, in Harmonie mit deinem höheren Bewusstsein zu leben.

Prüfungen sind nicht dazu da, um dich zu schikanieren, sondern sie sollen dich der Meisterschaft deiner Seele näher bringen. Sie helfen dir, dein spirituelles Verständnis zu erfassen und deinen Fortschritt richtig einzuschätzen. Um zum Beispiel in der Schule von einer Klasse in die nächste versetzt zu werden, musst du eine Prüfung bestehen. Wenn du den Führerschein machen willst, wird dein theoretisches Wissen getestet, und bei der Fahrprüfung musst du deine Kompetenz auf der Straße zeigen, damit sowohl deine Sicherheit als auch die anderer gewährleistet ist.

In diesen Situationen sind die Tests, die du bestehen musst, nicht darauf angelegt, dich zu quälen oder dir wehzutun; vielmehr sollen sie sicherstellen, dass es nichts im Lernprozess gibt, was du übersehen oder missverstanden hast. Diese Prüfungen sind zu deinem

Segen da, um deinen Fortschritt zu gewährleisten. Wenn es dir zum Beispiel am notwendigen Algebrawissen mangelt, hast du nicht das erforderliche Werkzeug, um die trigonometrischen Funktionen zu erfassen, was bedeutet, dass du dich wieder dem Lernen widmen und deine Schwächen korrigieren musst, bevor du fortfahren kannst.

Das Gleiche gilt für deinen heiligen Lernprozess. Während du die Schule des Lebens durchläufst, siehst du dich mit einem unaufhörlichen Strom von Prüfungen konfrontiert, die deine innere Weisheit vergrößern sollen. Herausforderungen treten nicht auf, um dich zu bedrohen – auch wenn es dir zuweilen bestimmt so vorkommt, wenn du in einer schwierigen Situation steckst. Diese Prüfungen dienen nur als neutrale Hilfe, um deinen spirituellen Fortschritt sicherzustellen und deine Lebensaufgabe zu fördern. Dann kannst du dir der Schwächen und Stärken deiner Seele bewusst werden und an den Bereichen arbeiten, die noch entwickelt werden müssen.

Vor ein paar Tagen habe ich meiner Klientin Amy ein Reading gegeben, die sich mit einer größeren göttlichen Prüfung konfrontiert sah. Die 24-jährige Mutter zweier Kinder (neun Monate und zwei Jahre) und Ehefrau eines Soldaten, der im Irak stationiert war, verlor ihr Heim und ihren ganzen Besitz, als der Wirbelsturm Katrina im August 2005 die Küste des Golfs von Mississippi heimsuchte.

Verzweifelt, obdachlos und allein, sah sie sich gezwungen, mit ihren Kindern eine Weile in das Haus ihrer alkoholkranken Eltern in New Jersey zurückzukehren. Am Tag nach ihrer Ankunft hatten ihre Eltern einen furchtbaren Streit, bei dem die Fetzen flogen, der damit endete, dass ihre Mutter den Vater hinauswarf und die Scheidung einreichte. Von einer anderen Art von Wirbelsturm gefangen und zu traumatisiert, um mit den Problemen ihrer Eltern umzugehen, flüchtete Amy wieder und suchte mit ihren Kindern Schutz bei ihren Schwiegereltern in Alabama.

Obwohl diese Verwandten ihr und ihren Kindern gegenüber nicht liebevoller hätten sein können, hatte ihr Schwiegervater erst kurz zuvor einen Schlaganfall erlitten; bei ihrer Schwiegermutter war Eierstockkrebs diagnostiziert worden, und sie befand sich in Behandlung. Ihre Schwiegereltern konnten ihr nur ein Dach über dem Kopf anbieten, da es bei ihnen selbst gerade zum Überleben reichte.

Als Amy mich anrief, war sie in Panik, seelisch erschöpft und besorgt. »*Warum passiert mir das alles?*«, *schluchzte sie.* »*Ich kann nicht mehr! Wird es je aufhören?*«

Meine innere Führung zeigte mir eine ganz andere Perspektive, und ich schlug ihr vor, darüber nachzudenken.

»*Wenn es auch den Anschein haben mag, so versucht das Leben nicht, Sie fertigzumachen, Amy*«, *versicherte ich ihr.* »*Sie stehen einfach nur ein paar harten Prüfungen gegenüber, weil Sie so begierig sind, Ihre Seele in diesem Leben wachsen zu lassen. Sie haben große Verluste erlitten, und ich weiß, dass sie niederschmetternd waren, doch was glauben Sie, steckt hinter all diesen Ereignissen, das tatsächlich der Entwicklung Ihrer Seele dienen könnte?*«, *fragte ich und ermutigte sie, ihren Fokus von* »*Katastrophe*« *auf* »*Chance*« *zu verlagern.*

Eine Weile schwieg sie und dann antwortete sie: »*Ich habe mich gerade meiner größten Angst gestellt, nämlich mit leeren Händen dazustehen und niemanden zu haben, auf den ich zählen kann. Obwohl ich gesagt habe, dass ich es nicht ertrage, stelle ich nicht nur fest, dass ich diese Härten überleben kann, sondern auch, wie stark ich bin. Da es niemanden gab, an den ich mich wenden konnte, musste ich nach innen gehen, und zu meiner Überraschung habe ich eine Quelle der Kraft in mir gefunden, von deren Existenz ich keine Ahnung hatte. Auch wenn alles sehr schwierig ist, bin ich mir sicher, dass ich es durchstehen werde.*«

»*Sehen Sie, Amy, Sie bestehen gerade eine sehr schwierige Prüfung*«, *sagte ich.* »*Indem Sie sich dem stellen, wovor Sie auf der Seelenebene die größte Angst haben, finden Sie heraus – vielleicht zum ersten Mal in Ihrem Leben –, dass Sie stark und kompetent sind, besonders wenn Sie sich auf Gott verlassen, dass er Sie da durchschleust. Es besteht kein Grund zur Angst. Sie haben Ihre Situation im Griff.*«

»*Sie haben recht*«, *erwiderte sie.* »*Es ist nur eine Gewohnheit von mir, so in Panik zu geraten und auszurasten. In Wahrheit gehe ich mit der ganzen Situation ziemlich gut um, wenn ich das mal so sagen darf.*«

»*Es ist nicht nur so, dass Sie wunderbar damit umgehen*«, *fuhr ich fort,* «*sondern es ist Ihnen auch gelungen, Ihren heimlichen Herzenswunsch zu erfüllen, nämlich endlich eine gefestigte, selbstsichere Frau zu werden. In den letzten zwei Monaten sind Sie durch die Umstände gezwungen worden, Ihr Leben in die Hände zu nehmen und sich selbst zu vertrauen. Doch so hart der Prozess gewesen ist, so groß sind Ihre Erfolge. Sie haben die schlimmsten Verluste erlitten und sind gestärkt daraus hervorgegangen. Und nebenbei, es fühlt sich nur so an, als hätten Sie alles verloren, denn in Wahrheit hat das Universum Ihnen eine Chance gegeben, etwas Besseres zu kreieren.«*

Sie stimmte mir zu: »*Das ist wahr. Aufgrund dieser Probleme wurde die Dienstzeit meines Mannes im Irak abgekürzt, und er kommt früher nach Hause. Er hat mir gesagt, dass er in San Diego stationiert sein wird, wo wir immer leben wollten, und wir bekommen Unterstützung bei der Haussuche, sobald wir ankommen. In größeren Zusammenhängen betrachtet, stehen wir heute besser da als vorher.*«

Egal was passiert, nimm es gelassen an und erkenne es als einen Teil des göttlichen Lehrplans für das Wachstum deiner Seele. Wenn man sich im Zentrum der Stürme des Lebens befindet, passiert es schnell, dass man alles persönlich nimmt. Mit Distanz und Objektivität jedoch wirst du klarer erkennen, wie eine Herausforderung nur dazu dient, deine Seele zu prägen.

Eine schwierige Erfahrung oder Episode ist kein Zeichen dafür, dass du irgendeinen Test nicht bestanden oder so etwas *verdient* hast. Dieser Gedanke gründet auf der irrigen Überzeugung, dass es dort oben einen launischen Allmächtigen gibt, der bereit ist, dich sofort für einen Fehler zu bestrafen. Dieser Glaubenssatz ist ein Überbleibsel patriarchalischer Verwirrung und ist nicht wahr.

Gott ist Liebe und nur Liebe, und du befindest dich immer im Herzen dieser Liebe. Weder verlässt der Schöpfer dich jemals noch verurteilt er dich – du allein bist es, der dich verlässt und kritisiert. Wie ein Kind spielst du mit Gott Verstecken in dem Glauben, dass du die heilige Präsenz immer verlassen kannst, was aber in Wahrheit nicht möglich ist. Der Unendliche Geist umgibt und liebt dich immer.

Bei den Herausforderungen in deinem Leben handelt es sich nicht um die göttliche Rache eines eifersüchtigen Schöpfers, der weder dich noch das, was du getan hast, gutheißt. Vielmehr sind sie einfache Hinweise darauf, dass du dabei bist, im Lernprozess deiner Seele weiterzukommen. Die Schwierigkeiten, denen du dich gegenübersiehst, sind nicht als Strafen zu verstehen; du ziehst sie an, weil du dich auf die nächste Ebene des Verständnisses um deine heilige Natur begibst.

———

Vor einem Monat habe ich einer Klientin ein Reading gegeben, die mehr als bereit war, einige ihrer Seelenprüfungen in Angriff zu nehmen. Eine überaus aufopfernde Frau, die mit ihrem Mann mehr als dreißig Jahre einer spirituellen Gruppe angehörte, meditierte sie regelmäßig, arbeitete unentgeltlich zwei Tage in der Woche in einem Heim für misshandelte Frauen und hatte über 15 Jahre lang Kinder in Tanz, Gebet und Meditation unterrichtet.

Jeder, der sie kannte, stimmte zu, dass sie in beinahe jeder Hinsicht eine Heilige war, und bewunderte die schöne und liebevolle Essenz ihres Wesens. Sie selbst hatte das Gefühl, auf dem richtigen Weg zu sein, und war von innerer Zufriedenheit mit ihrem Leben erfüllt.

Das galt auch so lange, bis innerhalb von sechs Monaten ihr Mann sie wegen einer jüngeren Frau aus ihrer spirituellen Gruppe verließ, ihr Sohn verhaftet wurde, weil er seine Frau tätlich angegriffen hatte und daraufhin zu 18 Monaten Gefängnis verurteilt wurde, und bei ihr Gebärmutterkrebs im Anfangsstadium diagnostiziert wurde. Zu dieser Zeit lernten wir uns kennen.

»Warum passiert das alles mir?«, weinte sie, sobald sie mir gegenüber Platz genommen hatte. »Ich bin doch so gut, so spirituell und selbstlos! Was für entsetzliche Dinge muss ich in der Vergangenheit getan haben, dass ich so viel Schmerz und Leid erlebe?«

Hysterisch schluchzend fuhr sie fort: »Sagen Sie mir, Sonia, war ich in einem früheren Leben ein Ungeheuer? Wie sollte man sonst erklären, warum ich das alles verdiene?«

Ihre Frage enthüllte einen grundlegenden Fehler in ihrer Anschauung, der insgeheim alle ihre Entscheidungen beherrschte. Sie glaubte, dass alles, was wir bekommen oder was uns widerfährt, darauf basiert, wie gut oder schlecht wir sind.

Die Wahrheit ist, dass wir weder Heilige noch Sünder sind. Wir sind geliebte Kinder Gottes und aus Liebe gemacht. Unsere Lebensreise wurde von unserer Seele entworfen, um uns beim Lernen zu helfen. Der Schöpfer unterstützt uns, indem er diesem Lehrplan zustimmt und uns Prüfungen stellt, damit wir auf der Seelenebene Fortschritte machen können.

Wie ich es bei all meinen Klienten zu tun pflege, erklärte ich ihr, dass ihr Leiden und ihre Herausforderungen keine Rückzahlung für vergangene Sünden sind, wie sie befürchtete, sondern vielmehr eine Chance, die ihr Gott gab, damit sie noch mehr wachsen konnte. Wenn sie diese Herausforderungen annahm, würde sie lernen, nicht länger in Angst zu leben, nicht mehr zu viel auf ihre Kosten zu geben und sich nicht mehr so hart zuzusetzen mit ihren allzu strengen spirituellen Praktiken.

Obwohl sie seit Jahrzehnten verheiratet und immer für ihre Familie da gewesen war, waren weder Mann noch Sohn liebevoll, freundlich oder anerkennend ihr gegenüber, und das seit Jahren nicht mehr. Ihr Mann hatte sie im Laufe der Jahre viele Male betrogen, sie jedoch nie verlassen. Ihr erwachsener Sohn war oft ausfallend und anstrengend und hatte sie sogar ein- oder zweimal tätlich angegriffen. Wenn ihre Situation auch schwer zu akzeptieren war, so war sie doch dank der jüngsten Ereignisse von dieser schlechten Behandlung befreit. Gott forderte sie auf zu lernen, sich selbst zu lieben und zu respektieren, so wie sie jeden anderen liebte und respektierte. Ihr Krebs war in einem frühen Stadium, sodass ihre Chancen sehr gut standen, zu überleben und sogar eine vollständige Remission zu erzielen.

Nichts, mit dem sie sich konfrontiert sah, wurde ihr als Strafe vorgesetzt. Vielmehr waren ihr diese Schwierigkeiten gegeben worden als Möglichkeit, sich nicht länger selbst schlecht zu behandeln und um ihre Liebesfähigkeit noch zu vergrößern. Sie hatte bereits die Seelenlektion der bedingungslosen Fürsorge und Liebe für andere bestanden, wie sie durch ihre unablässige Hingabe und ihren Dienst am Nächsten so viele Jahre lang bewiesen hatte.

Jetzt war sie dabei, sich der Schulung in einem neuen Lehrgang über uneingeschränkte <u>Selbstachtung</u> zu unterziehen. Dies war ein noch schwierigerer Entwicklungsbereich, wie sie feststellte, doch letzten Endes würde er den größten Frieden und die größte Belohnung bringen.

Beruhigt angesichts der Versicherung, dass sie – anders als zunächst befürchtet – diese Schwierigkeiten nicht »verdient« hatte, lächelte sie und musste dann lachen. »Ehrlich gesagt«, gestand sie ganz erleichtert, »war meine erste Reaktion darauf, dass mein Mann mich verließ und mein Sohn ins Gefängnis kam: Na endlich! Sie waren beide so egozentrisch gewesen, und ich vermisse sie nicht. Ihr Verhalten hat mich mehr als alles andere beschämt, und ich befürchtete, dass es auch mich in einem schlechten Licht erscheinen lassen würde.

Und was den Krebs betrifft ... selbst das hat mir was gezeigt. Als ich den Schock überwunden hatte, war mein erster Gedanke: <u>Endlich habe ich eine Entschuldigung, mich um mich selbst zu kümmern.</u> Und vielleicht liegt es daran, dass ich seit so langer Zeit meditiere, aber meine innere Stimme hat mir versichert, dass ich wieder gesund werde. Ich weiß, dass es mir besser gehen wird – ich wollte einfach Gott nicht enttäuschen oder mich wie ein böses Mädchen fühlen. Jetzt, wo ich das Ganze als eine Prüfung verstehe, die dem Wachstum meiner Seele dient, bin ich beruhigt. Und ich muss sogar zugeben, dass ich gerade deswegen heute in jeder Beziehung besser dran bin.«

Im Falle einer globalen Krise nehmen Menschen ihre Herausforderungen wesentlich bereitwilliger an und wenden sich schneller an Gott mit der Bitte um Führung und Richtungsweisung, als wenn sie persönlichen Prüfungen gegenüberstehen. Das war offenkundig nach den Terroranschlägen am 11. September 2001 und auch nach dem Tsunami im Dezember 2004. Ihr alle habt es wieder erlebt, als 2005 die Hurrikane mit zerstörerischer Gewalt über die an der Golfküste gelegenen US-Bundesstaaten fegten, und nach dem schweren Erdbeben am 8. Oktober 2005 in Pakistan.

Ihr habt diese Katastrophen sofort als große Hindernisse erkannt, die überwunden werden müssen. Ihr habt euch im Gebet zusammengefunden und – zumindest bis zu einem gewissen Grad – in Liebe und im Dienst am Nächsten zusammengearbeitet, um diesen Zuständen abzuhelfen. Irgendwie wusstet ihr intuitiv, dass göttliche Kräfte am Werk waren, und habt euch voller Demut der höheren Weisheit untergeordnet.

Diese extremen Ereignisse sind oft wesentlich leichter zu akzeptieren als minder schwere, da sie in besonders starkem Maße Mitgefühl und Hilfsbereitschaft hervorrufen. In Zeiten großer Krisen schwillt das Herz der Welt an und öffnet sich – zumindest vorübergehend –, daher erfahrt ihr zusammen mit den Notlagen eine Ausdehnung der Liebe.

Doch Seelenprüfungen werden nicht immer im großen Rahmen dargereicht. Tatsächlich sind die kleinen Dinge oft viel schwieriger – die täglichen Verletzungen, Respektlosigkeiten und Ärgernisse, denen du dich ausgesetzt fühlst. Auch diese Situationen sind spirituelle Prüfungen, die dir die Gelegenheit bieten, dein inneres Wesen zu erweitern.

~

Mein Lehrer Dr. Tully sagte mir einmal, dass jedem Menschen nicht weniger als ein Dutzend Prüfungen pro Tag vorgelegt werden, damit seine Seele wachsen kann. Es liegt an uns, ob wir diese Chancen erkennen und erfolgreich nutzen.

Zum Beispiel ist es leicht, in der Kirche oder im Tempel freundlich und liebenswürdig zu anderen oder auf einer Party oder bei einem geselligen Zusammensein reizend und entgegenkommend zu unseren Freunden zu sein – es wird nichts anderes erwartet. Doch wie verhalten wir uns, wenn niemand zusieht?

Ich kannte einmal eine spirituelle Therapeutin, die ich sehr bewunderte und die für mich der Inbegriff von Anmut und Würde war. Sie war ausgeglichen, ruhig, geduldig, tolerant und sehr weise, und während einer besonders problematischen Phase in meinem Leben war sie mir eine große Hilfe. Sie machte ihre Arbeit so gut, dass ich häufig meine Klienten zu ihr schickte, wenn sie speziellen Schwierigkeiten gegenüberstanden oder besondere Führung und Hilfe brauchten.

Eine Klientin, die ich an sie überwies, war eine junge, allein erziehende Mutter mit drei kleinen Söhnen. Gestresst und überfordert, brauchte sie Ermutigung und mütterlichen Rat, um eine besonders schwierige Lebensphase durchzustehen. Auch sie hatte großen Respekt vor dieser Therapeutin und vereinbarte Sitzungen auf wöchentlicher Basis mit ihr.

Irgendwann im letzten Sommer rief meine Klientin mich an. Sie war offensichtlich völlig aufgelöst. Ein paar Stunden zuvor war sie mit ihren Söhnen einkaufen gewesen, und als sie ihre Tüten in den Kofferraum verstaute, fuhr ein anderer Fahrer beim Zurücksetzen in ihren Wagen, sodass die ganze Vorderseite zerbeult war, und machte sich aus dem Staub. Alles war so schnell gegangen, dass sie sich das Nummernschild nicht aufschreiben konnte, doch jemand anderes auf dem Parkplatz hatte den Vorfall beobachtet und die Nummer notiert und gab sie ihr.

Verzweifelt über den Schaden an ihrem Auto und nicht in der Lage, die Reparatur zu bezahlen – ganz zu schweigen von ihrer Wut über die Fahrerflucht –, ging sie zur Polizei und erstattete Anzeige. Sie war schockiert, als sie erfuhr, dass der Besitzer des anderen Wagens ihre Therapeutin war. »Von wegen gelassen und spirituell«, meinte sie zu mir. »Sie hatte noch eine ganz andere Seite, die sie herauskehrte, wenn sie sich unbeobachtet fühlte.« Dieser Fehler strapazierte den Ruf der Therapeutin mehr als ihr Portemonnaie. Sie hatte eine Seelenprüfung nicht bestanden.

Das soll nicht heißen, dass wir in unserem Leben nur Sternstunden haben – das gilt für uns alle. Schließlich bedeutet Menschsein ... nun, menschlich zu sein. Wir können zuweilen gereizt, ungeduldig und ruppig werden. Die Herausforderung besteht darin, wie wir mit dieser Energie umgehen.

Du kannst nie wirklich mit einem weniger als liebevollen Verhalten anderen und auch dir selbst gegenüber davonkommen. Der Meisterlehrer und große Avatar Jesus Christus hat es am besten zum Ausdruck gebracht: »Was ihr getan habt einem unter diesen meinen geringsten Brüdern, das habt ihr mir getan.«

Wenn du einen anderen Menschen schlecht behandelst, zeigst du nicht nur einen Mangel an Respekt und verletzt sein inneres Wesen, sondern du schadest deinem eigenen Wesen und setzt es herab. Vielleicht glaubst du, dass du unbemerkt davonkommen kannst, vor allem, wenn niemand zuschaut, doch gefährdest du deine Integrität und opferst deine Anmut und Würde, wenn du jemanden verächtlich behandelst oder gemein zu dir selbst bist.

Alle Menschen haben eine Schattenseite – der Dieb, Raufbold, kleiner Tyrann, Manipulator und Misshandler, um nur ein paar zu nennen –, vor allem wenn du mit Personen zu tun hast, von denen du glaubst, sie seien besser oder schlechter als du selbst. Auf der Seelenebene gibt es weder Hierarchie noch Wichtigkeit: Alle Seelen sind gleich kostbar. Jede andere Sichtweise ist irrig und hindert dich an deiner Entfaltung. Wenn du dich versucht fühlst, einen anderen zu verurteilen, dann erkenne dies als einen geeigneten Test, der dir von deinem höheren Selbst als eine Gelegenheit angeboten wird, dein Bewusstsein von dem einen gemeinsamen göttlichen Geist zu erweitern.

Der Zeitpunkt deiner Prüfung kann kommen, wenn du zum Beispiel von einem betrunkenen Obdachlosen angesprochen wirst, der aus einem Einkaufswagen lebt und um Geld bettelt. Oder er bietet sich dir an, wenn du von einem arroganten jungen Autofahrer, der ungeduldig aufs Gas drückt, von der Straße gedrängt wirst. Die Prüfung kann sich in dem Moment zeigen, in dem du auf eine neue Verkäuferin triffst, die das Sortiment noch nicht genau kennt und zu lange braucht, um das Gewünschte zu finden, wenn du sowieso schon viel zu spät dran bist. Oder sie kommt in der Gestalt eines Kellners, der dir nicht nur einmal, sondern zweimal das Falsche bringt und obendrein noch zu viel berechnet.

Wie gehst du mit diesen Seelenprüfungen um? Bist du geduldig, freundlich und tolerant? Oder bist du ungeduldig, arrogant und ruppig? Es spielt keine Rolle, wer die Situation beobachtet. Du kennst die Wahrheit.

Alle diese Situationen werden dir in den Weg gelegt, um dir eine Chance zu geben, mehr Liebe und Sanftmut walten zu lassen. Einige dieser Prüfungen sind leichter zu bestehen als andere. Je schwieriger etwas ist, desto mehr verlangt es deine Seele danach, zu wachsen und die nächste Ebene zu erreichen. Nimm alle herausfordernden Momente mit Dankbarkeit und Würde in dem Wissen an, dass sie Prüfungen und Geschenke Gottes sind.

―

Ich habe gerade vier Tage in einem fantastischen Wellnesszentrum in Arizona verbracht und im Rahmen eines Seminars 80 Menschen diese Lektion gelehrt. Immer wieder habe ich dabei die Notwendigkeit betont, bedingungslose Liebe zu praktizieren und jede Schwierigkeit, mit der das Leben uns konfrontiert, als eine Gelegenheit zu sehen, unsere Seele mit Leichtigkeit, Geduld und in dem Wissen wachsen zu lassen, dass der Schöpfer mit uns zusammen auf unsere Meisterschaft hinarbeitet. Es war nicht schwer, dies zu erklären, und ich sprach wie eine echte Expertin. Doch an einem Nachmittag, als das Seminar für diesen Tag zu Ende war, wurde mir die Möglichkeit geboten, vor den Augen einiger meiner Schüler meine Worte in die Tat umzusetzen.

Die erste Herausforderung stellte sich ein, als ich zum Spa-Bereich für meine kostenlose und (wie ich glaubte) wohlverdiente eineinhalbstündige Schlammpackung ging, auf die ich mich seit dem Tag vor drei Monaten gefreut hatte, als man sie mir als Teil meines Honorars angeboten hatte.

Als ich am Empfangstresen ankam und mich anmelden wollte, waren einige meiner Seminarteilnehmer anwesend. Zu meiner Überraschung sagte mir die Empfangsdame, dass ich keinen Termin hätte. Verärgert, aber mir dessen bewusst, dass ich beobachtet wurde, lächelte ich und bestand freundlich darauf, sie möge noch einmal nachschauen.

Sie fuhr mich an, dass sie es bereits überprüft habe und ich im Irrtum sei. Ich erwiderte, dass ich ein Bestätigungsschreiben für die Behandlung habe. »Dann holen Sie es«, sagte die Frau schroff, «und zeigen Sie es mir.«

Ich holte das Schreiben aus meinem Zimmer und wurde zunehmend wütender, denn inzwischen waren bereits zehn Minuten von meinem Termin verstrichen. Sie schaute kurz auf das Schreiben, sah noch einmal am Computer nach und meinte dann: »Das ist ein Irrtum. Sie haben immer noch keinen Termin«, und wandte sich der nächsten Kundin zu.

Wohl wissend, dass ich mittlerweile von mindestens zehn meiner Seminarteilnehmer beobachtet wurde, fragte ich geduldig: »Das heißt also, dass ich keine Behandlung bekomme?«

»So könnte man sagen«, antwortete sie, ohne das geringste Zeichen von Bedauern oder Interesse für meine Gefühle zu zeigen, und machte sich wieder an ihre Arbeit.

Ich konnte nicht fassen, wie sie mich zurückwies, und dachte: <u>Weißt du eigentlich nicht, wer ich bin?</u> Doch angesichts der prüfenden Blicke, die auf mir ruhten, sagte ich ruhig: »Das heißt also, dass ich als Seminarleiterin dieser großen Gruppe kein Glück habe?«

»Genau«, gab sie zurück, wobei sie nicht im Entferntesten daran interessiert war, Bedauern zu heucheln.

Obwohl ich liebend gern explodiert wäre vor Wut, hielt ich mich zurück, wusste ich doch, dass ich meinem Ego die Zügel anlegen musste, nachdem ich im Seminar gepredigt hatte, wie man mit Anmut durchs Leben geht. Das Universum hatte offensichtlich seinen Spaß mit mir. Also lächelte ich einfach und sagte: »Okay.« Ich wusste, dass dies meine Lektion für den Tag war – es war Gottes entzückende Art, mir die Chance zu geben, den Worten Taten folgen zu lassen.

Anstatt angesichts einer schwierigen Situation sich zu widersetzen, entrüstet oder ängstlich zu sein, erkenne sie als einen Hinweis, dass deine Seele bereit ist, zu wachsen. Stelle dich deinen Herausforderungen mit Mut und wisse, dass dir nie etwas gegeben wird, auf das du nicht vorbereitet bist. Darüber hinaus musst du Prüfungen nie allein bestehen. Rufe deine Führer, himmlischen Helfer, Engel und dein höheres Selbst herbei, damit sie dir helfen, jegliche Schwierigkeiten zu überwinden, die sich dir stellen. Bitte um Unterstützung und sei offen, sie zu empfangen, denn sie steht dir jederzeit zur Verfügung.

Große und kleine Prüfungen werden dir jeden Tag in den Weg gelegt. Einige wirst du bestehen, andere nicht – zumindest nicht beim ersten Mal. Mach dir deswegen keine Sorgen, denn es wird immer wieder spirituelle Prüfungen und Gelegenheiten zum Wachsen geben. Sie hören nie auf. Sie sind der Grund, warum du auf die Erdenebene gekommen bist. Es gibt keinen besseren Weg, deine Seelenaufgabe zu meistern. Nicht die Prüfung ist das Entscheidende; was zählt, das ist die Anmut, mit der du sie annimmst und angehst.

Jetzt kannst du die Lektion anwenden.

- Wenn du jede Herausforderung oder jeden Zwischenfall, mit dem du konfrontiert wirst, persönlich nimmst, fürchtest, dass du verdienst, was dir widerfährt, dich nur freundlich verhältst, wenn andere dich sehen können, es zulässt, dass dein Schatten dein Leben beherrscht, oder wenn du meistens gereizt und ungeduldig bist ... dann bist du beim Lernen dieser Lektion ein *Schüler*.

- Wenn du überstürzt reagierst, in Panik gerätst oder wütend wirst, wenn du Schwierigkeiten durchmachst, vor Angst fast zusammenbrichst oder Vergeltung übst, wenn die Dinge nicht so laufen, wie du es willst, dir die Frage stellst: »Warum passiert mir das?«, wenn das Universum dich auf dem falschen Fuß erwischt, oder wenn du viel zu lange bei negativen Ereignissen verweilst ... dann bist du ein *Lehrling*.

- Wenn du dich von Ereignissen nicht überrollen lässt, sondern ruhig reagierst, wenn Situationen aus dem Ruder laufen, wenn du den Zusammenhang erkennst zwischen deinen Worten und deinen Taten und danach strebst, diese beiden Aspekte im Gleichgewicht zu halten, dich auch dann freundlich verhältst, wenn niemand dich sieht, oder wenn du erkennst, dass nicht das Ereignis an sich entscheidend ist, sondern deine Reaktion darauf … dann bist du ein **Geselle**.

- Wenn du alle Ereignisse – egal ob positiv oder negativ – als Gelegenheiten betrachtest, durch die Gott deine Seele wachsen lässt, jede schwierige Situation, die sich dir stellt, als einen Hinweis darauf erkennst, dass deine Seele in einen anderen Lernprozess eingetreten ist, wenn du Schwierigkeiten gelassen annimmst oder deine Gefühle beobachtest und kontrollierst, selbst wenn du schwer geprüft wirst … dann bist du dabei, diese Lektion zu **meistern**.

Wenn du ein Schüler bist …

- Tritt einen Schritt zurück und nimm ein paar tiefe Atemzüge, bevor du auf einen Zwischenfall oder eine Herausforderung reagierst.
- Nimm nichts, was dir passiert, persönlich, selbst wenn es so aussieht, als hätte jemand die Absicht, dich in die Knie zu zwingen.
- Betrachte jegliche Probleme als einen Test.
- Vergiss nicht, dass du auf jede spirituelle Prüfung, der du begegnest, vorbereitet bist.

Wenn du ein Lehrling bist …

- Übergib jeden Morgen dein Leben deinem höheren Selbst und bitte es, dich durch den Tag zu führen.
- Fokussiere dich bei emotionalen, körperlichen oder seelischen Problemen darauf, mithilfe tiefer Atemzüge, langsamen Dehnübungen und von Gebeten geerdet ruhig zu bleiben.
- Erkenne den Silberstreifen am Horizont in früheren Notlagen und suche auch positive Aspekte in gegenwärtigen Herausforderungen.
- Meditiere und übe dich täglich darin, inneren Abstand zu nehmen, damit du in belastenden Situationen Erfahrung damit hast, gelassen zu sein.

Wenn du ein Geselle bist ...

- Betrachte Herausforderungen als ein Zeichen dafür, dass deine Seele im Wachsen begriffen ist.
- Suche in jeder schwierigen Situation oder Krise die Gelegenheit zum Wachsen.
- Bitte Gott, dich mit Anmut durch jeden Augenblick eines jeden Tages zu führen.
- Rufe dir in Erinnerung zurück, dass auch dieser Moment, wie finster er auch sein mag, vorbeigehen wird, so wie alles im Leben.

Wenn du auf dem Weg bist, diese Lektion zu meistern ...

- Zähle die Male im Laufe des Tages, bei denen du als Seele getestet wirst.
- Strebe danach, jede Seelenprüfung mit noch mehr Ruhe und Anmut zu bestehen als die vorausgegangene.
- Bitte den Schöpfer, dir die Stärke, Klarheit, Geduld und Liebe zu geben, um auch weiterhin Herausforderungen mit Würde und innerer Kraft begegnen zu können.
- Erwarte und freue dich auf Prüfungen und lass Gott wissen, dass du bereit und sogar begeistert davon bist, auf die Probe gestellt zu werden, da dies ein Zeichen deines Wachstums ist.

DEINE SEELENLEKTION

Die Seele erlangt durch Prüfungen Meisterschaft

DEINE SEELENAUFGABE

Mit ruhiger Zustimmung, kreativer Würde und Anmut auf die Herausforderungen des Lebens zu reagieren

SEELENLEKTION NR. 16

Zähme dein Ego

Zähme dein Ego und lache über seine Forderungen. Übergib jegliches Gefühl selbstherrlicher Wichtigkeit Gott und fokussiere dich ausschließlich darauf, dich von deinem göttlichen Geist führen zu lassen. Auf diese Weise wirst du deine Fesseln ablegen und bleibende Freiheit von Unsicherheit erlangen.

Das bedeutet nicht, dein Ego völlig aufzugeben; tatsächlich ist es weder notwendig noch möglich, es zu unterdrücken oder auszulöschen. Dein Schöpfer hat es dir als Mittel gegeben, die Entwicklung deiner Seele voranzutreiben; und wenn es im Zaum gehalten wird, sorgt es wie ein kleiner persönlicher Gefährte dafür, dass du enthusiastisch, motiviert und kreativ bleibst, während du das Licht deiner Seele zum Ausdruck bringst.

Erkenne das Ego als das, was es ist – ein Instrument, mit dem du arbeiten kannst –, und lehre es, dir auf die richtige Weise zu dienen, anstatt ihm zu erlauben, dein höheres Selbst zu blockieren oder sich über es hinwegzusetzen, wie es das so gerne versucht. Kontrolliere es und lass dich nicht von seinen hanebüchenen Forderungen und falschen Vorstellungen einschüchtern.

Behandle diesen Teil deines Wesens wie ein geliebtes Haustier, das du geerbt hast. Es ist undiszipliniert und neigt dazu, Dinge zu zerstören, wenn ihm freier Lauf gelassen wird, doch mit Training und Führung – und natürlich Liebe und Zuneigung – kann es gezähmt werden und lernen, im besten Interesse deiner Seele zu handeln.

Lass dein Ego wissen, dass dein höheres Selbst die Kontrolle hat, und erinnere es täglich daran, dass seine Aufgabe darin besteht, deine Seele zu ehren und ihr zu helfen – und nicht anders herum. Wenn dein Ego diese positive Rolle wahrnimmt, unterstützt es dein Wachstum. Doch wenn du es nicht zügelst und ihm beibringst, sich deinem höheren Selbst unterzuordnen, wird das Leben zu einem unaufhörlichen Spiel von Angst und Überleben, und dieser wichtigtuerische Aspekt deines Selbst erfährt eine Niederlage, die sich auf dein ganzes Wesen auswirkt.

Denke an all die unangenehmen Dinge, die dein ungezähmtes Ego dir zufügt. Es schlägt wie wild um sich, schreit, klagt, fühlt sich angegriffen und verletzt, bläht sich auf, will immer gewinnen und verteidigt sich ohne Unterlass. Auch wenn ihm geschmeichelt wird, reicht ihm das nicht; es wird süchtig danach, fordert immer mehr und kann nicht genug Lob bekommen – es sei denn, du kontrollierst es. Wenn du einen Schritt zurücktrittst und dir das Ganze von außen anschaust, wirst du vielleicht allmählich erkennen, dass das Ego ständig unzufrieden ist, nie glücklich oder friedlich – zumindest nicht, wenn es für seine Versorgung auf andere oder die Außenwelt angewiesen ist.

Erst kürzlich wurde ich daran erinnert, wie verrückt mein Ego spielen und wie elend es mich machen kann. Ich wurde gebeten, die Eröffnungsrede bei einem renommierten Autorentreffen in San Francisco zu halten. Ich konnte mein Glück kaum fassen. Sich in solch hoch geachteter Gesellschaft zu befinden und die Erlaubnis zu haben, vor 3000 Gästen zu sprechen, war eine große Ehre, und ich fühlte mich ungemein geschmeichelt. Ich bereitete mich monatelang auf meinen Auftritt vor. Ich übte nicht nur meine Rede ein, sondern kaufte mir auch ein neues Outfit und ging zum Friseur, um so gut wie möglich auszusehen.

Als der große Abend kam, war ich bereit. Mein 20-minütiger Vortrag war ein durchschlagender Erfolg. Ich hatte meine Sache so gut gemacht, dass die Zuhörer sogar aufstanden und minutenlang Beifall klatschten. Ich schwebte auf Wolke sieben: Mein Ego hätte nicht glücklicher oder selbstherrlicher sein können.

Nach der Veranstaltung wurden die Hauptrednerin und ich nach draußen vor den Konferenzsaal begleitet, wo wir an separaten, nebeneinander aufgestellten Tischen Platz nahmen und gebeten wurden, unsere Bücher zu signieren. Ich war immer noch in Hochstimmung, schraubte meinen Füllfederhalter auf und war bereit, meine bewundernden Fans zu empfangen – nur leider hatte ich keine. Mehr als 1000 Menschen standen in einer Schlange vor dem Tisch meiner viel berühmteren Kollegin, doch keine einzige Menschenseele bat mich um ein Autogramm. Soviel zu meinem Starauftritt! Nicht nur wurde ich komplett ignoriert, sondern einige der Teilnehmer lächelten und winkten mir aus der Schlange vor dem Tisch der anderen Autorin zu, so als würde ich ihnen leidtun, und sagten: »Ich habe im Moment keins ihrer Bücher ... vielleicht das nächste Mal.«

Es war grausam, und mein Ego, Minuten vorher noch trunken vor lauter Aufmerksamkeit und Lob, wäre am liebsten in den Erdboden versunken oder zumindest unter den Tisch gekrochen, um sich zu verstecken. Leider war mir das nicht möglich; stattdessen quälte ich mich eine ganze Stunde lang ab, den Leuten freundliche Blicke zuzuwerfen, während ich allein vor einem Stapel unsignierter Bücher saß.

Schließlich fand die Qual ein Ende, als meine Kollegin zu ihrer Stretchlimousine gebracht wurde und ich allein die drei Blocks bis zu meinem Hotel ging. Dabei blieb mir eine letzte Kränkung nicht erspart: Als ich die Straße überquerte, drückte eine der Teilnehmerinnen wütend auf die Hupe und schrie mich an, ich solle gefälligst aus dem Weg gehen.

Als ich in meinem Hotelzimmer ankam, war mein inneres Gefühl von Stolz so gebeutelt, dass ich nicht wusste, ob ich lachen oder weinen sollte. Nie zuvor hatte ich einen solch begeisterten Beifall hervorgerufen und war dann innerhalb von wenigen Minuten von den gleichen Menschen derart ignoriert worden. Es war völlig absurd.

Gott sei Dank erkannte ich das und musste grinsen. Wie dumm von mir, mich dazu verleiten zu lassen, so viel Anerkennung zu wollen. Ich hatte vergessen, dass ich das, was ich tue, aus Liebe tue, und nicht, weil ich Applaus brauche. Es war verführerisch, keine Frage, doch in dem Augenblick, in dem der Beifall vorbei war, hatte ich das Gefühl, auch ich hätte mich in Luft aufgelöst. Je mehr ich darüber nachdachte, desto mehr musste ich kichern, wenn ich mir vorstellte, wie komisch ich ausgesehen haben muss, als ich so allein an meinem Tisch saß. Glücklicherweise erinnerte ich mich an meine Seele und wie sehr ich meine Arbeit genieße, ob ich dafür Beifall bekomme oder nicht. Sobald ich mir dessen wieder bewusst wurde, hatte ich meine unangenehmen Vorstellungen überwunden und meinen inneren Frieden wiedergefunden. Leben, um anerkannt und gefeiert zu werden, wie kurz auch immer, war zu niederschmetternd, um damit weiterzumachen. Aus meinem höheren Selbst heraus zu handeln brachte mich jedoch schnell in meine Mitte zurück.

Die Zähmung des Egos stellt eine ständige Herausforderung dar, denn du möchtest dich gut fühlen bei dem, was du tust, und dir gefallen Lob und Anerkennung, wenn du einen Job gut gemacht hast. Tatsächlich liebst du Komplimente, egal was du tust. Das ist auch nicht wirklich das Problem. Die Sache wird zum Problem, wenn du glaubst, Ruhm und Ehre zu brauchen, um in deinen Augen und in den Augen anderer wertvoll zu sein – und noch schlimmer, wenn du das Gefühl hast, deinen Wert zu verlieren, sobald du keine Streicheleinheiten bekommst.

Wenn du erlaubst, dich von der Meinung anderer definieren zu lassen, gibst du deine Macht aus den Händen und schaffst so die Voraussetzungen fürs Scheitern – bis hin zur Versklavung. Es ist wichtig, ein konstruktives Feedback und sogar Kritik anzunehmen, wenn sie deine Fähigkeiten stärken sollen; dennoch bestimmt die Meinung anderer Menschen nicht deinen Wert. Etwas anderes zu glauben stellt einen schwerwiegenden Irrtum dar.

Ich habe einen sizilianischen Nachbarn, der ein stolzer und peinlich genauer Elektriker und Maler ist. Vor einigen Jahren bekam er von Leuten, die in der Nähe wohnen, den Auftrag, eine zentrale Stereoanlage in ihr Haus einzubauen, und er nahm den Job sehr ernst. Sorgfältig verlegte er die notwendigen Kabel, Drähte und Lautsprecher, um einen Sound auf dem neuesten Stand der Technik sicherzustellen. Dabei musste er sich jedoch geschickt um die anderen Arbeiter herum bewegen, die als Zimmerer, Maurer und Anstreicher das Haus renovierten.

Da der Elektriker so hohe Maßstäbe setzte und seine Arbeit allein ausführte, wurden die anderen manchmal aufgehalten, weil sie ihm gezwungenermaßen entgegenkommen mussten. Es überrascht nicht, dass sie frustriert waren, sich beschwerten und den Hausbesitzer dazu veranlassten, ihn zu bitten, er möge sich beeilen. Der Mann war von dieser Bitte, die er als Kritik verstand, aufs Tiefste verletzt. Wie konnten sie es wagen, ihn zur Eile aufzufordern? Er war ein Meisterhandwerker, der die Verkabelung aus Gefälligkeit fast umsonst durchführte, weil die Besitzer Bekannte von ihm waren, und statt ihm dankbar zu sein, kränkten sie ihn so tief.

Das Verrückte daran war (zumindest für mich), dass die Hauseigentümer keine Ahnung hatten, wie sehr sie meinen Freund verletzt hatten.

Sie wussten nicht, dass ihre Äußerungen seinen Stolz gekränkt hatten, und wunderten sich über seinen Wutausbruch.

Da ich mich nicht einmischen wollte, sagte ich nichts. Es war nicht an mir, einen Kommentar abzugeben – doch glauben Sie mir, ich hätte es gern getan. Zum Schluss verkrochen sich die verletzten Egos in getrennte Ecken, und die Freundschaft zwischen ihnen zerbrach. Noch immer, Jahre später, lecken sich die Beteiligten die Wunden und können sich überhaupt nicht leiden, was von meinem neutralen Standpunkt aus gesehen völlig unnötig und lächerlich ist.

―

Das ist die zerstörerische Kraft des anmaßenden und wichtigtuerischen Teils von dir. Er kann und wird jede Situation nehmen, die nicht auf ihn ausgerichtet ist, und als Grund benutzen, um Liebe und Freundschaft zu verweigern, dich von anderen zu entfremden und dich vom Fluss des Lebens abzuschneiden.

―

Eine Klientin von mir ist eine überaus ehrgeizige Grundstücksmaklerin. Sie kann ihren Lebensunterhalt damit ganz gut bestreiten und hat sich einen Namen gemacht. Aber statt sich auszuspannen und Freude an ihrem (zumindest für sie) herrlichen Beruf zu haben, lässt ihr Ego sie nie in Ruhe. Ihr Tag beginnt um sieben Uhr früh und dann arbeitet sie bis Mitternacht, und das an sieben Tagen die Woche. Sobald sie hört, dass ein anderer Makler seine Sache gut macht, versteht sie das als persönliche Herausforderung und macht sich sofort daran, ihm seine Klienten abspenstig zu machen.

Sie ist zwar verheiratet, kann sich aber nicht einmal einen Augenblick Zeit gönnen, um sich mit ihrem Mann zu entspannen, weil sie fürchtet, die Kontrolle über ihr Geschäft zu verlieren. Ihr Ego ist dem Bestreben ergeben, die Nummer eins zu sein, und nicht, glücklich zu sein. Ungefähr alle sechs Monate lässt sie sich in meinem Büro blicken, jedes Mal wohlhabender, aber auch erschöpft, ängstlich und isoliert. Sie lässt ihre Anmaßung Amok laufen, und das zerstört ihr Leben. Ein ungeschultes und zügelloses Ego ist dazu imstande. Sie hat die Verbindung mit ihrer Seele verloren und jetzt eine krankhafte Angst davor, alles, was sie sich aufgebaut hat, zu verlieren.

Ich versuche, ihr zu helfen, sich wieder mit ihrem höheren Selbst zu verbinden, aber sie steht unter dem Bann ihres Stolzes. Letzten Endes wird ihr System zusammenbrechen und sie wird zu ihrem wahren Selbst zurückkehren.

Wenn du dem Ego erlaubst, dein Leben zu kontrollieren, wird es dich zerstören. Es wird nie genug bekommen und niemals sicher oder zufrieden sein. Was du auch leistest, es spielt keine Rolle, denn das Ego setzt deine Erfolge herab, was dir umgehend das Gefühl gibt, nicht gut genug zu sein.

Ich kenne eine äußerst erfolgreiche Musikerin, die Millionen Alben verkauft und viele internationale Preise gewonnen hat. Eine unglaublich talentierte Sängerin und Komponistin, müsste sie sich eigentlich wunderbar fühlen, und das tut sie auch – bis jemand sie in den Medien verreißt oder einen negativen Kommentar auf ihre Website stellt. Die harschen Meinungen anderer Menschen, die sie nicht einmal kennt, können sie bis ins Herz verletzen.

Das Gleiche trifft auf eine Freundin von mir zu, eine begnadete Schriftstellerin. Sie hat mehrere Bestseller geschrieben, doch ein einziger böser Kommentar eines Interviewers oder Rezensenten reicht aus, um sie vor Schmerz und Selbstzweifel aus der Bahn zu werfen.

Um dein Ego zu zähmen, erinnere dich daran, dass Gott dich schuf und liebt und dass du in den Augen des Göttlichen vollkommen bist. Solange du nicht in der wahren Identität deiner Seele zentriert bist, manipuliert dich dieser hinterlistige Teil deiner Persönlichkeit ohne Unterlass. Eine deiner größten Seelenprüfungen besteht darin, das Ego zu ignorieren, wenn es versucht, dich dazu zu bringen, an dir zu zweifeln. In Wahrheit ist das Problem nicht so sehr das Ego als vielmehr die Überzeugung, dass du dieser störrische Aspekt deines Selbst bist. Liebe es und nimm es nicht ernst, wenn es unvernünftig wird. Und genieße es auch als ein Werkzeug, denn es kann eine Wonne sein und dein Leben verzaubern, wenn es deinem inneren Wesen dient. Wenn es jedoch versucht, dich zu kontrollieren und dich von deiner Quelle zu trennen, sag einfach: »Schluss jetzt!«, und bitte dann dein höheres Selbst, die Dinge in die Hand zu nehmen.

Um dich aus seiner Gewalt zu befreien, nimm das Leben ein wenig leichter und lache oft über dich selbst – und über jegliche Verwirrung, Fehler und Unsicherheiten. Je mehr du deinem labilen Ego mit Humor begegnest, desto mehr wirst du dich von seinem ungesunden Einfluss lösen. Wenn dir das gelingt, wirst du mit deinem höheren Bewusstsein verbunden bleiben und wissen, wie du deine Lebensaufgabe erfüllen kannst.

Jetzt kannst du die Lektion anwenden.

- Wenn du zu unsicher bist, um über irgendetwas zu lachen, dich von der Meinung anderer abhängig fühlst und fürchtest, dass sie dich nicht mögen, dir ständig Sorgen um Kritik machst und darunter leidest, keine Komplimente annehmen kannst oder wenn du dich nur nach deinem Äußeren beurteilst, beispielsweise Gewicht, Größe, Hautfarbe oder Haare ... dann bist du in Bezug auf diese Lektion ein *Schüler*.

- Wenn dich die negativen Kommentare anderer verletzen, du dich aber schließlich davon erholst, wenn du weißt, wann du Anerkennung suchst, und es unterlassen kannst, es dir zwar wichtig ist, was andere Menschen über dich sagen, du sie jedoch nicht um ihre Meinung bittest, oder wenn du gelegentlich Geschichten erzählst, in denen du dich über dich selbst lustig machst und herzhaft lachen kannst ... dann bist du ein *Lehrling*.

- Wenn du dich wohl fühlst mit dir, egal was du tust, Kritik nicht ganz wörtlich nimmst, in der Lage bist, über deine Fehler zu schmunzeln und schnell weiterzugehen, oder wenn du sanft und liebevoll mit dir umgehst und deine Seele wertschätzt ... dann bist du ein *Geselle*.

- Wenn du deine Persönlichkeit liebst, sie jedoch nicht ernst nimmst, schnell über alles lachst, andere nicht beschimpfst oder angreifst, da du weißt, dass sie genauso göttlich sind wie du, oder wenn du erkennst, dass das Leben ein fortlaufender Prozess ist, und es genießt, wie bereitwillig dein Ego ist, an dem Spiel teilzuhaben und sein Bestes zu tun ... dann bist du auf dem besten Weg, diese Lektion zu **meistern**.

Wenn du ein Schüler bist ...

- Schau dir die positive Seite der Dinge an und fang an, dich selbst weniger ernst zu nehmen.
- Gehe Spiegeln, Waagen oder anderen Dingen aus dem Weg, die dich dazu verleiten, dich negativ zu beurteilen.
- Halte dich mit Kritik an anderen zurück, denn: Wie man in den Wald hineinruft, so schallt es heraus.
- Konzentriere dich auf das, was wichtig ist, und ignoriere banale und kleinliche Kommentare und Emotionen.

Wenn du ein Lehrling bist ...

- Vergib und vergiss negatives Feedback und Kränkungen aus der Vergangenheit.
- Unterhalte dich mit Comedy-Shows, Filmen und Büchern, die dir helfen, dich daran zu erinnern, dem Leben mit einem Sinn für Humor zu begegnen.
- Veranstalte eine »Ich bin wundervoll«-Party, auf der sich jeder ungehindert und ohne negative Folgen rühmen kann.
- Liste deine Lieblingstalente, -eigenschaften, -qualitäten und -leistungen auf und bewundere den Geist hinter deinen Erfolgen.

Wenn du ein Geselle bist ...

- Wenn du kritisiert wirst, nimm das, was gerechtfertigt ist, dankbar und ohne das Gefühl, dich verteidigen zu müssen, an, nimm von dem Rest der Kommentare Abstand.
- Gib dir selbst und anderen positives Feedback und zeige deine Wertschätzung.

- Sag »Abbrechen«, wenn dich jemand angreift – das gilt auch für dich selbst.
- Lass andere an deinem Leben teilhaben – erzähle Freunden von deinen beschämenden Momenten in der Vergangenheit und lache über Dinge, die du bisher verheimlicht hast.

Wenn du auf dem Weg bist, diese Lektion zu meistern ...

- Genieße deinen unglaublichen, hinreißenden Geist und lass ihn leuchten.
- Nimm nichts persönlich und vergiss nicht, dass wir alle bis zu einem gewissen Grad verwirrt und im Lernprozess sind.
- Gehe liebevoll mit dir und mit anderen um.
- Lache, lache, und lache noch etwas mehr.

DEINE SEELENLEKTION

Behandle dein Ego wie ein geliebtes Haustier

DEINE SEELENAUFGABE

Lachend durchs Leben zu gehen

SEELENLEKTION NR. 17

Gehe deine Fehler an

Gestehe dir deine Fehler ein und korrigiere sie. Wenn du egozentrische Entscheidungen triffst, Verantwortung ausweichst, deine Macht aus den Händen gibst, die für die Entwicklung deiner Seele notwendige Arbeit umgehst und dich nicht selbst liebst, wirst du schließlich so lange mit deinen Schwächen konfrontiert werden, bis du sie beseitigst. Das ist göttliches Gesetz.

Es mag brutal oder unfair erscheinen, für alles in deinem Leben hundertprozentig verantwortlich zu sein, doch solange du es nicht bist, wirst du nie deine kreativen Fähigkeiten voll zur Geltung bringen können. Zu sehen, wo du von deinem Weg abgekommen bist, gibt dir Kraft, denn es ist die Chance für dich, deine Entscheidungen und ihre Resultate zu überprüfen, zu erkennen, wo sie deinem Wachstum nicht dienlich sind, und Korrekturen vorzunehmen.

Wann immer du das Gefühl hast, ein Opfer zu sein, glaubst, dass du wertlos bist, oder selbstzerstörerisch und lieblos dir selbst und anderen gegenüber bist, ist das ein Zeichen, dass du irgendwo auf dem Weg einen Fehler gemacht hast und deinen Kurs ändern musst, um wieder in deine Mitte zu kommen. Solange du nicht die erforderlichen Veränderungen vornimmst, wirst du deine Kraft verlieren und nicht in der Lage sein, deine Aufgabe als göttliches kreatives Wesen zu erfüllen.

Das Universum liebt dich und bringt dir nichts als pure Bewunderung entgegen. Es ist nicht das Universum, das um Korrekturen bittet, es ist deine Seele, die sich danach sehnt, in Übereinstimmung mit dem Fluss des größeren Bewusstseins zu kommen.

Stelle dich jenen Bereichen in deinem Leben, in denen du deine Irrtümer nicht eingestehen wolltest, falsche Urteile gefällt hast, dich geweigert hast, dich zu entwickeln, oder deine Autorität an andere weggegeben hast, und korrigiere diese Schwächen, sobald sie sich zeigen. Indem du dir deine Fehler eingestehst und dich so schnell wie möglich daranmachst, sie zu beheben, übernimmst du die Verantwortung für deine Entscheidungen und gewinnst deine Kraft und dein Potenzial zurück.

Wenn du dich weigerst, deine Irrtümer bewusst zuzugeben und sie im Licht der Wahrheit zu sehen, oder wenn du deine Entscheidungen weiterhin ignorierst, wird deine Seele dich früher oder später mit diesen Irrtümern konfrontieren. Das göttliche Gesetz sieht vor, dass du für alle deine Handlungen im Leben voll verantwortlich bist, da dies die einzige Möglichkeit ist, dafür zu sorgen, dass du aus ihnen lernst.

Ich hatte eine wunderbare, liebe Freundin, die sich eines Tages plötzlich mit ihren früheren Irrtümern konfrontiert sah, was dazu führte, dass sie sich gedemütigt fühlte und mehr als zwei Monate das Bett hüten musste.

Als hingebungsvolle Therapeutin hatte sie stets den Klienten, die zu ihr kamen, alles gegeben, um ihrem geistigen Wohl zu dienen, ihre Seelen zu stärken und ihre Körper von Stress zu befreien. Sie nahm sich Zeit und überzog oft die vorgesehene Stunde, um ihren Klienten ihre größtmögliche Unterstützung zu geben. Sie arbeitete wenn nötig an Wochenenden, an den Abenden und sogar in den Ferien und wies nie einen Patienten zurück. Das tat sie jahrelang; sie liebte ihre Arbeit, fühlte sich gut und war glücklich über ihre Fähigkeit, anderen zu helfen.

Dann wachte sie eines Morgens mit starken Schmerzen im unteren Rückenbereich auf. Nicht wissend, was das Problem war, fuhr sie sofort in die Notaufnahme des nächsten Krankenhauses. Dort wurde sie geröntgt, aber sämtliche Krankheiten von Nierensteinen bis Ischias konnten ausgeschlossen werden, und eine eindeutige Diagnose war nicht möglich. Niemand konnte sich die Ursache ihrer Schmerzen erklären. Sie wurde mit starken Schmerzmitteln und dem Rat, sich eine Pause zu gönnen, nach Hause geschickt. Sie vermutete daraufhin, dass es sich wohl nur um eine Muskelzerrung handelte, und dachte nicht weiter daran.

Doch die Schmerzen wurden immer schlimmer und dehnten sich vom Rücken bis in ihre Beine und Schultern aus und waren so stark, dass sie es kaum aushalten konnte. Sie ging wieder zum Arzt, unterzog sich einer Kernspintomografie, suchte Neurologen und eine Massagetherapeutin auf, doch nichts brachte Erleichterung. Im Gegenteil, ihre Qualen wurden nur noch schlimmer. Sie versuchte es mit Akupunktur, Stretching, Walken, Whirlpool und sogar chinesischem Schröpfen, doch nichts half.

Zwei Wochen später bekam sie einen Ausschlag auf dem Rücken, und schließlich stellten die Ärzte fest, dass sie eine Gürtelrose hatte. Die Diagnose brachte ihr nur teilweise Erleichterung, da es kein Heilmittel gegen diese Krankheit gibt. Sie musste sechs weitere Wochen durchstehen, bevor sie langsam zurückging. Die ganze Episode ließ sie völlig erschöpft, ausgelaugt und abgebrannt zurück.

Als ich eines Nachmittags am Telefon mit ihr sprach, schluchzte sie vor Schmerzen und sagte: »Ich weiß, dass ich selbst dafür verantwortlich bin. Wenn ich auch meine Arbeit liebe, so habe ich mich doch irgendwann nicht mehr aus Liebe, sondern aufgrund eines starken Pflichtgefühls und der Angst, Nein zu sagen, völlig verausgabt. Ich kümmerte mich hingebungsvoll um das körperliche Wohl meiner Klienten, während ich mein eigenes vernachlässigte – und das tat ich sehr, sehr lange. Diese Krankheit ist meine Stunde der Wahrheit. Mein physisches Selbst hat schließlich rebelliert oder ist zusammengebrochen, oder vielleicht beides. Wenn ich mich davon erholt habe, werde ich alles ganz anders angehen.«

~

Deine Seele tritt erst in Aktion, um dir bei Veränderungen zu helfen, wenn klar wird, dass du – der Kontrolle deines Ego unterworfen – weiterhin die gleichen Fehler machen wirst. Kurskorrekturen sind spirituelle Interventionen. Sie treten ein, wenn du in ständiger Verleugnung lebst oder deine Fehler ignorierst, anstatt ehrlich zu sein und dich ihnen zu stellen. Wenn ein solches Eingreifen auch schmerzhaft sein kann, ist es letzten Endes eine Gnade für dich.

~

Ich hatte eine Klientin, die sich immer wieder auf wenig wünschenswerte männliche Partner einließ. Sie arbeitete als Krankenschwester im Gemeindekrankenhaus einer Kreisstadt und verliebte sich häufig in ihre männlichen Patienten, obwohl die meisten mehr oder weniger kriminell waren. Wenn diese Männer aus der medizinischen Aufsicht entlassen wurden, zahlte sie ihnen die Zug- oder Busfahrt, ließ sie bei sich wohnen und versorgte sie manchmal sogar mit Drogen, die sie im Krankenhaus entwendete. Wenn ihr auch die Männer leidtaten und sie davon überzeugt war, eine gute Samariterin zu sein, wurde sie dennoch jedes Mal von ihnen bestohlen und misshandelt. Was noch schlimmer war, durch das Stehlen und ihre Akzeptanz und Unterstützung illegalen Verhaltens verlor sie ihre Integrität und jeglichen Selbstrespekt. Sie konnte nicht zugeben, dass ihre Selbstachtung so gering war, dass sie diese Männer verführte, damit sie nicht so allein war.

Ihre Stunde der Wahrheit kam, als sie eines Tages für ihren Liebhaber, der bei ihr wohnte, ein paar Valium einstecken wollte und erwischt wurde. Sie verlor nicht nur ihren Job, sondern auch ihre Zulassung als Krankenschwester; darüber hinaus wurde ihr wegen Diebstahls eines Betäubungsmittels der Prozess gemacht. Dabei kamen auch vergangene Diebstähle ans Tageslicht, und sie wurde zu sechs Monaten Gefängnis verurteilt. Entsetzt über die Tatsache, dass sie jetzt selbst eine überführte Kriminelle war, konnte sie nicht fassen, was ihr da widerfuhr. Doch nachdem sie ihre Strafe abgesessen hatte, gestand sie, dass es das Beste war, was ihr hatte passieren können.

Hinter Gittern wurde sie emotional nüchtern und besonnen. Sie trat einer Therapiegruppe bei und bekam die Hilfe, die zu benötigen sie nie zugegeben hatte. So demütigend und schmerzhaft ihre Verluste und ihre Freiheitsstrafe waren, hinterher ging es ihr besser als zuvor. Hinter Gittern hatte sie keine Gelegenheit, sich mit Männern einzulassen, die sie schlecht behandelten und bei denen sie ihre Integrität gegen »Liebe« eintauschte. Sie nutzte die gärtnerischen Fertigkeiten, die sie im Gefängnis erworben hatte, um eine neue Karriere in der Landschaftsgärtnerei zu starten. Endlich war sie ihrer Seele treu, und letzten Endes stellte sich ihre schwere Erfahrung als ein Segen heraus.

Das Universum fließt immer mit der Energie der Wahrheit, Liebe und Integrität. Alles, was sich von diesen Qualitäten entfernt, wird irgendwann wieder zu ihnen zurückgeführt. Alle Entscheidungen werden letzten Endes aufs Neue mit der höheren Wahrheit vereint.

Auf lange Sicht machen Kurskorrekturen das Leben erfüllender, weil sie dich in Harmonie mit deinem göttlichen Selbst und deiner Aufgabe bringen. Sie werden nicht vorgenommen, um dir zu schaden, sondern um dich davon abzuhalten, dir selbst wehzutun.

Mein Klient Joshua besaß an materiellen Dingen alles, was man sich nur wünschen konnte. Er war der Sohn reicher Eltern, sah gut aus und machte ein Vermögen als Grundstücksmakler. Er hatte in sechs amerikanischen Bundesstaaten Häuser in Millionenhöhe, war sehr begehrt bei den Frauen und jettete durch die ganze Welt. Das Problem mit Joshua war, dass er beschloss, ein oberflächliches Leben zu führen. Er behielt seine Gefühle für sich, ließ niemanden nahe an sich heran, traf sich nur ein paar Mal mit einer Geliebten, bevor er zu seiner nächsten Gespielin überging, ließ sich auf nichts ein und war nicht wirklich er selbst. Er hatte ständig ein aufgesetztes Lächeln im Gesicht und achtete darauf, sich nie von anderen abhängig zu machen.

Das funktionierte alles bestens für ihn, bis er 57 Jahre alt war. Dann änderte sich plötzlich alles. Der Aktienmarkt brach zusammen, und er verlor mehrere Investitionsprojekte. Sein Geschäftspartner, mit dem er 20 Jahre lang zusammengearbeitet hatte, unterschlug mehr als 15 Millionen Dollar und setzte sich ins Ausland ab. Bei seinen beiden Schwestern wurde im gleichen Monat Krebs diagnostiziert, und als er nach Georgia fuhr, um sie zu besuchen, brach er sich bei einem Autounfall beide Beine.

Seine sichere, unabhängige Welt zerbrach. Er hatte keine Freunde, an die er sich wenden konnte, und seine eigene Familie – seine Schwestern – waren zu krank, um ihm zu helfen. Er verlor mehr als die Hälfte seines Besitzes und sah sich der Möglichkeit gegenüber, eine Gehbehinderung zurückzubehalten und vielleicht nie mehr Sport treiben zu können. Sein oberflächliches Leben war vorbei.

Joshuas Lektion wurde deutlich: Er musste sein Herz öffnen und sich mit Menschen auf eine tiefere, sinnvollere Weise verbinden – etwas, was er bisher stets vermieden hatte. Er lernte langsam. Er zog nach Georgia, um in der Nähe seiner Schwestern zu sein, und nach einem Jahr Physiotherapie konnte er endlich wieder gehen. Er organisierte sein Unternehmen neu und begann, bessere Arbeitsbeziehungen zu entwickeln. Außerdem trat er der Unity-Kirche bei und beteiligte sich an wohltätigen Aufgaben. Er gestattete sich keine oberflächlichen Liebschaften mehr und nahm den Kontakt mit einer Freundin aus Jugendzeiten auf, einer Frau, die er tatsächlich vor langer Zeit, als sie noch ein junges Mädchen war, geliebt hatte.

Der Weg zur Stabilität war hart, doch er hat sich nicht davon abbringen lassen. Und was am wichtigsten ist, er hat endlich zugegeben, dass er Menschen braucht, und aufgehört, andere mit seinem Geld zu kontrollieren und zu benutzen. Heute glaubt er nicht mehr daran, dass sein Reichtum ihn zu etwas Besserem macht. Kurzum: Joshuas Verluste machten ihn bescheiden und öffneten sein Herz.

Irgendwann wirst du mit jedem Fehler konfrontiert, den du jemals gemacht hast.

Wenn ich an meine eigenen Missgeschicke im Leben denke, kann auch ich die höheren Kräfte des Universums in Aktion sehen, wie sie mich auf meinem Weg halten und mir helfen, meiner Seele treu zu bleiben.

Vor Jahren wurde ich aus lauter falschen Gründen Stewardess. Ich wollte einer klaustrophobischen Beziehung mit einem Mann entfliehen, aus Denver herauskommen und die Welt sehen. Außerdem sehnte ich mich nach mehr Glamour. Nach der eigentlichen Arbeit stand mir nicht der Sinn – mich reizten nur die Vorteile. Nach einigen Wochen entwickelte ich einen schweren Fall von Ischias und konnte kaum laufen. Erstaunlicherweise beendete ich die Ausbildung erfolgreich. Ich wurde nach Chicago versetzt, weg von meiner stagnierenden Beziehung – zumindest glaubte ich das. (Er folgte mir drei Monate später.) Um das Ganze noch schlimmer zu machen, wurde ich immer für die langweiligsten Städte eingeteilt: Cincinnati, Peoria und Omaha. (Damit will ich diese Städte nicht beleidigen, doch erfüllten sie nicht unbedingt meine Vorstellung von Abenteuer.)

Ich war krank, fühlte mich erdrückt und durch meinem Job wie in einer Falle gefangen. Ich kündigte jedoch nicht, wenn ich es auch hätte tun sollen, da ich mich so elend fühlte. Meine Befreiung kam erst fünf Jahre später, anlässlich eines Streiks der Flugbegleiter. Ich war begeistert, und es brauchte dieses Ereignis, um mich loszueisen. Als wir nach dem Streik wieder zur Arbeit zurückgerufen wurden, beschloss ich, dass ich lange genug unglücklich war, und ging nicht mehr zurück. Stattdessen verpflichtete ich mich zu meinem spirituellen Weg und zu dem, was ich heute tue.

Die massiven Erdveränderungen, die ihr miterlebt, sind Kurskorrekturen auf globaler Ebene. Der Planet selbst ist ein lebendiges, atmendes, bewusstes Wesen, das nicht länger willens ist, eure gedankenlose oder absichtliche Missachtung hinzunehmen. Das ist der Grund, warum die Erde Tsunamis und Rekordzahlen von Wirbelstürmen und Erdbeben auslöst, die viele Meilen Land ausradieren und unzählige Opfer fordern. Sie macht euch auf euer kollektives Versagen aufmerksam, vor allem hinsichtlich eures Mangels an Ehrfurcht und Sorge um die Natur.

Suche in deinem Leben Anzeichen für Seeleninterventionen. Wo wirst du mit vergangenen Fehlern konfrontiert? Wo hast du vermieden, ehrlich zu sein, dein Wort zu halten, dir treu zu bleiben oder dich zu lieben? Und welchen Preis hast du dafür bezahlt? Es muss nicht einmal in eine Katastrophe ausgeartet sein, denn der Augenblick der Abrechnung kann auch ganz subtil erfolgen.

―

Mein Mann und ich hatten gerade erst eine unangenehme Erfahrung mit Kurskorrekturen im Zusammenhang mit der Renovierung unseres alten viktorianischen Hauses in Chicago. Als wir es kauften, wussten wir zwar, dass es ständige Aufmerksamkeit brauchte, vor allem die Außenwände. Aber trotzdem ignorierten wir unsere Pflichten und kümmerten uns acht Jahre lang so gut wie nicht um das Haus. Als wir dann irgendwann merkten, dass die Farbe abbröckelte, beschlossen wir, es neu anstreichen zu lassen.

Kurz nachdem mit der Arbeit begonnen wurde, informierte man uns, dass wesentlich mehr erforderlich war als ein neuer Anstrich. Aufgrund unserer Nachlässigkeit war das Holz an mehreren Stellen verrottet, und der Schaden musste erst beseitigt werden, bevor die Maler an die Arbeit gehen konnten. Als die Renovierung endlich abgeschlossen war, hatte sie uns ein kleines Vermögen gekostet. Obwohl uns die Höhe der Kosten schockierte, wussten wir doch beide, dass uns allein die Schuld traf. Der Preis, den wir bezahlten, war hoch, doch Sie können sicher sein, dass uns so etwas nie wieder passieren wird – wir sind zu wütend, um es so weit kommen zu lassen.

―

Zu Beginn mag es sich überwältigend anfühlen, für all dein Tun geradestehen zu müssen, doch gerade das ist der Weg zur Meisterschaft deiner Seele. Dein Ego weigert sich, voll für deine Entscheidungen verantwortlich zu sein. Es zieht vor, anderen die Schuld zu geben, sich in die Opferrolle zu flüchten und in einem Teufelskreis von Machtlosigkeit zu bleiben. Doch das Universum sieht dich nie als hilflos, weil du es nicht bist.

―

Ich erinnere mich, wie ich vor ein paar Monaten meinen geliebten blauen VW-Bus gründlichst überholen und reparieren ließ. Ich ließ sämtliche Beulen, Kratzer und sonstige Makel entfernen und ihn von außen so herrichten, dass er wieder wie neu aussah. Als ich nach Hause fuhr, gelobte ich, dass dies mein spezielles Auto war und nur ich damit fahren würde, da es jetzt im Topzustand war – weder meinem Mann noch meinen beiden Töchtern würde ich freiwillig die Schlüssel geben.

Drei Wochen später kam meine Tochter Sabrina atemlos in meine Praxis gestürmt und flehte mich an, den VW benutzen zu dürfen, um zu einem Termin zu fahren, zu dem sie sich verspätet hatte. Nicht gewillt, ihre Bitte abzulehnen, da ich mit einem Klienten beschäftigt war und mich nicht um Sabrinas Reaktion kümmern wollte, gab ich ihr die Schlüssel.

Eine Stunde später erhielt ich einen hysterischen Anruf von ihr. Jemand hatte sie an einer Ampel von hinten angefahren, den Kofferraum völlig eingedrückt und sich dann aus dem Staub gemacht. Mein schönes Auto war jetzt gar nicht mehr schön. Um das Ganze noch schlimmer zu machen, konnte Sabrina nicht nur nicht verstehen, warum ich sauer war, sondern sie war auch noch wütend, weil es mir anscheinend egal war, wie es ihr ging. Vielleicht hätte ich mir mehr Sorgen machen sollen, doch das Einzige, was ich denken konnte, war, dass der Unfall mir recht geschah. Ich war zu feige und nachgiebig in meiner Entscheidung gewesen und hatte mich ohne Widerstand dem Wunsch meiner Tochter gefügt. Weitere 2000 Dollar Reparaturkosten haben mich eine Lektion gelehrt – nicht »Ja« zu sagen, wenn ich »Nein« meine.

―

Trotz des kurzen Schmerzes, der häufig damit einhergeht, wenn du deinen Fehlern gegenüberstehst, spürst du umgehend, wie segensreich dies für deine Seele ist. Wenn du dich auf deine Seele einstimmst, ermöglichst du der Macht des Universums, durch dich zu fließen. Wenn du mit dem göttlichen Gesetz kooperierst und dich rückhaltlos dazu verpflichtest, im Zustand der Wahrheit zu leben, passiert etwas Wundervolles: Das Drama ebbt ab, und das Leben beginnt, sich auf eine friedliche Weise zu entfalten. Das ist der natürliche Weg und stimmt mit dem göttlichen Plan überein.

Werde ein Meister in Bezug auf deine Erfahrung statt ein Opfer zu sein, indem du deine Fehler und Irrtümer in dem Moment angehst, in dem sie dir bewusst werden. Wenn es vielleicht auch schwierig, demütigend und störend sein kann, wenn du zugibst, dass du dich in deiner Einschätzung geirrt hast, ist dies auf der Seelenebene immer ein Quell der Kraft.

Wenn die Dinge nicht nach deinen Wünschen laufen, erlaube zumindest einem Teil von dir, einen Schritt zurückzutreten und die Situation distanziert zu betrachten, ohne darauf zu reagieren. Stell dir die Frage: »Was kann ich daraus lernen? Was ignoriere, verleugne, fürchte oder toleriere ich, das sich nicht in Übereinstimmung mit meinem höheren Selbst befindet?«

Verurteile dich nicht, sondern suche vielmehr zu verstehen, wo du in deinen Entscheidungen vom richtigen Weg abgekommen bist. Sobald du dich deinen Fehlern stellst und beginnst, sie zu korrigieren, gewinnst du eine Freiheit, die nichts und niemand dir nehmen kann.

Wie Shakespeare es gewandt formulierte: »Sei dir selber treu.«
Jetzt kannst du die Lektion anwenden.

- Wenn du extrem defensiv bist, dich weigerst, die Verbindung zwischen dem Elend in deinem Leben und deinen Handlungen und Entscheidungen zu sehen, lügst, wenn du einen Fehler machst, oder anderen die Verantwortung für deine Irrtümer in die Schuhe schiebst ... dann bist du hinsichtlich des Lernens dieser Lektion ein **Schüler**.

- Wenn du keine Ahnung hast, warum dir schlimme Dinge passieren, doch bereit bist, das Beste aus der jeweiligen Situation zu machen, dazu neigst, deine Gefühle und Einsichten infrage zu stellen und dem Rat anderer zu folgen anstatt deiner eigenen inneren Stimme, oder wenn du dich schnell von anderen aus der Bahn werfen lässt, selbst wenn du es nicht möchtest ... dann bist du ein *Lehrling*.

- Wenn es dir missfällt, dass sich Probleme einstellen, doch als Erstes herauszufinden versuchst, welche Rolle du dabei spielst, wenn du Fehler bereitwillig zugibst, ohne an Schuldgefühlen festzuhalten, deine Entscheidungen sofort überprüfst, sobald etwas falsch läuft, oder wenn du oft über deine Handlungen nachdenkst, um sicherzugehen, dass du deiner Seele treu bleibst ... dann bist du ein *Geselle*.

- Wenn dein Leben immer weniger von Dramen bestimmt wird, wenn du von allein Kurskorrekturen vornimmst, bevor sich Schwierigkeiten entwickeln können, dich schnell mit unangenehmen Situationen auseinandersetzt, anstatt ihnen aus dem Weg zu gehen, oder wenn du dich über persönliche Probleme hinausbewegst und versuchst, Missverhältnisse in deinem Umfeld wieder in Ordnung zu bringen, und dazu beiträgst, andere gesellschaftliche Probleme zu lösen ... dann bist du auf dem Weg, diese Lektion zu *meistern*.

Wenn du ein Schüler bist ...

- Gestehe dir ein, was du verleugnest oder wofür du keine Verantwortung übernehmen willst.
- Erstelle eine List deiner Schwierigkeiten und prüfe, ob du eine Verbindung herstellen kannst zwischen deinen Entscheidungen und deinen Problemen.
- Liste die unguten Entscheidungen auf, die du getroffen hast, und schreibe dazu, was du zu tun bereit bist, um sie zu ändern.
- Bevor du handelst, denke über deine Optionen nach.

Wenn du ein Lehrling bist ...

- Werde langsamer und achte auf Signale, Informationen oder Hinweise, die darauf hindeuten, dass die Dinge aus dem Gleichgewicht geraten sind.
- Ignoriere nicht die kleinen Aufgaben, die von dir erledigt werden müssen.
- Schiebe nicht die Dinge auf morgen oder nächste Woche, die jetzt deine Aufmerksamkeit erfordern.
- Wenn sich etwas verkehrt anfühlt oder unwahr anhört, melde dich zu Wort, sprich darüber und triff dann eine Entscheidung, zu der du aus tiefstem Herzen stehen kannst.

Wenn du ein Geselle bist ...

- Stehe ein für das, was sich richtig anfühlt, selbst wenn es unbequem ist.
- Folge deiner inneren Stimme, auch wenn du dich damit unbeliebt machst.
- Gib nie einem anderen die Schuld. Suche stattdessen nach Lösungen.
- Achte auf Schwächen in deinem Leben oder Charakter und bitte um Hilfe von außen, um diese Aspekte zu stärken.

Wenn du auf deinem Weg zur Meisterung dieser Lektion bist ...

- Frage dich, in welchen Bereichen du nicht wächst, und konzentriere dich darauf, diesen Bereich zu entwickeln.
- Genieße die Ruhe und Gelassenheit, die du kreierst.
- Untersuche alle Aspekte deines Lebens einschließlich deiner körperlichen Gesundheit und finde heraus, was der Stärkung bedarf.
- Wenn es zu Krisen kommt, tritt einen Schritt zurück und halte inne, bevor du reagierst.
- Nimm dir Zeit für Entscheidungen und gestatte es dir, zuerst dein höheres Selbst zu fragen.

DEINE SEELENLEKTION

Gehe deine Fehler an

DEINE SEELENAUFGABE

In allen Bereichen deines Lebens
Integrität zu bewahren

SEELENLEKTION NR. 18

Meditiere aktiv

Meditiere aktiv. Dies ist die effektivste Art, deine Welt nach deinen Wünschen zu gestalten. Die Gesetze des Universums bestimmen, dass du das kreierst, worauf du deinen Fokus richtest. Du manifestierst nicht das, woran du flüchtig denkst, sondern das, worauf du dich konzentrierst.

Meditation ist die Praxis disziplinierten Denkens. Über einen längeren Zeitraum einen intensiven Gedanken zu hegen sorgt dafür, dass er sich in der physischen Welt manifestiert. Die Quantenphysik bestätigt, dass deine Erlebnisse nichts anderes als Gedanken in Bewegung sind. Das ist der Grund, warum Kontemplation so wirkungsvoll ist: Sie formt und erzeugt buchstäblich alles, was dir begegnet und widerfährt.

Das Geheimnis besteht darin, aktiv und nicht passiv zu meditieren. Beginnen wir mit der Definition der letztgenannten Methode, die in deiner Welt am weitesten verbreitet ist und eine rigide, eingeschränkte Disziplin darstellt, die es erfordert, längere Zeit still dazusitzen und sein Bewusstsein von allen Gedanken zu leeren. Diese Technik gehört zu einem Zeitalter des Bewusstseins, das sich neigt. Auch wenn passive Meditation zweifellos eine Möglichkeit ist, so ist sie doch keineswegs die einzige Herangehensweise und in der gegenwärtigen Epoche der Schöpfung nicht die produktivste.

Es gibt eine effektivere Form, die sogenannte aktive Meditation, die dir noch mehr helfen kann. Bei dieser Praxis hältst du deine Aufmerksamkeit unbeirrt auf etwas Bestimmtes, das du manifestieren möchtest, gerichtet. Sich voll und ganz auf einen Gedanken zu konzentrieren führt jedes Mal dazu, dass er Realität wird.

Beharrliche Konzentration formt buchstäblich die psychische Flüssigkeit der physischen Welt entsprechend deinen Gedanken. Wenn du dich also passiv hinsetzt und dich auf nichts konzentrierst, ist das reine Zeitvergeudung. Etwas ganz anderes ist es aber, wenn du dir Zeit und Ruhe gönnst, um aktiv über die Liebe Gottes und des heiligen Geistes in allem, was lebt, nachzudenken. Stell dir nur einmal vor, wie dein Leben wäre, wenn du deine ganze Aufmerksamkeit darauf richten würdest, wie sehr der Allmächtige dich liebt und wie viel Freude es dem Herrn des Universums bereitet, dich mit Segnungen zu überschütten.

~

Mein Schüler Ed beschloss, genau das zu tun, als ich diese Idee vorschlug. Er berichtete später, dass es viel leichter gesagt als getan war. Gleich zu Anfang wurde ihm klar, in welch hohem Maße er darauf fokussiert war, wie wenig Liebe er in seinem Leben fühlte und sah. Darüber zu meditieren, wie sehr der Schöpfer ihn liebte, kostete ihn daher einige Mühe.

Aus diesem Grund suchte er als Hilfestellung für seine neue Aufgabe zunächst einmal nach Beispielen für Gottes Liebe. Als Erstes fand er sie in der Schönheit seines Gartens, der ihm besonders dann große Freude bereitete, wenn alles blühte. Er merkte, dass der Garten ein kostbares Geschenk für ihn war. Darüber hinaus sah er seine gute Gesundheit als klares Zeichen göttlicher Liebe. Mit 52 Jahren, während viele seiner Freunde und Familienmitglieder mit diversen gesundheitlichen Problemen zu kämpfen hatten, fehlte ihm nicht das Geringste. Außerdem wurde er sich bewusst, wie sehr er durch seinen Job als Landvermesser, der ihm große Befriedigung schenkte, von Gott geliebt wurde. Seine Arbeit bescherte ihm viel Freiheit, die vielfältigsten Aufgaben und ein ausreichendes Einkommen.

Nachdem er diese Einsichten gewonnen hatte, begann Ed, seine volle Aufmerksamkeit auf die vielen anderen Gelegenheiten zu richten, bei denen Gott ihm seine Liebe zeigte, und er wurde offen dafür, neue Dinge zu entdecken. Die erste wichtige Veränderung in seinem Leben trat zwei Monate später ein. Plötzlich interessierten sich die Frauen für ihn und wollten mit ihm ausgehen, was vorher nie der Fall gewesen war. Schließlich war er schon über 50, von kleiner Statur, mit beginnender Glatze, beachtlichem Bauchumfang und dicken Augengläsern. Aber die Frauen waren trotzdem interessiert und luden ihn zum Essen ein – manchmal zweimal am Tag. Obendrein waren sie alle überaus attraktiv.

Von dieser angenehmen Entwicklung ermutigt, nahm er sich doppelt so viel Zeit für die Meditation und brachte sie auf ein verbales Niveau. Er fand, dass sein Mantra eine Aussage darüber sein sollte, wie sehr Gott ihn liebte und wie dankbar er dafür war. Im vierten Monat, als er bereits seit einiger Zeit mit einer sehr attraktiven Frau ging, die er sehr gern hatte, nahmen zwei Headhunter Kontakt mit ihm auf, um ihn für besser bezahlte, interessantere Positionen abzuwerben. Da er gegenüber seinem Arbeitgeber nicht unfair sein wollte, erzählte er seinem Chef von diesem Angebot, das er verglich. Die Folge davon war, dass Ed seinen Job behielt und eine Gehaltserhöhung bekam, um die er nicht einmal gebeten hatte.

Er fuhr mit seinem Experiment fort und erweiterte seine kontemplative Praxis, indem er seinen Fokus darauf richtete, zu allen Menschen, denen er begegnete, freundlich und liebevoll zu sein. Nach einigen Monaten fiel ihm auf, dass sich sein zynischer, schwarzer Sinn für Humor – ein lange geübter Verteidigungsmechanismus – in Luft aufgelöst hatte. Oder besser gesagt, seiner Schwester fiel die Veränderung auf und sie wies ihn darauf hin. Sie erwähnte, dass er so angenehmer geworden sei und sie und der Rest der Familie sich jetzt immer darauf freuten, ihn zu sehen. Es machte wirklich Spaß, mit ihm zusammen zu sein, auch deshalb, weil er sie nicht länger mit seinem Sarkasmus verärgerte.

Es verging beinahe ein Jahr, bis wir uns wiedersahen.

»Ich hätte nie geglaubt, dass ich mal meditieren würde«, erzählte er, »doch Ihre Theorie hat mich begeistert. Mich darauf zu konzentrieren, geliebt zu werden, hat mir so ungefähr alles gebracht, was in meinem Leben gefehlt hat, außer vielleicht ein paar mehr Haare.« Bei diesen Worten schmunzelte er und streichelte seine Glatze.

Noch am selben Abend rief er mich an – hysterisch lachend. »Sie werden es nicht glauben!«, rief er aus. »Gerade hat sich eine Forschungsgruppe mit mir in Verbindung gesetzt, die Freiwillige für die Haarwuchsforschung sucht. Jemand hat mich ihnen empfohlen. Wenn ich will, kann ich zwei Jahre lang wachstumsstimulierende Behandlungen umsonst bekommen. Das ist nun wirklich ein Zeichen für Gottes Liebe!«

Fürchte dich nicht vor dem Meditieren und lass dich nicht davon einschüchtern. Vielleicht glaubst du, dich nicht konzentrieren zu können, oder hast Angst, etwas falsch zu machen. Doch in Wahrheit tust du es sowieso die ganze Zeit und beherrschst es recht gut.

Du hast allerdings ein anderes Wort dafür: Angst. Angst ist eine intensive aktive Kontemplation, da sie deine Aufmerksamkeit auf eine Sache fokussiert und alles andere auslässt. Frag nur einmal eine beliebige Gruppe von Personen zu jeder beliebigen Zeit, woran sie denken, und sieben von zehn werden dir sagen, dass es etwas ist, was ihnen Sorgen macht.

―

Ich hatte einen reichen Klienten namens Joe, der sich ständig darüber sorgte, dass schöne jüngere Frauen, die nur wegen seines Reichtums an ihm interessiert waren, ihn ausnutzen könnten. Er war so besessen von dieser Meditation, dass keine Frau von diesem Verdacht ausgenommen war. Tatsächlich stellte sich seine Theorie als zutreffend heraus, da jede Frau, mit der er ausging, innerhalb weniger Wochen unweigerlich in eine finanzielle Notlage geriet und ihn um Geld bat – alle außer zwei, Maria und Sylvia, die selbst sehr vermögend waren. Jedoch hatte Joe an keiner der beiden ein größeres Interesse, und nach ein oder zwei Treffen hörten sie nichts mehr von ihm. Er sagt, sie seien nicht attraktiv gewesen und die Chemie hätte nicht gestimmt. Ich glaube, die »Chemie« war die Erfahrung, auf die er sich fokussierte, und die bestand darin, sich auf finanziell klamme, abhängige junge Frauen einzulassen – was die beiden nicht waren.

Joes Situation ist nicht außergewöhnlich. Wir alle meditieren ständig über unsere Erwartungen, nur erkennen wir oft nicht, wie effektiv das ist.

―

Zur Abwechslung und um deine kreativen Fähigkeiten in diesen Prozess einzubringen, stell dir vor, du gehst im göttlichen Ozean der Möglichkeiten fischen. Visualisiere dein Bewusstsein als ein energetisches Fragezeichen in Form eines Angelhakens und wirf ihn ins Wasser. Bleibe fokussiert und geduldig, und zur rechten Zeit wird dir dein meditatives Werkzeug die gewünschte Erfahrung bringen.

―

Ich bin in Colorado aufgewachsen und erinnere mich, wie ich als Kind begeistert mit meiner Mutter am Lake Evans in den Bergen außerhalb von Denver zum Angeln gegangen bin. Ich mochte diesen Sport, für mich war er ein echtes Abenteuer, und daher hat diese Vorstellung von Kontemplation mich sofort begeistert.

Sobald die Emissaries of the Third Ray diesen Vorschlag machten, begann ich, meinen meditativen Angelhaken nach kleinen Dingen auszuwerfen, wie zum Beispiel Inspiration bei meinen Readings für Klienten, Unterstützung in Seminaren und Führung in meinen Beziehungen. Schließlich ging ich dazu über, Ideen für Bücher, Essays, geführte Visualisierungen für Seminarteilnehmer sowie Möglichkeiten, um die Qualität meines Familienlebens zu verbessern, zu suchen. Je mehr ich fischte, desto mehr Einsichten »fing« ich ein, und bald vollzog sich der Prozess automatisch, ohne dass ich bewusst darüber nachdachte. Heute gehe ich für alles, was ich benötige, zum Angeln an den göttlichen Ozean der Möglichkeiten.

Bis jetzt funktioniert das bei mir fantastisch: Ich habe Dinge am Haken gehabt, die um ein Vielfaches hinreißender sind als alles, was ich mir je hätte erträumen können. Diese Methode eignet sich wunderbar für jeden, der sich für einfallslos hält oder sich in ausgefahrenen Gleisen bewegt.

Aktives »Fischen« ist eine äußerst unterhaltsame Form der Kontemplation. Zudem umgeht sie die begrenzten Vorstellungen deines Egos und verschafft dir sofortigen Zugang zu göttlichen Lösungen.

Wenn du diese Art der Meditation praktizierst, ist es wichtig, geduldig zu sein, denn das größte Hindernis für jede Form der Meditation ist eine kurze Aufmerksamkeitsspanne. So, wie du mit Sicherheit keinen Fisch fangen wirst, wenn du die Leine ins Wasser wirfst und sie gleich wieder herausziehst, wird dein meditativer Angelhaken dir keine Schätze bringen, wenn du ungeduldig bist und ihn nicht lange genug still ins Wasser hältst.

Das Fernsehen und die Medien haben die Zeitspanne verkürzt, in der du dich konzentrieren kannst, und dich darauf programmiert, sofortige Befriedigung zu erwarten. Das ist unrealistisch, da die Schwingung der physischen Ebene ihrem eigenen Rhythmus und Tempo folgt. Wenn du dir Zeit lässt und in deinen Meditationen beständig bist, wird das Universum schließlich gemäß seinem eigenen Zeitplan deine Wünsche manifestieren. Das ist göttliches Gesetz.

Nach Lösungen zu fischen macht die Meditation zu einem aufregenden, gesegneten und kreativen Abenteuer.

―

Viele große Erfinder – etwa Thomas Edison, Albert Einstein, die Gebrüder Wright, Walt Disney, Marie Curie und Louis Pasteur – sprachen von einer ähnlichen Form der Konzentration als dem Mittel, mit dem sie ihre Geheimnisse herausfanden. Sie alle meditierten ständig, während sie nach Einsichten, Schöpfungen und Lösungen suchten, und konzentrierten sich darauf, Antworten und Inspiration einem Fisch gleich einzuholen. Es ist auch heute nicht ungewöhnlich, einen innovativen Menschen – oder überhaupt irgendjemanden – sagen zu hören, dass ein Gedanke »ihn gepackt« oder eine Idee ihn »am Haken« hat.

Ich habe das selbst erlebt, als ich mich im letzten Sommer darauf zu konzentrieren begann, wie wundervoll es wäre, über Weihnachten eine Woche mit meiner Familie in Aspen, Colorado, zu verbringen. Nach einigen Recherchen musste ich jedoch feststellen, dass ein solcher Urlaub unser Budget bei Weitem übertraf. Unverzagt meditierte ich einfach weiter über meinen Wunsch und überlegte, wie ich dafür sorgen konnte, ihn in den Bereich des Machbaren zu bringen. Der Schüssel war, dass ich <u>gespannt war</u> – ich machte mir keine Sorgen und versuchte auch nicht, dahinterzukommen. Ich warf einfach meine Angel in den Ozean der Möglichkeiten und wartete darauf, dass etwas anbiss. Sechs Wochen später besuchte ich eine Wohltätigkeitsveranstaltung für eine Kurklinik in Kansas City. Es gab eine Tombola, und der Hauptgewinn war ein siebentägiger Aufenthalt in einem Haus mit drei Schlafzimmern in Aspen.

<u>*Aha!*</u> *dachte ich, <u>das habe ich also geangelt!</u> Zu meiner Freude, wenn auch nicht ganz überraschend, gewann ich den ersten Preis. Ich rief an, um zu fragen, ob ich das Haus über Weihnachten haben könne, aber man sagte mir, dass dies die einzige Woche sei, die der Eigentümer gebucht hatte. Ich war zwar furchtbar enttäuscht, sagte aber, dass ich es verstehen würde. Schließlich ist Aspen einer der begehrtesten Winterferienorte der Welt, vor allem in der beliebtesten Woche des Jahres. Trotzdem konzentrierte ich mich weiter darauf, meine ersehnten Ferien heranzuziehen. Ich hatte nichts zu verlieren.*

Anfang Dezember rief mich die Sekretärin des Hausbesitzers überraschend an und sagte, dass er seine Pläne geändert habe und das Haus jetzt doch verfügbar sei, wenn ich es noch wollte. Ich hatte meinen Wunsch »geangelt«! Indem ich meine Gedanken einfach unbeirrt fokussiert hielt, hatten die Dinge sich verändert. Wie? Ich weiß es nicht. Das ist das Schöne an aktiver Meditation: Man muss nicht verstehen, wie sie funktioniert – das bleibt dem Geheimnis der göttlichen Quelle überlassen.

~

Meditiere aktiv über die Schönheit der Schöpfung Gottes. Du bist eine hinreißende Reflexion und Ausdruck dieser göttlichen Lieblichkeit; das ganze Leben ist umwerfend. Mach dir heute die Pracht deiner Existenz bewusst. Stell dir all die vielen herrlichen Erfahrungen vor, die du »angeln« und in deine Umgebung bringen kannst. Konzentriere dich auf die Anziehungskraft eines jeden Menschen, den du siehst. Allen Wesen wohnt ein ewiger Geist inne, und wenn du aktiv über das göttliche Licht in anderen meditierst, ziehst du damit ihre Anmut in dein Leben. Die Gesichter der Menschen erhellen sich, sie lächeln, schauen dir in die Augen und erkennen ebenso deine Seele. Sie kooperieren, öffnen dir ihre Herzen und senden ihre schöpferische Energie in deine Richtung. Auf diese Weise verwandelt sich deine Welt umgehend in einen freundlicheren, positiveren und liebevolleren Ort.

~

Vor zwei Tagen saß ich im Flugzeug nach Hawaii, um einen Vortrag zu halten. Man hatte mir einen Platz im Mittelteil zugewiesen, was nicht so toll war, aber schlimmer war die Frau, die neben mir saß. Wütend über ihren schlechten Platz, wurde sie zornig und machte sich lauthals Luft. Als ihr Auftritt nicht den gewünschten Erfolg hatte, fauchte sie die Stewardess und jeden an, der sie anschaute.

Bestürzt über die Aussicht, die nächsten zehn Stunden neben dieser Frau mit ihrer feindseligen Energie zu sitzen, begann ich über ihre Schönheit zu meditieren. Das war nicht einfach angesichts ihres gegenwärtigen Zustandes, also bewunderte ich den Reiz ihrer Wut und Leidenschaft. Mit geschlossenen Augen hielt ich während der ganzen Einsteigeprozedur und des Starts an dieser Vorstellung fest. Es dauerte nicht lange, und meine

Nachbarin beruhigte sich und schlief ein. Glücklicherweise wachte sie während des Fluges kein einziges Mal auf. Als wir landeten, schaute sie mich an und meinte: »Großartiger Flug!« Ja, das war es gewesen – für uns beide.

―

Aktives Meditieren über Schönheit zieht diese in jeder Form an, und nichts ist besser für deine Seele. Es stärkt und nährt dich auf der Zellebene. Meditiere jeden Tag auf diese Weise. Du wirst bald süchtig danach werden.

Jetzt kannst du die Lektion anwenden.

- Wenn du kein Interesse an Meditation hast, zu rastlos und nervös bist, um dich in aller Ruhe zu fokussieren, zwar die Absicht hast, es zu tun, aber nie dazu kommst, oder wenn du denkst, das Ganze sei nur Zeitverschwendung … dann bist du hinsichtlich dieser Lektion ein *Schüler*.

- Wenn du nicht weißt, wie man meditiert, dich manchmal dazu zwingst, es zu tun, neugierig auf den Prozess bist und lernen möchtest oder wenn du dich bestenfalls gelegentlich hinsetzt, um zu reflektieren … dann bist du ein *Lehrling*.

- Wenn du dabei bist, das Meditieren zu lernen, und es dir gefällt, wenn du es für wichtig hältst, dir selten Sorgen machst, seit du mit dieser Praxis begonnen hast, oder wenn du deinen Tag mit Kontemplation beginnst … dann bist du ein *Geselle*.

- Wenn du regelmäßig meditierst, die Schönheit des Lebens siehst, von Natur aus geduldig bist oder wenn du bemerkst, dass deine konzentrierte Aufmerksamkeit Dinge aus dem göttlichen Ozean der Möglichkeiten fischt, und du sehr gern angeln gehst … dann bist du auf dem besten Weg, diese Lektion zu **meistern**.

Wenn du ein Schüler bist ...

- Achte auf das, worüber du dir von einem Tag zum anderen Sorgen machst.
- Besorge dir ein kleines Notizbuch und schreibe alles auf, worauf du dich fokussieren willst.
- Fertige eine Collage über deine Absichten an und stell sie bei dir zu Hause so auf, dass du sie immer sehen kannst.
- Praktiziere Meditation im Gehen: Geh spazieren und achte darauf, wie viele schöne Dinge es jetzt in deinem Leben gibt.

Wenn du ein Lehrling bist ...

- Stell den Wecker früher, sodass du jeden Morgen 15 Minuten Zeit hast, um über deine Tagesziele nachzudenken.
- Denk dir ein einfaches Lied oder ein Mantra aus, das deine Wünsche zum Ausdruck bringt, und singe es als eine Form aktiver Meditation.
- Besorge dir eine Armbanduhr, die du so einstellen kannst, dass sie jede Stunde einen Piepton abgibt. Wenn du dann diesen Ton hörst, mach dir bewusst, worauf deine Gedanken gerade gerichtet sind. Unterbrich sie, wenn sie deinen Wünschen nicht dienlich sind, und ändere sie, sodass sie nach deinen wahren Wünschen ausgerichtet sind.
- Erstelle eine Liste all der positiven und befriedigenden Dinge, die gegenwärtig in deinem Leben vorhanden sind, und mach dir bewusst, wie viel Zeit du darauf verwendet hast, dich auf diese erhebenden Erfahrungen zu konzentrieren.

Wenn du ein Geselle bist ...

- Stelle dir vor deinem inneren Auge vor, dass du angeln gehst und beschließt, etwas Wundervolles zu fangen.
- Bevor du dich zur Ruhe begibst, nimm dir 10 bis 15 Minuten Zeit, um dir alle Gelegenheiten zu vergegenwärtigen, bei denen Gott an diesem Tag seine Liebe für dich gezeigt hat. Stelle fest, ob die Liste innerhalb einer Woche länger wird.

- Bevor du morgens meditierst, schreib dir eine oder zwei Fragen auf und werfe sie wie Haken an einer Angelschnur hinaus ins Universum.
- Sei bereit und offen, Antworten zu »fangen«.
- Fang damit an, all die Ideen zu registrieren, die dir im Laufe des Tages durch den Kopf schießen, und zu erkennen, dass es sich dabei um zeitverzögerte Antworten auf deine meditativen Angelausflüge handelt.

Wenn du dabei bist, diese Lektion zu meistern ...

- Genieße jeden Tag als eine positive, kreative Meditation.
- Nimm dir jeden Tag mindestens zehn Minuten Zeit, um dich darauf zu fokussieren, Gott aktiv in deinem Leben zu spüren.
- Wenn du eine Antwort oder Führung brauchst, geh immer während des Nachdenkens angeln und benutze deine Frage als den Angelhaken.
- Betrachte alles in deinem Leben als formbar und fließend und benutze deine Kontemplationen, um die Welt umzugestalten, damit sie mehr mit dem übereinstimmt, was wichtig und es wert ist, erschaffen zu werden.

DEINE SEELENLEKTION

Meditation ist aktives Kreieren

DEINE SEELENAUFGABE

Eine lebendige Meditation der Schönheit in dieser Welt zu sein

SEELENLEKTION NR. 19

Liebe deinen Körper

Liebe deinen Körper. Erkenne ihn als das, was er ist: göttlicher Geist in physischer Form. Er ist eine heilige Schöpfung auf der irdischen Ebene und sollte als wunderbarer Ausdruck Gottes bewundert und respektiert werden.

Alles im materiellen Universum ist das Werk des Schöpfers, und dazu gehört auch dein Körper. Er ist nicht nur heilig, sondern im Grunde ein von himmlischer Energie aufgeladenes Gewand, in das sich dein inneres Wesen hüllt. Jede körperliche Form ist ein konzentrierter Aspekt des Geistes, dazu auserkoren, dich in Gottes Schönheit zu kleiden.

Der Gedanke, dein eigenes physisches Selbst zu lieben, mag dir seltsam und ungewohnt erscheinen, vor allem wenn du von klein auf eine religiöse Erziehung genossen hast, bei der der Körper mit Scham betrachtet wurde. Diese Sichtweise ist ein schwerer Irrtum und schädlich für die Seele.

Als Kind ging ich in eine katholische Schule, die St. Joseph's Catholic grade school, wo wir regelmäßige Vorträge darüber hörten, dass wir unseren Körper bedecken, unsere körperlichen Bedürfnisse verleugnen und unterdrücken, uns dem sexuellen Verlangen nur in der Ehe hingeben und unsere Gedanken heilig und rein halten sollten. Wenn ich heute auf diese Lektionen zurückblicke, verstehe ich die Gründe und Motivation der Lehrer und lehne ihre Absichten nicht völlig ab, die gut gemeint waren und meinem Gefühl nach dazu dienen sollten, uns vor Entscheidungen zu bewahren, die unserer Seele hätten schaden können. Sich zum Beispiel in jungen Jahren sexuell zu betätigen, ohne dass Liebe und eine intime Beziehung vorhanden sind, kann sehr demoralisierend sein, ganz zu schweigen von dem Schaden, der dem Körper dabei zugefügt wird.

Unsere moralischen Hüter hämmerten uns auf ihre fanatische Weise jedoch immer wieder ein, dass unser physisches Selbst unrein sei, eine sündige Lasterhöhle. So war es keine Überraschung, dass wir Angst hatten und fest entschlossen waren, uns so weit wie möglich von diesem »gottlosen« Aspekt unseres Selbst zu distanzieren.

Im Laufe meiner mehr als dreißigjährigen Erfahrung in Readings ist mir immer stärker bewusst geworden, wie viele Menschen tiefe Schuld- und Schamgefühle bezüglich ihres Körpers empfinden. Ich habe mit angesehen, wie andere schwer gerungen und mich voller Hoffnung gefragt haben, ob es ihnen je möglich sein würde, ihre vorübergehende körperliche Form ein für alle Mal »zu überwinden«, »zurückzulassen« oder »abzulegen«, in der festen Überzeugung, dass eine solche Entsagung ein Zeichen für ihre spirituelle Weiterentwicklung sei.

―

An deinem lebendigen, atmenden Selbst ist nichts unrein oder abstoßend. Seine Funktionen sind bemerkenswert: faszinierende, hoch entwickelte Reflexionen des Göttlichen in Aktion, die größtenteils ablaufen, ohne dass es dir bewusst ist.

―

Mein Mann Patrick gelangte zu dieser Erkenntnis, als er mit 45 Jahren noch einmal die Schulbank drückte, um sich zum Massagetherapeuten ausbilden zu lassen. Nachdem er sich ein Jahr intensiv mit Anatomie beschäftigt hatte – wobei er alles über Muskel- und Nervenaufbau, Durchblutung, chemische Abläufe und Bewegung lernte – entwickelte er großen Respekt und Ehrfurcht dafür, wie komplex und hoch entwickelt diese einzigartige Zellansammlung ist.

»Du musst den Körper einfach bewundern«, sagte er, »und sei es nur wegen der Organisation, die ihn weitermachen lässt, ohne dass wir einen Gedanken daran verschwenden müssen.«

Während er früher aus Unwissenheit an seinem Körper herumgemäkelt hatte, gelangte er dank seiner Ausbildung zu einem neuen Verständnis und Respekt. Heute weigert er sich, über die menschliche Gestalt – sei es die eigene oder die eines anderen – anders als mit tiefer Bewunderung und Respekt zu sprechen. Im Gegensatz dazu gibt es seit Jahrhunderten *puritanische Vorstellungen von Verurteilung und Ablehnung, vor allem in patriarchalischen Kulturen.*

～

Respektiere und ehre die Heiligkeit deiner vorübergehenden Hülle, denn sie ist wahrhaftig ein Tempel für das Göttliche in dir. Sie beherbergt deine Seele und gibt dir ein Zuhause.

～

Ich habe festgestellt, dass Leute, wenn sie nicht gerade damit beschäftigt sind, sich aufgrund irregeleiteter moralischer Überzeugungen von ihren Körpern zu distanzieren, sich wegen noch ungesünderer und schädlicherer Ideale dessen, was sie als schön betrachten, ablehnen und hassen.

Das Dümmste an dieser eigentümlichen Verrücktheit ist die Tatsache, dass es nicht die geringste Rolle spielt, was für einen Körper die jeweilige Person hat. Nach meiner Erfahrung sind Menschen, die als äußerst attraktiv betrachtet werden, genauso missbilligend und davon in Anspruch genommen, ihr Aussehen zu verachten, wie jene, die nicht dem vermeintlichen Schönheitsideal entsprechen.

Nach über dreißigjähriger Erfahrung als intuitive Beraterin würde ich sagen, das dieser Mangel an Akzeptanz vielleicht das größte seelische Problem ist, mit dem Menschen zu kämpfen haben. Und zu meinem Entsetzen stelle ich fest, dass diese Epidemie immer mehr jüngere Menschen heimsucht – vor allem Mädchen.

Ich habe kürzlich erst einer wunderschönen Elfjährigen ein Reading gegeben, die von ihrer Mutter zu mir gebracht wurde, weil sie von dem Gedanken besessen war, zu dick zu sein, obwohl ihr Gewicht im Normalbereich lag. Aufgrund ihrer Selbsttäuschung hatte sie angefangen, nicht mehr zu essen. Ihre Vorstellungen von Schönheit, vor allem im Hinblick auf ihre eigene, hatte sie im ersten Jahr auf der Übergangsschule gebildet, wo Jugendzeitschriften, MTV und die beliebtesten Schülerinnen in den höheren Klassen vorgaben, was schön war und was nicht. Da ihr Körper leider nicht mit diesen Idealen übereinstimmte, gelangte sie zu der Ansicht, dass er unzumutbar und hassenswert sei.

Vielleicht werden Sie sagen: »Das ist absurd«, vor allem bei einem solch jungen Mädchen, doch die meisten Erwachsenen, die ich kenne, sind genauso damit beschäftigt, sich aus den gleichen Gründen abzulehnen. In den USA sind Diäten die am weitesten verbreitete Besessenheit bei den meisten Frauen über 25, und die Anzahl der Menschen, die sich allein aus kosmetischen Gründen Schönheitsoperationen unterziehen, geht inzwischen in die Hunderttausende jährlich.

Ich erklärte meiner jungen Klientin, dass ihr Körper ein heiliges Gewand für ihre Seele sei und geliebt und geachtet werden sollte, anstatt ihn mit Verachtung und Ekel zu behandeln.

Doch als ich sie fragte, was sie von ihrem Körper hielt, antwortete sie, ohne auch nur einen Moment zu zögern: »Ich hasse ihn.« Sie hatte weder Achtung noch Verständnis dafür, dass er ein himmlisches Gefäß für die Seele ist, und konnte meine Worte nicht akzeptieren. In ihren Augen war der Körper eine unnachgiebige, hässliche Masse aus Fleisch und Knochen, in der sie gefangen war und die sie nicht kontrollieren konnte.

Ein langes Gespräch war nötig, bevor sie bereit war, ihren Körper mit anderen Augen zu sehen. Nach langem Nachdenken war sie schließlich in der Lage, ihr körperliches Selbst als Teil ihrer inneren Essenz anzunehmen und nicht als etwas, was sie erdrückte. Aber es fiel ihr nicht leicht, zu dieser Erkenntnis zu gelangen.

Sei geerdet und zufrieden in deiner Haut. Dein Körper ist dein persönlicher Tempel, und er bietet dir Frieden, Macht und Schutz. Das hat nichts mit seiner Form, Größe oder seinem Aussehen zu tun. Er ist ein göttlicher Behälter für die Seele, in dem sie ruhen kann. Jeder von euch ist eine einzigartige Manifestation Gottes, und deine irdische Form ist perfekt für dich.

Um eine bessere Vorstellung davon zu bekommen, wie Ideen und Emotionen sich physisch manifestieren, sollten Sie sich vielleicht einmal den Film »What the Bleep do we (k)now!? – Ich weiß, dass ich nichts weiß« anschauen, eine faszinierende Dokumentation über Gedanken, Gefühle und physische Realität. Darin wird erklärt, dass – wenn Sie Ihren Körper als einen hässlichen, verachtungswürdigen, nicht zu kontrollierenden Fleischklumpen sehen – Sie eine Realität kreieren, die letzten Endes genau diese Überzeugung widerspiegelt.

Der Tempel der Seele ist wie alles andere in der materiellen Welt nicht unveränderlich. Vielmehr ist er fließend und formbar und passt sich den Vorstellungen und Gefühlen, die du über ihn hegst, an. Wenn du deinen Körper verachtest, wird er diesen Hass durch Schmerzen, Verletzungen und Krankheit reflektieren. Wenn du ihn liebst und behutsam behandelst, wird sich deine Haltung in ihm in Form von Gesundheit, Vitalität und Stärke spiegeln.

Als mein Klient Elray auf die Welt kam, war eines seiner Beine ungefähr sechs Zentimeter kürzer als das andere. Seit er gehen konnte, hatte er stets einen Spezialschuh getragen, um diesen Unterschied auszugleichen. Er hatte Glück, denn seine Großmutter hatte ihm seit frühester Kindheit immer wieder gesagt, seine Schutzengel hätten bei seiner Geburt an seinem Bein gezogen, um ihn auf die Erde zu bringen, wo er doch viel lieber im Himmel gespielt hätte, und aus diesem Grund sei das eine Bein länger als das andere. Sie umarmte und küsste ihn und dankte ihm, dass er den Himmelsboten schließlich doch seine Zustimmung gegeben hätte, ihn zu ihr zu bringen. Diese Geschichte entzückte und begeisterte ihn und gab ihm das Gefühl, ganz besonderes Glück zu haben.

Als er in die Schule kam, war es keine Überraschung, dass die anderen Kinder ihn wegen seines Äußeren verspotteten, doch es kümmerte ihn nicht. Er erzählte ihnen voller Stolz von den Engeln und dass er nicht im Geringsten unglücklich über sein kürzeres Bein sei. Sein Selbstvertrauen faszinierte die Kinder und ließ ihn zum Helden werden. Elray weigerte sich nicht nur, die Vorstellungen anderer von Attraktivität zu übernehmen, sondern akzeptierte seine eigene einzigartige Schönheit, ohne sich dafür zu entschuldigen. Er empfand sein Bein als etwas Wundervolles, und er ging – im wahrsten Sinne des Wortes – voller Selbstvertrauen durchs Leben.

Die Kinder hörten auf, ihn abzulehnen, da sie damit sowieso nichts erreichen konnten, und vernarrten sich stattdessen in ihn. In ihren Augen war er ein Star. Elray brach alle Regeln in Bezug auf das, was schön ist, und wagte es, sich so hinreißend zu finden, wie er war, genauso wie seine Großmutter es tat. Dank dieser weisen Entscheidung wurde sein Leben zu einer wahren Freude, und er hob sich als ein Beispiel dafür ab, was es heißt, wirklich verkörperter Geist zu sein.

Als sein erster Sohn drei Jahre alt wurde, rief Elray mich an. »Können Sie sich vorstellen, dass mein kleiner Junge heute weinend aus dem Kindergarten nach Hause kam? Er hat seinen Freunden von meinem Bein und den Engeln erzählt. Er wollte wissen, warum eines seiner Beine nicht kürzer sei als das andere, so wie bei mir. Er wollte ein Zeichen haben, dass diese himmlischen Beschützer auch an ihm gezerrt haben.«
»Was haben Sie gesagt?«, fragte ich.
»Ich zeigte auf seine großen Ohren und sagte, dass sie ihn stattdessen daran gezogen haben. Er war begeistert.«

―

Schätze und bewundere das Kunstwerk, das dein physisches Vehikel ist. Ohne dein bewusstes Zutun funktioniert dein Gehirn, pumpt dein Herz, reinigen und nähren deine Organe dich, verdaut dein Magen, atmet deine Haut, und eine Million anderer verblüffender Funktionen laufen ganz von selbst ab.

Dein Körper ermöglicht dir zu sprechen, zu denken, zu singen, dich zu bewegen, dich auszudrücken und dich voll und ganz auf der irdischen Ebene zu erfreuen. Er ist ein wunderbares und perfektes Instrument für die Entwicklung deiner Seele und sollte ganz und gar geliebt, respektiert und genossen werden. Sei dankbar für all die wundervollen Dinge, die dir dein physisches Selbst bietet. Es ist ein einzigartiges Instrument, um deine Seele wachsen zu lassen, und es spiegelt deine Entscheidungen wider, damit du genau sehen, fühlen und erfahren kannst, was du in jedem Augenblick manifestierst.

Dein Körper ist das ideale Mittel, um deine Vorstellungskraft zum Ausdruck zu bringen. Wenn du nach dem Tod körperlos bist, hast du nicht die Möglichkeit – wie manche Menschen irrtümlicherweise glauben –, diese entwicklungsbezogenen Lektionen zu umgehen. Dieser Zustand bietet dir nur eine vorübergehende Erholungspause, bis du genug Energie zurückgewonnen hast und bereit bist, erneut in die physische Arena einzutreten, eine andere menschliche Gestalt anzunehmen und weiterhin zu lernen, wie du es zur schöpferischen Meisterschaft bringen kannst.

Du kannst nicht auf höhere Bewusstseinsebenen hinüberwechseln, bevor du keinen Frieden in deinem gegenwärtigen physischen Bewusstsein erlangt hast. Dein Körper ist dein bester Lehrer, da er genau widerspiegelt, wie du dich siehst. Das bedeutet nicht, dass du danach streben solltest, ein ideales Exemplar von Gesundheit und Schönheit zu werden – vor allem nicht entsprechend den Maßstäben anderer Leute. Erkenne stattdessen, dass du in den Augen Gottes bereits vollkommen bist, und liebe deinen göttlichen Tempel voll und ganz und bedingungslos.

Mein Klient Fred kümmerte sich viele Jahre lang nicht um seinen Körper. Tatsächlich traf er als Erwachsener meistens Entscheidungen, die seinem Körper schadeten. Er rauchte, trank exzessiv, überarbeitete sich, gönnte sich selten eine Ruhepause, und seine Ernährung ließ zu wünschen übrig. Das ging so, bis er 59 Jahre alt war. Dann erlitt er eines Tages auf der Arbeit einen Schlaganfall. Zum Glück erkannte einer seiner Kollegen, was passiert war, und sorgte dafür, dass er in weniger als einer Viertelstunde ins Krankenhaus kam. Er wurde umgehend behandelt, sodass er keine bleibenden Behinderungen davontrug.

Er war so geschockt über seine Verwundbarkeit und allen zutiefst dankbar, die zu seiner Rettung beigetragen hatten, dass er einen Moment der Erleuchtung erfuhr. Da er noch einmal mit dem Leben davongekommen war, gelobte er, seinen Lebensstil zu ändern und seinen Körper besser zu behandeln.

Fred hörte mit dem Rauchen und Trinken auf und stopfte nicht mehr alles in sich hinein. Er begann zu trainieren und beschloss, an den Wochenenden nicht mehr zu arbeiten. Plötzlich liebte er das Leben und die Tatsache, dass er immer noch atmete, und wollte in einem gut funktionierenden Vehikel weiterleben. Er gab sein selbstzerstörerisches Verhalten nicht aus Angst oder aufgrund der Warnungen seines Arztes auf. Vielmehr weil er die Entscheidung getroffen hatte, gut mit sich umzugehen aus Dankbarkeit darüber, nicht gestorben oder infolge des Schlaganfalls behindert zu sein.

Er sagte, dass es ihm nicht einmal schwergefallen sei. »Während meiner Bewusstlosigkeit führte ich ein Gespräch mit Gott«, erklärte er. »Er fragte mich, ob ich leben wollte. Ich antwortete: ›Ja, natürlich‹, und ich hörte als Antwort: ›Dann beweise es, indem du gut zu deinem Körper bist.‹ Das war alles, was ich hören musste. Heute bin ich ein anderer Mensch – und ein gesünderer, glücklicherer obendrein.«

Sag niemals ein unfreundliches Wort über deinen Körper. Bezeichne ihn nicht als fett, langsam, hässlich, alt, faltig, zu groß, zu klein, zu kahlköpfig oder zu dünn. Liebe deinen Körper so, wie er ist, und freue dich darüber, wie liebevoll er dir dient. Lerne deinen Körper kennen, denn jeder hat seine eigenen Bedürfnisse nach Gleichgewicht und Gesundheit. Was sind deine? Sorge für ihn und höre auf das, was er braucht, um im Gleichgewicht zu bleiben. Achte außerdem darauf, was du in dieses erstaunliche Instrument des Lebens hineingibst. Ist es gut für dich? Oder schadet es dir? Die Antworten zu wissen stellt eine Reflexion der Liebe dar.

Meine Nachbarin Susan erzählte eines Tages, dass sie sich jedes Mal, wenn sie Fleisch aß, hinterher nicht wohl fühlte. Dies war eine einfache Wahrnehmung, der sie schließlich folgte. Als sie dann ganz auf Fleisch verzichtete, ging es ihr hundertprozentig besser. Ich dagegen hatte vor Jahren aufgehört, Fleisch zu essen, und wurde daraufhin müde, krank und schwach. Dieser Tatsache schenkte ich Beachtung und stellte fest, dass es wichtig war, Fleisch wieder auf den Speisezettel zu setzen.

Sowohl mein Mann als auch meine Tochter Sabrina brauchen für ihr Wohlbefinden sehr viel Aerobic. Meine Tochter Sonia hingegen fühlt sich besser, wenn sie morgens lange schläft und Yoga macht.

Es gibt kein für alle Menschen gültiges Universalmittel, um seinem Körper zu geben, was er braucht, abgesehen natürlich von den grundsätzlichen Dingen – ausreichend Schlaf, viel Wasser, nährstoffreiches Essen und körperliche Bewegung. Hören Sie auf Ihren Körper, und er wird Ihnen mitteilen, was er benötigt.

Doch hast du nicht nur einen physischen Körper, sondern auch einen mentalen und emotionalen, die Fürsorge brauchen. Positive Gedanken, Selbstachtung, Selbstliebe und Dankbarkeit sind Treibstoff für den mentalen Körper, während Komplimente, Lachen, Zeit zum Entspannen und geselliges Beisammensein den emotionalen Körper nähren.

Mein extrovertierter Ehemann braucht gesellige Treffen, während es mir, der Introvertierten, wichtig ist, Zeit allein zu verbringen. Wir alle sind einzigartig in dem, was wir brauchen, um unsere Körper zu hegen.

~

Sag dir jedes Mal, wenn du dich im Spiegel siehst: »Ich liebe dich.« Sag nie, dass du dich hasst, und benutze diesen Begriff niemals in Bezug auf deinen Körper, denn er ist ein göttliches Gewand des Lichts. Er kann jede Form annehmen, die du dir wünschst. Er ist empfänglich, widerstandsfähig, unverwüstlich, versöhnlich und absolut ehrlich. Er wird sich dem Bild anpassen, das dir vorschwebt – nicht sofort, aber bald genug. Um auf natürliche Weise dein physisches Selbst in ein Gefäß zu verwandeln, das dir gefällt – ohne Schönheitsoperationen, Fettabsaugung oder andere extreme »Verbesserungen« –, lass ihm Bewunderung und Wertschätzung zuteil werden, halte unerschütterlich an dem Bild fest, das du in deinem Herzen trägst, und verhalte dich auf eine Weise, die das von dir gewünschte Resultat unterstützt. Liebe dein heiliges Vehikel, und es wird dir diese Liebe tausendfach zurückgeben.

Eine abschließende Bemerkung: Wir möchten an dieser Stelle Missbildungen, chronische Erkrankungen, Geburtsdefekte und Krankheiten ansprechen und darauf eingehen, wie du deinen Körper angesichts dieser Herausforderungen lieben kannst. Wie wir bereits gesagt haben, ist die irdische Ebene die größte Arena für spirituelle Entfaltung der Seele. Wenn ein Mensch mit einem körperlichen Problem konfrontiert wird, stellt dies eine Gelegenheit für die Seele dar, auf eine bestimmte Art zu wachsen. Es kann eine Chance sein zu lernen, die Kontrolle aufzugeben oder sich auf anderen Ebenen weiterzuentwickeln. Manchmal besteht der Sinn einer bestimmten Beeinträchtigung oder Krankheit nicht darin, dem persönlichen Wachstum des betroffenen Menschen zu dienen, sondern die göttlichen Qualitäten in jenen zu stärken, die mit diesem Menschen zu tun haben. In diesem Fall handelt es sich um eine Entscheidung der betroffenen Seele, anderen zu helfen. Oder der Grund für die Erfahrung kann sein, dass diese fragliche Person lernt, Liebe von anderen anzunehmen.

Was immer die jeweilige Lektion im Zusammenhang mit einer Beeinträchtigung, Störung oder chronischen und entsetzlichen Krankheit sein mag – in jedem Fall ist sie ein Lehrinstrument, das von dem höheren Selbst des Betreffenden gewählt wurde, um seine Lebensaufgabe zu unterstützen. Respektiere diese Entscheidung und lerne aus ihr, ohne zu urteilen.

Ich hatte einen Klienten, dessen zahllose körperliche und emotionale Probleme nie ein Ende zu finden schienen. Doch trotz seiner Schwierigkeiten, oder vielleicht sogar gerade deswegen, lernte er zwei wichtige Seelenlektionen: erstens, sein persönliches Ego Gott zu übergeben, anstatt die Kontrolle behalten zu wollen; und zweitens, die Liebe anderer zu empfangen und anzunehmen, besonders der Personen, die ihn behandelten und versorgten. Auch viele andere Menschen profitierten auf der Seelenebene von seinen Krankheiten. Es war keine einfache Situation – aber das ist es nie, wenn es um gesundheitliche Probleme geht.

Bei der Fürsorge für deine drei Körper – den mentalen, emotionalen und physischen – ist Liebe die beste Medizin. Behandle deinen Körper mit Zärtlichkeit, gib ihm, was er braucht und was gut für ihn ist, und sprich mit Respekt zu ihm und über ihn. Trage ihn mit dem gebührenden Stolz als deinen persönlichen Mantel des Göttlichen.

Jetzt kannst du die Lektion anwenden.

- Wenn du deinen Körper bemängelst, oft über ihn sagst: »Ich hasse dich«; ihm mit giftigen Substanzen schadest oder wenn du seine grundlegenden Bedürfnisse nicht beachtest und ihn zu sehr forderst ... dann bist du beim Lernen dieser Lektion ein **Schüler**.

- Wenn du versuchst, deine physische Gestalt zu akzeptieren, gelegentlich darauf achtest, was du ihr zuführst, darüber nachdenkst, dich mehr zu bewegen und dir genug Ruhepausen zu gönnen, auch wenn du es noch nicht wirklich tust, oder wenn du merkst, dass sich deine Ernährung auf deine Verfassung auswirkt ... dann bist du ein **Lehrling**.

- Wenn du dich bewusst um das Wohlbefinden deines Körpers kümmerst, liebevoll an ihn denkst und die Wertschätzung und Komplimente anderer dankbar annimmst, versuchst, eine positive Atmosphäre zu schaffen, wo immer du bist, oder wenn du es unterlässt, deine Gestalt mit anderen zu vergleichen, und einfach dankbar dafür bist, dieses einzigartige Vehikel dein Eigen zu nennen ... dann bist du ein **Geselle**.

- Wenn du deinen Körper häufig segnest, auf seine Botschaften hörst, ihn verwöhnst, dich in deiner Haut wohl fühlst und wenn du jeden Tag gesunde, fürsorgliche Entscheidungen für dein physisches Selbst triffst ... dann bist du auf dem Weg, diese Lektion zu **meistern**.

Wenn du ein Schüler bei dieser Lektion bist ...

- Achte auf deinen Körper und darauf, wie er reagiert auf die Speisen und Getränke, die du zu dir nimmst, auf deine Handlungen und deine Gedanken.
- Schreibe deine Beobachtungen auf.
- Sage deinem irdischen Selbst oft: »Ich liebe dich.«
- Befestige Zettel mit liebevollen Aussagen an jedem Spiegel und jeder spiegelnden Oberfläche in deinem Heim.
- Sage nie ein unfreundliches Wort über deinen physischen Körper, vor allem nicht: »Ich hasse ...« Falls es dir trotzdem mal passiert, sage laut: »Löschen, löschen.«
- Nimm dir wenigstens einen Tag in der Woche frei, um dich auszuruhen, zu meditieren, spazieren zu gehen und zu entspannen.

Wenn du ein Lehrling bei dieser Lektion bist ...

- Verschaff dir jeden Tag 15 Minuten lang Bewegung.
- Ernähre dich gesund.

- Trink mehr Wasser.
- Gib negative Angewohnheiten auf, wie zum Beispiel Rauchen, exzessives Trinken, und iss weniger Fleisch oder Zucker.
- Lobe dich jeden Tag selbst mit lauter Stimme.

Wenn du beim Lernen dieser Lektion ein Geselle bist ...

- Beginne jeden Tag mit ein paar tiefen Atemzügen und sanften Dehnübungen und sage deinem Körper, wie dankbar du bist, dass er dir so unermüdlich dient.
- Verwöhne dein physisches Selbst regelmäßig als Zeichen deiner Liebe, zum Beispiel durch eine Massage, ein warmes, luxuriöses Bad oder eine Tasse deines Lieblingstees. Sag mit lauter Stimme, dass du dich jetzt verwöhnst.
- Sprich freundlich mit dir selbst und anderen über deine göttliche Gestalt, wann immer dieses Thema zur Sprache kommt.
- Achte darauf, wie sich deine Umgebung auf deinen Körper auswirkt, und ziehe dich aus Respekt vor dir selbst so schnell wie möglich aus negativen oder stressigen Umgebungen zurück.

Wenn du auf dem Weg bist, diese Lektion zu meistern ...

- Achte auf die Aktivitäten, die dein Körper liebt, und führe sie mindestens einmal täglich aus, sei es Tanzen, ein Nachmittagsschläfchen, Dehnen, Gehen, mit einem geliebten Menschen zusammen sein, gute Musik hören oder ein gemütliches Mahl genießen.
- Achte genau auf deine Ernährung und nimm nur solche Speisen und Getränke zu dir, die dir Wohlgefühl bereiten.
- Iss und trink kleinere Portionen, um die komplizierten Funktionen deiner Organe nicht zu überstrapazieren.
- Bete, meditiere und denke über die Großartigkeit deines Körpers nach und darüber, wie er dir jeden Tag dient, und danke ihm häufig und mit lauter Stimme.

Deine Seelenlektion

Dein Körper ist heilig

Deine Seelenaufgabe

Mit Stolz und Dankbarkeit in deiner irdischen Hülle des Göttlichen zu leben

SEELENLEKTION NR. 20

Regeneriere deine Seele

Regeneriere deine Seele, dein inneres Licht, indem du dich mit der lebenden Sonne verbindest, deiner Quelle und Lebenspenderin auf deinem Planeten. Sie ist nicht nur etwas Dingliches, eine unpersönliche feurige Gaskugel, sondern eine Form des göttlichen Bewusstseins, die dir und allen Organismen auf der Erde die Fähigkeit verleiht, euch am Leben zu erhalten. Ohne die Sonne könntet ihr nicht existieren.

Der brennenden physischen Sonne wohnt ein Bewusstsein inne – eine intensive, liebevolle Schwingung, die auf eure Welt strahlt, um euren Geist zu aktivieren, zu wecken und gesund zu halten. Du hast in deinem Körper ein entsprechendes Zentrum, das diese Lebenskraft des Lichts empfängt und ansammelt: dein Herz. Es ist das Äquivalent der Sonne in deinem physischen Selbst. Es sammelt Energie von der flirrenden Quelle und schickt sie in alle deine Zellen. Je mehr Glanz du von ihr aufnimmst und an alle Teile deines Wesens weiterleitest, desto gesünder, glücklicher und erleuchteter wirst du werden.

Wenn deine Seele Licht absorbiert, kannst du das sogar in und um deinen Körper herum sehen. Du hast ein Funkeln in deinen Augen, deine Aura strahlt hell, dein Lächeln ist wie die Sonne und man sagt, dass du leuchtest. Darüber hinaus lenkst du einen höheren Grad der Lebenskraft in das Energiefeld, das dein physisches Selbst umgibt. Du wirst attraktiv und anziehend. Dieser Kraftzufluss erhellt deine Aura und zieht andere auf die gleiche Weise an, wie die festlichen Lichter an einem Weihnachtsbaum die Menschen bezaubern.

Würdige die Sonne als ein Wesen der transzendenten Essenz, die dich unterstützt. So, wie die Erde ein lebendes Bewusstsein ist, das wir Gaia – die Göttliche Mutter – nennen, ist auch euer Stern ein heiliges Bewusstsein, das als dein himmlischer Vater bekannt ist. Ihr seid Kinder, die im heiligen Licht tanzen. Nehmt es in euch auf, um euch zu nähren.

Alte, hoch entwickelte Zivilisationen – wie zum Beispiel die Ägypter und Azteken –, wussten um eure Verbindung zur lebendigen Sonne. Sie beteten sie an, errichteten Bauwerke und trugen Schmuck, um die Strahlen dieses Himmelsgestirns in ihren Körpern zu sammeln. Du magst diese Kulturen als abergläubisch und unterentwickelt bezeichnen, doch das waren sie beileibe nicht. Ihre Schöpfungen und Leistungen waren vielmehr so hoch entwickelt, dass sie bis auf den heutigen Tag Gelehrten und Architekten Kopfschmerzen bereiten, denen es ein Rätsel ist, wie sie das alles hatten vollbringen können.

Vor ungefähr 15 Jahren fuhren Patrick und ich ein zweites Mal nach Ägypten, wo wir uns zehn Jahre zuvor verlobt hatten. Dieses Mal hatten wir eine Kreuzfahrt auf dem Nil gebucht. Unter anderem gingen wir im Tal der Könige vor Anker und wurden durch die endlosen Sanddünen zu einer riesigen und ziemlich spektakulären Grabanlage geführt, die sich über Meilen erstreckte.

Nicht nur war es kaum zu verstehen, wie sie gebaut wurde, sondern vor allem, auf welche Weise ihre Erbauer in der Lage gewesen waren, gut genug zu sehen, um die kunstvollen Hieroglyphen zu malen, die alle Wände in den Gewölben bedeckten. Sie waren von kräftiger Farbe und erweckten den Eindruck, als seien sie am Tag zuvor erst fertig gestellt worden, obwohl die Grabkammern vor Tausenden von Jahren errichtet wurden.

Der Führer erklärte, dass die Erbauer ein kompliziertes System hochglänzender Bronzeplatten benutzt hatten, um die Strahlen der Sonne bis tief in die Tunnel hinein zu reflektieren. Ich hielt das damals für eine intelligente Idee, wenn ich mir auch nicht wirklich vorstellen konnte, wie das funktionieren sollte. Inzwischen verstehe ich, dass die Ägypter die ewigen Strahlen der Liebe tief in den Erdboden zogen, wie eine heilige sexuelle Vereinigung von Gaia, der göttlichen weiblichen Erdenkraft, und der Sonne, der gloriosen männlichen Himmelskraft, um solch tief berührende Schönheit zu schaffen. Es war mehr als simple Technik. Diese

Menschen wussten in jeder Hinsicht, was sie taten, und bis auf den heutigen Tag bezeugen diese Grabkammern die Macht des Weiterleitens von Licht.

~

Die lebende Sonne gibt dir die Fähigkeit, dein volles Potenzial zu realisieren. Ihre Schwingung ist die ganz besondere Bewegung uneingeschränkter, bedingungsloser Liebe. Sie nährt dich. Sie ergießt sich bis tief in die Erde hinein, erfüllt die Pflanzen mit Licht und versieht dich mit dem nötigen Treibstoff zum Leben. Sie kreiert sowohl deine Nahrungsquellen als auch dein Baumaterial. Sie strömt in deinen Körper und sorgt dafür, dass er Vitamin D produziert, das deine Knochen, Haut, Augen, Zähne und Muskelkraft aufbaut.

Es reicht nicht aus, die Sonnenenergie in deinem physischen Selbst anzusammeln oder dir mittels Nahrung einzuverleiben, auch wenn dir dies durchaus guttut. Du musst dieses gleiche Licht auch in dein Bewusstsein bringen – in deinen mentalen und emotionalen Körper – um im wahrsten Sinne des Wortes ein erleuchtetes Wesen zu werden. Und das geschieht über dein Herz.

Dieses Zentrum der menschlichen Gestalt korrespondiert mit der Sonne in eurem Sonnensystem. Deine emotionale Mitte ist deine persönliche Sonne und der Sammler des göttlichen Lichtes, das von eurer lebenden Sonne ausstrahlt. Wenn dein Herz offen ist, sammelt es automatisch jedes Mal, wenn du nach draußen gehst, die Lebenskraft in deinem System. Dort verstärkt sich diese Energie, strahlt nach außen und richtet dieses Licht außerhalb von deinem Selbst auf andere. Dieser Prozess regeneriert dich auf jeder Ebene deines Seins: Körper, Geist und Seele.

Sobald dein physisches Selbst mit dieser Leuchtkraft erfüllt ist, wirst du zu einem gewaltigen Generator der Liebe für andere, indem du sie in die Welt sendest. Je mehr dein Herz regeneriert ist, desto stärker fließt der Quell der Anbetung und Liebe in deinem Inneren. Als Resultat kannst du mit größerer Leichtigkeit geben, du wirst zu einem höher entwickelten Wesen des Lichts und erfüllst damit deine Aufgabe in der Welt.

Darüber hinaus wirst du umso empfänglicher für die Schwingungen in deiner Umgebung, je mehr strahlende Energie du sammelst.

Dieses höhere – oder treffender: *erleuchtete* – Bewusstsein führt dazu, dass du anspruchsvoller in deinen Entscheidungen wirst.

Zuerst wirst du einen Wunsch nach mehr Licht in deiner Nahrung verspüren und dich automatisch zu Nahrungsmitteln hingezogen fühlen, die große Mengen Sonnenenergie enthalten, wie zum Beispiel Früchte, Gemüse und Körner. Das ist der Grund, warum so viele von euch zu Vegetariern werden, sobald ihr anfangt, euch stärker eurer Lebensaufgabe bewusst zu werden. Je mehr ihr diese Dinge zu euch nimmt, desto mehr Licht und Liebe schickt ihr in eure Zellen. Das bedeutet nicht, dass ihr aufhören müsst, Fleisch zu essen; es ist jedoch eine Tatsache, dass Fleisch kein Licht enthält – nur in Nahrungsmitteln, die mithilfe der Sonne wachsen, ist Licht zu finden.

Vielleicht wirst du auch bemerken, dass du eine andere Art von Kleidung vorzuziehen beginnst. Je bewusster du Sonnenenergie in deinem physischen Selbst bündelst, desto mehr wirst du dich zu hellen Stoffen hingezogen fühlen, da sie mehr Helligkeit vom Körper reflektieren. Das ist der Grund, warum so viele spirituell orientierte Menschen Weiß oder strahlende Farben dunklen Tönen vorziehen. Sogar Nonnen und Priester, die schwarze Gewänder tragen, haben um den Hals weiße Kragen oder kurze weiße Umhänge, um ihre helle Ausstrahlung zu verstärken.

Das heißt nicht, dass dunkle Kleidung inakzeptabel ist; wir wollen dich nur einfach darauf aufmerksam machen, dass sie die Helligkeit blockieren, daher trage sie mit Umsicht.

Zudem wirst du auch empfindlicher auf deine Umgebung reagieren. Du brauchst angemessene Beleuchtung in deiner Umgebung, damit du dich wohl fühlst. Dunkle Räume oder Orte mit wenig oder künstlichem Licht ermüden deine Seele und deinen physischen Körper ebenso wie lange graue Wintermonate.

―

Zum Glück hat das kollektive Bewusstsein hinsichtlich unseres Bedürfnisses nach angemessenem Licht, damit wir uns revitalisieren können, ein Spezialgebiet entstehen lassen. Heute kann man Vollspektrumlampen kaufen, die die Art von Strahlen erzeugen, die wir zum Regenerieren brauchen. Googeln Sie dazu im Internet nach dem Begriff »Vollspektrum Lampe« und Sie haben Zugang zu allen möglichen Informationen.

Außerdem wirst du empfindlicher auf dein energetisches Umfeld reagieren. Dunkle Energie ist schädlich für deine Zellen und verlangsamt das Wachstum deiner Seele. Dein Geist kann nicht über einen längeren Zeitraum misstönende, lieblose oder angespannte Schwingungen ertragen, ohne ein Nachlassen seiner Kraft zu spüren. Wenn du dich mit einer negativen, trostlosen Atmosphäre konfrontiert siehst, versuche sie zu erhellen, indem du »leichten Herzens« bist. Falls das die Stimmung nicht verändert, entferne dich sofort.

Als meine Klientin Annie ihre Tätigkeit als Assistenzärztin im Krankenhaus aufnahm, stellte sie fest, dass jeder ihrer Kollegen extrem verschlossen und oft in düsterer Stimmung war. Ständig kritisierten sie einander, die Patienten und andere Ärzte, und es gab nichts, worüber sie etwas Nettes oder Angenehmes zu sagen hatten. Sie kamen zu spät zu ihrer Schicht, waren defensiv, wenn sie zur Rede gestellt wurden, und reagierten empfindlich, wenn sie gebeten wurden, ihre Arbeit richtig auszuführen.

Annies Bemühungen, die Situation zu erhellen, stießen auf Stahlklappen: Sie wurde ausgeschlossen, ihr strahlender Geist wurde abgelehnt, und sie wurde zermürbt von dem Mangel an Licht und Liebe.

Nach fünf Monaten litt sie schwer unter der Trübseligkeit ihrer Kollegen. Es machte sie gereizt, depressiv und sogar wütend. So schwer es ihr auch fiel, sie beschloss, zu kündigen, was zur Folge hatte, dass sie ihre Assistenzzeit um ein weiteres Jahr verschieben musste.

»Mein Verstand sagte: Bleib. Doch ich konnte nicht, weil die Energie einfach zu düster und gedrückt war«, erklärte sie.

Annie hat das Richtige getan. Sie musste gehen, weil sie eine hellere, liebevollere Schwingung brauchte. Diese Entscheidung veranlasste sie, von der Familienmedizin zur Kinderheilkunde überzuwechseln, und auch wenn die Ausbildung länger dauerte, es erfüllte ihr Herz mit Freude.

Wenn Sonnenlicht auch essentiell ist für deinen physischen und emotionalen Körper, kann zu viel davon schädlich sein, und ungezügelte Energie führt zu Problemen. Trotz der Tatsache, dass die Aufnahme von Licht (Liebe) eine grundsätzliche Voraussetzung für die Seele ist, um ihre höchste Schwingung als Lichtwesen zu erreichen, besteht das Risiko, zu viel Helligkeit, Intensität und Leidenschaft auf einmal anzusammeln, was zur Folge hat, dass dein System überlastet wird.

Auch wenn ihr die Sonne braucht, um leben zu können, ist die dauerhafte Sonneneinstrahlung an Orten, an denen die natürlichen Filter der Erde weggebrannt sind, zu stark und droht, mit ihrer feurigen Kraft den Planeten zu zerstören. Das ist der Grund, warum ihr heute Sonnenschutzmittel benutzen und andere Maßnahmen ergreifen müsst, um euch gegen die potenziell gefährliche Konzentration von Sonnenenergie zu schützen.

―

Allein in diesem Jahr hatte ich es mit mehr als 20 Klienten unter 40 Jahren zu tun, die an Hautkrebs erkrankt sind. Die meisten von ihnen waren in der einen oder anderen Form in der Vergangenheit Sonnenanbeter, die sich viele Stunden lang der Sonne aussetzten, um braun zu werden, oft ohne irgendeine Art von Schutz. Nicht nur hatte ihre Haut Schaden genommen und war schließlich krank geworden, sondern diese extreme Sonnenbestrahlung hatte auch dazu geführt, dass jetzt auch andere Teile ihres Körpers von Krebs bedroht waren, eine für sie wie für mich schockierende Tatsache.

Teil des Problems ist unser Mangel an Respekt vor der Sonnenkraft und unsere Unaufmerksamkeit gegenüber ihren Auswirkungen auf unseren physischen Körper. Darüber hinaus hat unser politisch sanktioniertes Verhalten uns erlaubt, an mehreren Stellen die Ozonschicht zu zerstören, die uns bisher vor der Intensität unseres lebenden Sonnengottes geschützt hat. Früher oder später werden wir unsere Fehler einsehen und hoffentlich in der Lage sein, sie zu korrigieren, bevor wir alle krebsgefährdet sind.

―

Ihr braucht täglich Licht, um eure Kraft zu regenerieren, doch ist es weder nötig noch weise, stundenlang in der Sonne zu liegen. Ungefähr 20 Minuten täglich sind mehr als ausreichend. Genauso wichtig ist es, deinen Aufwand an Sonnenenergie, die in Feuer, Treibstoff und Enthusiasmus überführt wird, in Maßen zu halten. Wenn du zu viel Eifer an den Tag legst und seine Stärke nicht mäßigst, sagt man von dir, dass du wie eine Kerze bist, die an beiden Enden zugleich brennt. Wenn es dir trotz aller Warnungen nicht gelingt, dich im Zaum zu halten, wird dein Nervensystem überreizt und bricht zusammen – du bist dann im wahrsten Sinne des Wortes »ausgebrannt«. In diesen Fällen hast du ununterbrochen Sonnenkraft getankt und umgewandelt, es jedoch versäumt, deine Seele mit Mondenergie oder stiller Empfänglichkeit auszugleichen, und somit ein Ungleichgewicht hervorgerufen.

Ich habe gerade in USA Today *gelesen, dass mehr als 70 Prozent der Bevölkerung an Schlaflosigkeit und Überarbeitung leiden. Tatsächlich wurden von den meisten Arbeitnehmern weltweit Erschöpfung und Schlafmangel als Hauptprobleme genannt. Offensichtlich müssen viele von uns lernen, das Licht auszuschalten und uns zu entspannen – ich auch. Andernfalls kann die von uns gesammelte Sonnenenergie nicht umgewandelt werden, um Geist, Körper und Seele zu regenerieren.*

Obgleich es wichtig und unbedingt erforderlich für deinen physischen, mentalen, emotionalen und Seelenkörper ist, täglich durch die Sonne regeneriert zu werden, solltest du dich – sobald du deine Batterien wieder aufgeladen hast – zurückziehen und deinem Körper die Möglichkeit geben, die Sonnenenergie umzuwandeln. Das Gleiche gilt, wenn du diese Energie in Form von Begeisterung und Anstrengung ausdrückst. Folge deiner Leidenschaft, doch zügele sie und lass dich nicht von ihr überwältigen.

Folge dem Beispiel der lebendigen Sonne und lass dich von ihr führen. Sie geht jeden Tag pünktlich auf und durchflutet dich mit gemessener Lichtenergie. Dann zieht sie sich zurück, damit du diese Nahrung verarbeiten und verdauen kannst. Du musst nicht ohne Unterlass auf diese Weise versorgt werden. Vielmehr solltest du dich ausruhen und stille, kontemplative Pausen einlegen. Achte auf die

Neigung des Verstandes, sich übermäßig zum Ausdruck zu bringen, es zu übertreiben und übermäßig zu planen, denn auf diese Weise verbrennst du deinen ganzen Sonnentreibstoff, was dazu führt, dass du zusammenbrichst oder müde wirst, erschöpft, aufgezehrt – gegenwärtig die Ursachen für eure meistverbreiteten Krankheiten.

Als bewusstes göttliches Wesen achte darauf, wie viel Licht du innerhalb von 24 Stunden ansammelst. Vergiss nicht, dass du deinem Körper dieses Licht nur zuführen kannst, wenn du jeden Tag der Sonne mit offenem Herzen begegnest. Ist dein Herz empfänglich? Wenn nicht, enthältst du deiner Seele ihre entscheidende Nahrung vor und wirst höchstwahrscheinlich die Auswirkungen spüren. Triff die Entscheidung, dich jeden Tag 20 Minuten lang der Sonne auszusetzen, um deine Zellen und deine Seele zu erneuern. Du wirst sofort den Unterschied bemerken.

Eine der wichtigsten Aufgaben deines höheren Selbst besteht darin, ein Leuchtfeuer für andere zu sein. Wie viel strahlst du aus? Bringst du anderen Energie oder bist du einem düsteren Schatten gleich? Leuchtest du auf oder malst du immer alles schwarz? Licht und Liebe zu geben und zu empfangen ist der Grund deines Hierseins. Das Verbreiten von Dunkelheit hemmt das Leben und saugt dir und anderen die Lebenskraft aus der Seele, was dich zurückwirft. Ein erleuchtetes Wesen ist buchstäblich jemand, der Licht und Zuneigung auf den Planeten aussendet, und das Ziel deiner Seele ist es, sich zu entwickeln und ein solcher Bote zu werden.

Du bist hier, um zu lernen, ein erleuchtetes oder Lichtwesen zu werden. Der Herr des Universums hat bestimmt: »Es werde Licht.« Dies ist die kürzeste und treffendste Weisung bezüglich deiner Aufgabe auf der Erde, die du je finden wirst. Es ist alles sehr einfach, wenn du erkennst, dass Licht Liebe ist.

Jetzt kannst du die Lektion anwenden.

- Wenn du immer alles schwarzmalst, dich zu viel im Dunkeln aufhältst, ständig dunkle Farben trägst, dich zu sehr forderst oder gedankenlos alles in dich hineinstopfst und die Sonne meidest ... dann bist du bezüglich dieser Lektion ein *Schüler*.

- Wenn du das Bedürfnis verspürst, die Dinge weniger ernst zu nehmen, es dir jedoch schwerfällt, dies umzusetzen, empfindlich auf die Atmosphäre eines Ortes reagierst und nicht gut darauf ansprichst, wenn die Beleuchtung schlecht oder nicht hell genug ist, dich ausgebrannt und leer fühlst, dich zu fröhlichen, unbeschwerten Personen hingezogen fühlst, selbst wenn deine Energie dunkel ist, oder wenn du Obst und Gemüse Steaks vorziehst … dann bist du ein *Lehrling*.

- Wenn du dich plötzlich zu helleren Farben und Licht hingezogen fühlst, dazu neigst, dich vegetarisch zu ernähren, gern ein Sonnenbad nimmst, die Vorhänge zurückschiebst und deine Räume von Sonnenschein durchfluten lässt oder wenn du weißt, wann du eine Pause einlegen, dich erholen und neue Kraft sammeln musst, dann bist du ein *Geselle*.

- Wenn du deine Seele in die Welt ausstrahlen lässt, guter Dinge und optimistisch bleibst, egal was passiert, jeden Tag nach draußen gehst, um Sonnenlicht aufzunehmen, oder wenn du die Menschen aufheiterst und ihren Tag erhellst … dann bist du auf dem Weg, diese Lektion zu *meistern*.

Wenn du ein Schüler bist …

- Besorge dir Vollspektrumlampen und installiere sie bei dir zu Hause und an deinem Arbeitsplatz.
- Geh jeden Tag 20 Minuten lang spazieren und trage ein Sonnenschutzmittel auf.
- Öffne die Vorhänge und Jalousien und lass die Sonne herein.
- Trage helle Kleidung, um mehr Licht von deinem Körper zu reflektieren.

Wenn du ein Lehrling bist …

- Iss mehr Gemüse, Früchte und Vollkornprodukte.
- Öffne dein Herz und vergib jenen, denen du grollst.

- Stell deine Möbel so um, dass du in der Nähe von Fenstern sitzt und schläfst.
- Streich deine Wände in Farben an, die mehr Licht reflektieren, und füge Spiegel und Kristalle hinzu, um noch mehr Licht zu brechen.

Wenn du ein Geselle bist ...

- Überschütte andere absichtlich mit dem Strahlen deines offenen Herzens.
- Setz dich täglich für 15 bis 20 Minuten nach draußen und arbeite in der Sonne.
- Trage Gold oder Kristalle in Herznähe, um mehr Sonnenenergie in deinen Körper zu leiten.
- Entferne dich umgehend aus jeder toxischen Umgebung.

Wenn du dabei bist, diese Lektion zu meistern ...

- Lass Situationen und Menschen Licht zuteil werden.
- Finde heraus, wo es in deiner Gegend eine Infrarotsauna gibt, und gönne dir einen Besuch dort.
- Trage mindestens dreimal in der Woche weiße Kleidung am Oberkörper.
- Halte dein Herz offen, indem du nichts und niemanden persönlich nimmst.

DEINE SEELENLEKTION

Lass die Sonne herein

DEINE SEELENAUFGABE

Mehr Licht in die Welt zu bringen

SEELENLEKTION NR. 21

Zerschlage negative Muster

Alles in deiner Welt wird durch wiederkehrende Muster erschaffen. Vom Augenblick der Empfängnis an teilen und verdoppeln sich Zellen viele Millionen Male. Dieser Prozess ist verantwortlich für die Entwicklung aller physischen Körper. Tatsächlich basiert alles Leben auf verschiedenen Arten der Vervielfältigung. Wenn du eine Pflanze genauer betrachtest, siehst du, dass die Blätter Energiestrukturen enthalten, die immer wieder auftauchen. Das Gleiche gilt für den Baubereich. Alle Gebäude und Häuser bestehen aus gleichmäßigen Konstruktionen aus Ziegeln, Mörtel, Stahl und so weiter. Deine physische Erfahrung wird durch die Wiederholung hervorgerufen.

Muster sind machtvoll, wenn die wiederholten Resultate, die reproduziert werden, vernünftig, gut und positiv sind. Sie werden erst dann zum Problem, wenn der Prozess nicht zu einem wünschenswerten Ergebnis führt. Vergleichbar einem Computerprogramm, das mit einem Fehler abläuft, wirst du weiterhin die gleichen negativen Wirkungen hervorrufen, bis du den Fehler korrigierst. Um deine energetischen Fehler zu korrigieren, musst du das alte Paradigma demontieren und es durch ein verbessertes ersetzen.

Das geschieht in *drei Stufen*. Die *erste Stufe* besteht darin, sich der schädlichen Muster bewusst zu werden oder sie zu identifizieren. Egal ob es sich dabei um einen ungesunden Körper, Mangel an materiellen Gütern oder unbefriedigende Beziehungen handelt, erkenne es einfach auf einer unpersönlichen Ebene als etwas, was schiefgelaufen ist. Sei objektiv und betrachte den unglückseligen Zustand ganz neutral. Nichts arbeitet gegen dich. Dein Programm hat lediglich einen Fehler, der behoben werden muss.

Auf der *zweiten Stufe* geht es darum, den Ursprung deines gewohnheitsmäßigen Verhaltens oder deiner Denkweise zu verstehen.

Muster werden übernommen, egal ob aus deiner frühen Kindheitsumgebung, früheren Leben oder aufgrund gegenwärtiger gesellschaftlicher Konditionierung. Versuche, den Ursprung herauszufinden, denn dies hilft dir zu erkennen, inwiefern dir dieses Verhalten in der Vergangenheit gedient hat und warum du es überhaupt angenommen hast.

—

Was meine Neigung, mich zu überarbeiten, betrifft, erkenne ich sie als etwas, was ich von meinem Vater gelernt habe. Da er dieses Muster in meiner Kindheit jeden Tag vorgeführt hat, ist es leicht zu verstehen, warum ich es ohne Weiteres als eine Lebensweise übernommen habe. Bei näherer Betrachtung wird mir klar, dass diese Neigung, zumindest bis vor Kurzem, durchaus hilfreich gewesen ist und mir sehr nützlich war.

Schließlich hat es mich angetrieben, innerhalb kurzer Zeit mehrere Bücher zu schreiben, überall auf der Welt zu lehren und zugleich zwei Töchter großzuziehen, eine Beratungspraxis zu führen und die Ehe mit einem launischen und zuweilen anstrengenden Künstler aufrecht zu halten – und das alles gleichzeitig. Das war eine Menge Arbeit!

Doch heute, da meine Töchter erwachsen sind, die Beziehung mit meinem Mann weniger problematisch und mein Terminplan nicht mehr so dicht gedrängt ist, dient mir diese Lebensweise nicht mehr. Also ist es an der Zeit, sie durch eine andere zu ersetzen. Meine Wünsche haben sich verlagert, und ich muss Schritte unternehmen, um eine Veränderung herbeizuführen.

—

Sobald du dir eines unerwünschten Musters bewusst wirst, mach dir klar, dass es zuerst als eine mentale Schwingung oder Blaupause in deinem Unterbewusstsein existiert. Um unerwünschte Gewohnheiten abzulegen, musst du diese innere Energiestruktur verändern und gegen eine verbesserte austauschen. Das erreichst du durch Beständigkeit. Es genügt nicht, ab und zu positiv zu denken. Stattdessen musst du alte kognitive Gewohnheiten *fortwährend* durch neue ersetzen und jeglicher Versuchung widerstehen, zu der überholten Vorgehensweise zurückzukehren.

Wenn du veraltete Muster ablegst und sie gegen wünschenswertere eintauschst, erkenne, dass sie einfach ihr Brauchbarkeitsdatum überschritten haben. Der Schlüssel ist, deine Verhaltens- oder Denkweisen nicht abzuwerten – akzeptiere einfach, dass sie in Anbetracht deiner gegenwärtigen Wünsche nicht länger geeignet sind. Wenn du sie verurteilst, wirst du emotional daran festhalten, was dazu führt, dass sie wie Klebstoff an dir haften bleiben. Verurteilen führt zu Anhaftung, während Nichtverurteilen dir hilft, dich zu lösen, also sei nicht kritisch – beobachte einfach nur.

Die *dritte Stufe* erfordert, dass du dich von den gefühlsmäßigen Reaktionen, die mit der ursprünglichen mentalen Blaupause einhergingen, loslöst und dir neue zu eigen machst, die deiner höheren Absicht entsprechen. Hör auf, automatisch zu reagieren, sondern wähle stattdessen eine Herangehensweise, die deinen neuen Wunsch oder deine neue Aufgabe reflektiert.

In meinem Fall bedeutete das, mich dem Glaubenssatz zu stellen, den ich mein ganzes Leben lang mit mir herumgetragen hatte. Dieser besagt, dass es gottgefällig und gut ist, sich zu überarbeiten – dass es etwas ist, wofür ich belohnt werde und was mir das Gefühl gibt, besser als andere zu sein. Ich musste meine mentalen Schwingungen neu ausrichten, damit sie mit meiner neuen Entscheidung übereinstimmten. Das bedeutete, ich musste aufhören, mich von Schuldgefühlen übermannen zu lassen, sobald ich aufhörte zu arbeiten, und stattdessen eine positive Haltung zur Erholung entwickeln. Außerdem bedeutete es, meinen Stolz abzulegen, den ich aufgrund meiner beinahe olympischen Fähigkeit besaß, tage- oder – wenn nötig – sogar wochenlang an einem Projekt zu arbeiten, ohne mir eine Pause zu gönnen, und dieses Verhalten als selbstzerstörerischen Akt der Eitelkeit zu begreifen.

Nichts von alledem fiel mir leicht. Schließlich hatte ich viele Jahre und sogar Lebenszeiten mit diesen Mustern verbracht, die mir vertraut waren und als eine Quelle der Selbstzufriedenheit dienten, etwas, was mein unbewusstes Ego nicht so ohne Weiteres aufgeben wollte. Tatsächlich war meiner Meinung nach einer der Gründe, warum ich in dieser Inkarnation meine Familie gewählt habe, der, dass sie mir die Gelegenheit bot, mich erneut dieser gewohnheitsmäßigen Arbeitssucht hinzugeben – etwas, was ich aus den letzten ein oder zwei Inkarnationen mitgebracht hatte.

Da alle meine Verwandten sich ständig zu immer größerer Leistung antrieben, fühlte ich mich bei ihnen sehr heimisch. Ich musste mich darin üben, Entspannung als etwas Gutes zu sehen. Es war eine neue Erfahrung, aber sie gefiel mir.

―

Du nimmst von einer Inkarnation in die nächste Programmierungen mit; du lässt zwar Körper und Lebensumstände zurück, aber nicht deine Verhaltensweisen – zumindest nicht automatisch. Du kannst dich nur bewusst verändern, indem du mithilfe der drei zuvor erwähnten Schritte die alten Muster zerstörst. Deine wichtigste Seelenlektion auf der Erde besteht darin, umgehend das zu verändern, was dir nicht länger dient. Die Erde ist der einzige Ort im Universum, an dem du unsinnige, einschränkende Gewohnheiten ablegen und – durch Ausprobieren – lernen kannst, zu dem kreativen unsterblichen Lichtwesen zu werden, das du in Wahrheit bist.

Der schnellste Weg, eine Reaktionsfolge niederzureißen, besteht darin, »es so lange vorzutäuschen, bis du es kannst«, denn das Unbewusste kann nicht zwischen Realität und Vorstellung unterscheiden. Ein Beispiel dafür sind Zitronen. Stell dir vor, du beißt in eine, und achte darauf, was passiert. Du kräuselst sofort die Lippen, und schon der Gedanke daran lässt dich zusammenzucken. Das liegt daran, dass dein Unbewusstes glaubt, du beißt wirklich in eine saure Frucht. Das Gleiche geschieht, wenn du dich darauf konzentrierst, erfreut zu sein. Auch wenn du in dem Augenblick nicht glücklich bist, aber so tust, als würdest du dich freuen, lässt sich dein Unterbewusstsein überrumpeln und fängt automatisch an, ein Gefühl der Freude zu erzeugen. Probier das jetzt sofort aus, und du wirst sehen, wie das funktioniert.

Emotionen sind ebenso wie Verhaltensweisen Gewohnheiten. Neue einzuführen bedeutet einfach, deine Routinen zu verändern. Übe dich darin, in Bezug auf deine neuen Manifestationen positiv und optimistisch zu empfinden, auch wenn du denkst, dass du nur so tust, als ob, oder »es vortäuschst«. Erinnere dich daran, dass Emotionen der Treibstoff für Kreativität sind. Eingedenk dessen kannst du kraftvolle neue Emotionen wählen, die zu erstaunlichen Resultaten führen.

Ich hatte eine Klientin, die sich nie attraktiv oder von anderen beachtet fühlte. Da sie dies als ein Muster und nicht als feststehende Realität verstand, beschloss sie, stattdessen das Muster »Ich bin schön« zu kreieren. Mit ihrer neuen Blaupause vor Augen übte sie sich in dem Gefühl, hinreißend auszusehen. Dies tat sie unter anderem dadurch, dass sie Spiegel mied und ihr Aussehen ignorierte. Nur morgens, wenn sie sich für die Arbeit zurechtmachte, sah sie ein paar Minuten in den Spiegel, doch den Rest des Tages widerstand sie dieser Versuchung. Dafür konzentrierte sie sich rund um die Uhr auf schöne, angenehme Emotionen. Je mehr sie das tat, desto stärker wurde ihre positive Ausstrahlung. Es dauerte nur drei Wochen, bis man ihr Komplimente machte – sogar Fremde sagten ihr, wie hinreißend sie sei.

Als nächsten Schritt musst du dein Verhalten ändern. Wenn du ein Muster zerschlagen willst, musst du etwas anders machen. Abgesehen davon, reicht es nicht, wenn du dir nur ein- oder zweimal Mühe gibst und sofort Resultate erwartest; du musst die alte Handlungsweise fortwährend durch eine neue ersetzen.

Die folgende überzeugende Aussage las ich in einem Buch über das altnordische Orakel, dem <u>Buch der Runen</u>: »Es gibt nur eine Macht im Universum, und das ist die Macht der Entscheidung. Alles andere folgt.«

Sobald du die Entscheidung triffst, ein Muster zu zerstören, hilft dir das Universum sofort in Form von Synchronizitäten, Inspiration, Gelegenheiten und neuer Lebenskraft. Gott kann dir seine Göttlichkeit nicht aufdrängen; du musst dich dafür entscheiden. In dem Moment, in dem du diese Entscheidung triffst, ebnest du der himmlischen Macht den Weg, dir zu dienen.

Du bist Herr deines Lebens, doch stehen dir Führer, Engel und unser liebender Schöpfer hilfreich zur Seite, wenn du darum bittest. Verändere Paradigmen in dem Wissen, dass das Heilige mit dir zusammenarbeitet. Es gibt einen Spruch, der ungefähr so lautet: »Wenn Gott bei dir ist, ist nichts gegen dich.«

Humor hilft dir schneller als jede andere Energie, Verhaltensweisen zu ändern. Lach über sie – natürlich liebevoll –, doch erlaube dir ein Schmunzeln. In Wahrheit hat keine deiner Verhaltensweisen irgendeine Macht über dich – du kannst sie jederzeit durch andere ersetzen. Nur durch deine Aufmerksamkeit erlaubst du ihnen, Einfluss auf dich auszuüben, doch du kannst diese Aufmerksamkeit auch zurücknehmen. Vielleicht wirst du damit zu kämpfen haben, aber du musst es nicht. Du kannst dich von einem Muster wesentlich leichter trennen, wenn du deine Gewohnheiten nicht so ernst nimmst. Andere Methoden sind zwar auch effektiv, aber mit Humor erreichst du dein Ziel wesentlich schneller.

~

Mein Klient Forrest hatte das selbstzerstörerische Muster, sich immer auf oberflächliche und manipulierende Frauen einzulassen, die auf sein Geld aus waren und ihn dann fallen ließen. Nach einer Reihe demütigender und kummervoller Affären beschloss er, sich einer Comedy-Improvisationsgruppe anzuschließen und sich über sein Liebesleben lustig zu machen, statt immer wieder den gleichen Fehler zu begehen. Er kam zu dem Schluss, dass dies nicht nur billiger sei, sondern auch weniger schädlich für sein bereits schwer angegriffenes Ego, und dass er nichts zu verlieren habe.

Es dauerte nur ein paar Wochen, und Forrest hatte sein emotionales Elend in eine urkomische Comedy-Nummer verwandelt, die jeden Abend seine Zuschauer begeisterte und zum Lachen brachte. Sich über seine jammervollen Geschichten lustig zu machen, schlug sofort ein. Plötzlich wurde er mit Angeboten von Frauen überhäuft, die seine Show sahen und mit ihm ausgehen wollten.

Wenige Monate nach seinem ersten Auftritt mit seiner Nummer begann er eine Beziehung mit einer Frau, die dem gleichen Ensemble angehörte und ein ebenso leidvolles Liebesleben hinter sich hatte wie er, bevor sie sich der Comedy zugewandt hatte. Sie bildeten ein Komikerpaar, das sich auf die Mühsal der Partnersuche konzentrierte und Lachstürme entfesselte. Das Letzte, was ich über sie hörte, war, dass die beiden geheiratet haben und nicht mehr auftreten.

Übe dich in Geduld, denn das Zerschlagen von alten und das Einsetzen von neuen Mustern erfordert Zeit. Es ist so ähnlich, als wenn du das veränderst, was in deinem Garten wächst. Zuerst musst du die alten Pflanzen mit den Wurzeln ausreißen, dann neues Saatgut in die Erde bringen und darauf warten, dass das Universum alles Weitere regelt. Es kann einige Zeit dauern, bis die alten Sträucher und Blumen vollständig beseitigt und die neuen voll erblüht sind, aber es wird geschehen.

Bevor die Lichtwesen auf euren Planeten zu strömen begannen, um euch bei eurer kollektiven Seelenaufgabe zu helfen, durchlief ein Mensch normalerweise drei Lebenszyklen, bevor er erfolgreich ein selbstzerstörerisches Muster ablegen konnte. Die Erde kann derart langsame Fortschritte jedoch nicht länger unterstützen. Das ist der Grund, warum wir euch ermutigen, über alles zu lachen, was nicht länger erwünscht ist, da dies eure Seelen und die Welt schneller weiterbringt. Wir lachen mit euch!

Doch wir verstehen auch, wie schwierig es ist, fröhlich zu sein, wenn deine Seele Schmerzen leidet. Doch Leiden ist der beste Katalysator für deine Entwicklung. Schließlich bist du weniger geneigt, dich mit deiner wahren Natur zu verbinden, wenn alles gut läuft. Erst wenn du Schmerzen hast, unglücklich bist und Verlust erleidest, beginnst du, dich ernsthaft für Veränderungen zu interessieren.

Wir hoffen, dass du deine Ansicht über Leid und Kummer änderst und sie als Ansporn zur Veränderung betrachtest. Verstehe sie als einen Freund und Lehrer. Wenn du Leid siehst oder erlebst, schätze es richtig ein. Verurteile es nicht als »schlecht«. Akzeptiere es einfach als einen Hinweis, dass es für dich an der Zeit ist, zu wachsen.

Schmerz spornt zur Entwicklung an. Sobald du deine Lektion gelernt hast, brauchst du den Schmerz nicht mehr und kannst ihn loslassen. Gewöhne es dir nicht an, ständig verletzt zu sein. Wir erleben es immer wieder, dass ihr an Qualen festhaltet, als wäre es eine Kuscheldecke.

Mach dir bewusst, wie präzise du deine letzte schmerzliche Erfahrung beschreiben und sogar das Gefühl wieder aufleben lassen kannst. Sprich dann, als eine Bewusstseinsübung, über das letzte positive Ereignis in deinem Leben. Für gewöhnlich wirst du die wundervollen Dinge nicht mit annähernd der gleichen Intensität wiedergeben können wie die unangenehmen.

―

Meine Klientin Marie litt sehr unter der qualvollen Auflösung ihrer Ehe und der Scheidung. Ihr Mann hatte sie für eine andere Frau verlassen und finanziell ruiniert, und seine erwachsenen Kinder aus einer früheren Beziehung wollten nichts mehr mit ihr zu tun haben. Wie schlimm diese Erfahrung auch war, sie hatte gewusst, als sie ihn heiratete, dass sie von ihm weder Treue noch Ehrlichkeit erwarten konnte. Ihr war auch klar gewesen, dass seine Kinder als Folge, einen Vater wie ihn zu haben, manipulativ und selbstsüchtig waren. Trotzdem hatte sie sich darauf eingelassen, in dem Glauben, sie alle ändern zu können.

Mittlerweile wusste Marie, wie schwer es sein kann, seine Muster und Schwingungen zu verändern – ganz zu schweigen von denen anderer Menschen –, und sie erkannte, wie lächerlich ihr Vorhaben gewesen war. Die Scheidung, so schmerzlich sie auch war, brachte sie schließlich wieder zur Vernunft. Das Leid, das sie in ihrer Ehe erfahren hatte, gab ihr die Kraft, loszulassen und ihrer Familie nicht länger ihre Vorstellung von Wachstum aufzuzwingen, derweil sie ihre eigene Entwicklung ignorierte.

Das Problem, das sie sich heute selbst schafft, besteht darin, ständig jedem ihre Leidensgeschichte zu erzählen. Es sieht aus, als sei sie süchtig danach, sich täglich aufs Neue zu traumatisieren. Als ich sie fragte, warum sie sich diesen alten Schmerz immer wieder zufügt, antwortete Marie, sie wolle sicherstellen, nie mehr die gleichen Fehler zu begehen.

Das Absurde an ihrer Logik ist, dass sie durch das unentwegte Reden über vergangene Ereignisse energetisch die gleichen Irrtümer noch einmal durchlebt. Auf meinen Vorschlag, damit aufzuhören, reagierte sie sehr heftig und rief aus: »Niemals!« Ihr starker Widerstand zeigte, wie sehr es ihr gefiel, zu leiden, und ich verstand sie. Ihr Verweilen bei der Vergangenheit bot ihr eine Entschuldigung, nicht zum Spiel des Lebens zurückzukehren und sich weiterzuentwickeln. Jedoch drängte ich sie nicht zu einer Veränderung. Entwicklung kann langsam oder schnell vor sich gehen, je nachdem, wie wir uns entscheiden. Offensichtlich ist Marie nicht in Eile.

―

Wenn du Schmerzen hast und nicht in der Lage bist, Abstand von deinem Muster zu nehmen, es zu untersuchen und bewusst zu verändern, bieten wir dir ein anderes Werkzeug an, das dir helfen kann: die Benutzung von Tönen, die aus Schwingungen bestehen. Indem du bestimmte Mantras singst oder chantest, kannst du Schwingungen erzeugen, die höher sind als die des Verhaltens oder Gedankens, den du verändern willst. Wenn du das lange genug praktizierst, wird das schädliche Programm zerstört und Energie freigesetzt, um ein neues zu erschaffen.

Zwei machtvolle Mantras sind *Om mane padme hum* (»Ich bin, was ich bin«) und *A-do-na-i*, was so viel heißt wie »Gott auf der physischen Ebene«. Singe diese heiligen Formeln auf die Weise, die dir am meisten zusagt. Finde deine eigene Tonlage und deinen Rhythmus und überlass den Tönen die Arbeit.

Singe *A-do-na-i* höchstens drei Mal, während du dich auf das konzentrierst, was du überwinden willst, wie zum Beispiel Einsamkeit, Armut oder Krankheit. Dein Mantra wird zu einer gebündelten Schwingung, die das bestehende Energiefeld stört. Wenn du dies mehrmals am Tag ausübst, wirst du innerhalb von 3 bis 30 Tagen eine Veränderung feststellen.

Om mane padme hum dient dem gleichen Zwecke, und du kannst es so lange und so oft singen, wie du magst. Jedes Mal, wenn du mit einem Verhalten konfrontiert bist, das dir nicht länger dienlich ist, Schmerz verursacht oder dich davon abhält, voll im Hier und Jetzt zu sein, sing *Om mane padme hum*, während du dir die quälende Gewohnheit vor Augen hältst. Diese Praxis unterbricht die Situation durch das Anrufen des Namens Gottes.

Als eine andere Möglichkeit, nutzlos gewordene Muster zu zerstören, kannst du den Erzengel Gabriel anrufen; sing seinen Namen, den du *Ga-briii-el* aussprichst. Eine seiner speziellen Aufgaben ist, euch dabei zu helfen, alte persönliche Muster zu zerbrechen und neue zum Ausdruck zu bringen. Fühlt euch also frei, ihn jedes Mal anzurufen, wenn ihr Hilfe braucht.

Ich habe festgestellt, dass es bei der Arbeit mit Mantras und Gesängen oder beim Anrufen des Erzengels Gabriel hilfreich ist, wenn man versteht, was mit einem Muster passiert, wenn eine höhere Schwingung erzeugt wird. In den 70er-Jahren lief in den USA ein TV-Spot über Memorex-Audiokassetten. Zuerst sah man einen Kristallkelch, dann begann Ella Fitzgerald zu singen, und die Resonanz ihrer Stimme war so hoch – höher als die Schwingung der Moleküle, die das Gefäß zusammenhielten –, dass der Kelch zersprang.

Nicht sichtbar war die Tatsache, dass sich – bevor der Kristall zersprang – die Moleküle, die den Kelch bildeten, zusammenzogen und fest aneinanderklammerten, um ihre Struktur aufrechtzuerhalten. Erst durch den lang anhaltenden Ton – oder die höhere Frequenz – war es möglich, durchzubrechen und die Anordnung der Moleküle aufzulösen.

Dieses Phänomen ist überall in der Natur und in unserem Leben zu beobachten. Wenn eine bestehende Form einer höheren Energie gegenübersteht, zieht sie sich zunächst in dem Bemühen um Selbsterhaltung zurück. Das ist der Grund, warum in dem Augenblick, in dem ein Mensch beschließt, Diät zu halten oder mit dem Rauchen aufzuhören, seine umgehende Reaktion darin besteht, alles, was in Sichtweite ist, zu verschlingen oder wie verrückt zu rauchen. Die Atome, Moleküle sowie mentalen und emotionalen Resonanzsequenzen reagieren, indem sie um ihre Existenz kämpfen.

Dies ist der beste Zeitpunkt, um eine höhere Schwingung ins Spiel zu bringen. Anstatt zu essen, können Sie zum Beispiel <u>Om mane padme hum</u> singen oder dreimal den Erzengel Gabriel anrufen; machen Sie dann einen Spaziergang, räumen Sie Ihren Schrank auf oder beschäftigen Sie sich auf andere Weise. Mit der gleichen Methode könnten Sie mit dem Rauchen aufhören: Anstatt zu rauchen, chanten Sie dreimal <u>A-do-na-i</u>. Holen Sie dann ein paar Mal tief Luft, dehnen Sie sich und gehen Sie spazieren. Sie können diese Energien bei jedem Verhalten, das Sie ändern wollen, anrufen. Alle diese Mantras rufen eine größere Resonanz hervor, um dem Zusammenziehen entgegenzuwirken, das Muster zu zerstören und eine neue Kraft freizusetzen.

~

Wie bereits erwähnt, bist du als spirituelles Wesen mit allem und jedem im Universum verbunden. Folglich übst du einen starken Einfluss auf andere aus – und umgekehrt. Dein Schmerz ist der Schmerz eines anderen, und sein Schmerz ist deiner. Betrachte jedes Leiden, ob in der Vergangenheit oder in der Gegenwart, als deine persönliche Chance, es für die ganze Menschheit zu transzendieren. Du trägst den Schmerz für alle, und du transzendierst ihn auch für alle. Über deinen Kummer hinauszugehen und ein freudvolles Lichtwesen zu werden ist der höchste Beitrag, den du für deine Mitmenschen leisten kannst. Du wirst anderen vorleben, was möglich ist, sodass sie dir folgen können. Je mehr Beschwernisse du überwindest, umso mehr Liebe bringst du anderen. Wie du weißt, besteht deine größte Aufgabe darin, dem Ganzen als erleuchteter Botschafter zu dienen. Und dies ist nur möglich, wenn du das Hindernis und die Finsternis abgenutzter Muster hinter dich bringst und auf eine höhere Schwingung umsteigst.

Jetzt kannst du die Lektion anwenden.

- Wenn du gedankenlos an überholten Angewohnheiten festhältst, dich nicht bemühst, dein Verhalten auf schädliche Muster zu überprüfen, immer wieder die Enttäuschungen und Leiden der Vergangenheit aufs Neue ins Leben rufst oder wenn du glaubst, festzustecken ... dann bist du beim Lernen dieser Lektion ein *Schüler*.

- Wenn du feststellst, dass du irgendeine negative Programmierung hast, Rat suchst über die Aspekte deines Lebens, die unbefriedigend sind, dich Veränderungen widersetzt oder wenn du hoffst, dass die Dinge besser werden ... dann bist du ein **Lehrling**.

- Wenn du verschiedene Eigenschaften von dir änderst, an neuen Entscheidungen festhältst, auch wenn du keine sofortigen Resultate erhältst, erkennst, dass Wachstum Zeit braucht, und bereit bist, Geduld zu haben, oder wenn du dich angeregt fühlst, durch Chanten oder Singen eine höhere Schwingung anzurufen ... dann bist du ein **Geselle**.

- Wenn du danach strebst, mit höheren Energieebenen mitzuschwingen, unsinnigen Verhaltensweisen direkt die Stirn bietest oder wenn du inmitten von Unruhe und Aufruhr eine positive Einstellung bewahrst ... dann bist du auf dem besten Weg, diese Lektion zu **meistern**.

Wenn du beim Lernen dieser Lektion ein Schüler bist ...

- Frag dich selbst, ob du dich ändern willst.
- Sei dir deines Schmerzes bewusst und sieh ihn als Aufforderung zum Wachstum.
- Hör dir CD-Aufnahmen vom Chant *Om mane padme hum* an.
- Frage andere danach, welche wiederkehrenden Muster in deinem Leben sie sehen.
- Mach dir bewusst, was dich deprimiert oder hoffnungslos stimmt, und registriere, was du tust, wenn du von diesen düsteren Schwingungen überrollt wirst.

Wenn du beim Lernen dieser Lektion ein Lehrling bist ...

- Identifiziere bestimmte energetische Blaupausen, die du ändern möchtest.
- Stell die mentalen, emotionalen oder physischen Ursachen unsinniger Verhaltensweisen und Gedanken fest, indem du herausfindest, wer in deiner Familie die gleichen Muster hatte.
- Mach dir die Bereiche deines Lebens bewusst, in denen du dich von alten Verhaltens- und Handlungsweisen distanzierst, jedoch noch nicht ganz eine höhere Schwingung erreicht hast. Beglückwünsche dich selbst zu deinen Bemühungen.
- Gönne dir regelmäßige Rolfing-Sitzungen oder wöchentliche Massagen, um deine körperlichen Muster umzuprogrammieren.
- Täusch es so lange vor, bis du es geschafft hast.

Wenn du beim Lernen dieser Lektion ein Geselle bist ...

- Melde dich zu einem Kurs an, der das Zerstören von Mustern zum Thema hat, wie etwa dem achttägigen Hoffman-Prozess (siehe

hierzu im Internet nach), um veraltete Gewohnheiten anzugehen und abzulegen.
- Suche nach Vorbildern in den Bereichen deines Lebens, in denen du etwas verändern oder verbessern möchtest. Wenn du Liebe finden willst, halte Ausschau nach jemandem, der die Art von Mitgefühl und Freundlichkeit verkörpert, die du bewunderst, und lerne von ihm oder ihr. Möchtest du mehr Geld haben, finde jemanden, der deinen Traum lebt.
- Bediene dich der Hilfe eines Mentors oder Führers, um neue Verhaltensweisen zu verstärken.
- Ruf Erzengel Gabriel an, um dir bei der Änderung deiner mentalen, emotionalen und physischen Programmierung beizustehen.

Wenn du auf dem Weg bist, diese Lektion zu meistern ...

- Betrachte jede schmerzliche Erfahrung in deinem Leben als deinen persönlichen Beitrag zur Heilung des Leidens auf der Welt.
- Bete bei allen persönlichen Schwierigkeiten, die sich einer Veränderung widersetzen, darum, dass andere im Universum dir ihre Heilung und ihr Verständnis dieser Lektion zukommen lassen.
- Übe dein neues Muster ein, um es *dauerhaft* zu machen.
- Rede über deine erwünschten Gewohnheiten so, als existierten sie bereits.

DEINE SEELENLEKTION

Zerstöre die Vergangenheit

DEINE SEELENAUFGABE

Dein Leben mit Freude zu gestalten

SEELENLEKTION NR. 22

Vergeude keine Zeit

Nutze deine Zeit weise, denn sie ist das einzig wahrhaft Wertvolle, das du auf der Erdenebene besitzt. Sie zu vergeuden stellt einen schwerwiegenden Rückschritt in deiner Seelenentwicklung dar. Du kannst nie sicher sein, wie viele Stunden dir noch in diesem Körper verbleiben, dem komprimierten Brutkasten deines unsterblichen Geistes. Deine Tage sind ein Geschenk, also nutze sie richtig.

Organisiere deine Zeit. Konzentriere dich auf Dinge, die mit deinem Herzenswunsch zu tun haben. Schließlich ist der Moment, den du mit Angst, Sorgen, Groll, negativen Gedanken und Tätigkeiten verbringst, an die du nicht glaubst, unwiederbringlich verloren. Die Seele ist unsterblich, doch sie inkarniert für einen bestimmten Zeitraum in einem physischen Körper, um zu wachsen, sich weiterzuentwickeln und ihre Aufgabe zu erfüllen. Wenn du dieses Leben verschwendest – es steht dir durchaus frei, dies zu tun –, verlängerst du damit einfach deinen Schmerz und dein Leid und hältst dich und andere von Selbsterkenntnis ab. Erkenne, wie du deine Zeit, deinen kostbarsten irdischen Besitz, falsch nutzt, bevor du die Schwelle des Todes erreichst, denn dann wird es zu spät sein.

Diese Erkenntnis wurde einer Klientin von mir zuteil. Emma, Ehefrau und Mutter aus Omaha, Nebraska, war 53 Jahre alt, als die Ärzte bei ihr Brustkrebs im fortgeschrittenen Stadium diagnostizierten, der bereits das Lymphsystem in Mitleidenschaft gezogen hatte.

Überwältigt und untröstlich über ihre Aussichten, sagte sie zu mir: »Sonia, es ist nicht so sehr die Tatsache, dass ich sterbe, die mich verzweifeln lässt, sondern vielmehr, dass ich mein Leben nie wirklich gelebt habe. Ich bin die perfekte Ehefrau gewesen, war bei Geschäftsessen dabei, war Vorsitzende der Eltern-Lehrer-Vereinigung, habe mich als die ideale Fußball-Mama hervorgetan, Straßenfeste und Wohltätigkeitsveranstaltungen in der Schule organisiert – nicht weil ich das alles wollte, sondern weil ich Angst hatte, Nein zu sagen, und weil mir die Anerkennung der anderen so wichtig war. Was ich wirklich tun wollte und wonach ich mich immer gesehnt habe, war, zu malen, rote Schuhe zu tragen und nach Rom zu fahren. Und heute kann ich nicht einmal mehr allein auf die Toilette gehen. Ich habe meine Zeit hier weggeworfen und kann es nicht ertragen, diese Erde vergeblich zu verlassen.«

Emma brach mir das Herz. Ihre Selbsterkenntnis kam zu spät.

»Wie kann ich in Frieden sterben?«, bat sie, »wo ich doch weiß, dass ich mein Leben vergeudet habe?«

Das war eine gute Frage, und ich dachte ernsthaft darüber nach. Dann kam die Antwort. »Lassen Sie alle die Wahrheit wissen«, riet ich ihr. »Warnen Sie die Menschen, nicht den gleichen Fehler zu machen. Ermutigen Sie sie, ihrer Seele gemäß zu leben, anstatt sich ihren Ängsten zu ergeben und ihre Träume zu verleugnen.«

Sie entspannte sich und wurde still. »Sie haben recht«, sagte sie dann. »Wenigstens wird das eine ehrliche Entscheidung sein, die ich treffe, bevor ich sterbe.«

Drei Monate später erhielt ich eine Benachrichtigung über Emmas Tod; sie war vier Wochen nach unserem Gespräch gestorben. Ihre älteste Tochter schickte mir die Karte mit der Bemerkung, dass ihre Mutter sie darum gebeten hatte, zusammen mit der Botschaft, dass sie in Frieden verschieden war.

Mein Erlebnis mit Emma war ein Geschenk – eine deutliche Mahnung, mir anzuschauen, wie ich meine Zeit nutze. Dabei fielen mir Bereiche ungeheurer Verschwendung auf. Ich klagte über Konflikte mit Personen, von denen einige schon Jahre zurücklagen, brach vor lauter Langeweile oder mangels ausreichender Selbstachtung Streit mit meiner Familie vom Zaun, schlug um mich, um meinen inneren Stress abzuladen, und sah viel zu viel fern, anstatt mir den Schlaf zu gönnen, den ich brauchte. Die Liste war schier endlos. Ich denke oft an Emma. Auch wenn sie glaubte, ihr Leben sei sinnlos gewesen, hat sie mir in der Tat geholfen, viel Zeit zu sparen, und ich bin zutiefst dankbar dafür. Sie diente mit ihrem Tod.

Vergeude ebenso wenig die Zeit anderer Menschen. Es ist eine Zumutung und respektlos, Vereinbarungen nicht einzuhalten, widersprüchliche Botschaften zu senden, zu spät zu Verabredungen zu kommen (oder überhaupt nicht zu erscheinen) oder sich nicht verantwortlich zu fühlen. Deine Stunden hier auf der Erde sind der einzige kostbare Besitz, den du hast, und wenn es schon schlimm genug ist, deine eigene Zeit zu vergeuden, ist es ein Zeichen größter Selbstsucht, die Zeit eines anderen zu rauben.

Ich weiß, das sind harte Worte, aber sie sind wahr. Die Zeit eines anderen einfach so zu vergeuden, vor allem aus Selbstmitleid und Verantwortungslosigkeit, löst einige der stärksten Seelenverstimmungen aus, die mir begegnet sind. Ich kenne zahllose Klienten, die in meine Praxis kamen, außer sich vor Zorn und Ärger darüber, dass sie ihre Zeit mit fruchtlosen Beziehungen vergeudet hatten.

Vor allem eine Frau, Soledad, war so verzweifelt, dass sie beinahe Zuckungen bekam. Sie hatte sechs erwachsene Kinder, unter anderem einen Sohn, einen kreativen jungen Mann namens Jose, der sich weigerte, erwachsen und ein verantwortungsbewusster Mensch zu werden. Er war Ende dreißig, und sie hatte ihn bis zum Schluss unentwegt unterstützt, ihn aufs College geschickt, sein Studium und sein Auto finanziert, seine Freunde aufgenommen und auch ihnen geholfen – alles aufgrund der Illusion, dass Jose eines Tages die Verantwortung für sich selbst übernehmen und sich als Designer bald selbstständig machen würde, wie er seiner Mutter immer wieder versichert hatte.

Anstatt es ernst zu meinen und Verantwortung zu übernehmen, stand ihm der Sinn nur nach Partys. Er nahm Drogen und ging jeden Abend aus. Seine Mutter ließ sich von ihm manipulieren, denn er hatte eine angenehme Art, und sie wollte an ihn glauben. Das Ganze fand ein abruptes Ende an einem Weihnachtsabend: Er hatte mit seinen Freunden zu viel getrunken und sich ans Steuer seines Wagens gesetzt, um in die Disco zu fahren. Jose verlor die Kontrolle über den Wagen und fuhr gegen einen Baum. Er und zwei seiner Mitfahrer waren augenblicklich tot. Er hinterließ mehr als 56 000 Dollar unbezahlte Rechnungen und viel Kummer.

Alles, was Soledad sagen konnte, war: »Welch eine Verschwendung!« Sie hatte 40 Jahre ihres Lebens jemandem gewidmet, dem sein eigenes

Leben nicht wichtig war. Es war eine schmerzvolle Lektion und ein schrecklicher Verlust für die ganze Familie.

Seelenlektion Nr. 22 zeigte ihre hässliche Fratze, und Soledad hatte jetzt nur noch eine echte Wahl: keine Zeit mehr dafür aufzubringen, anderen zu viel zu geben, während sie ihr eigenes Leben vernachlässigte. Ich weiß jedoch nicht, wie ihre Entscheidung ausgefallen ist, denn ich habe danach nie mehr etwas von ihr gehört.

Sei in deinen Beziehungen pünktlich und dir deiner Absichten bewusst, während du die Bedürfnisse und Wünsche anderer Menschen respektierst. Wertschätze ihre Prioritäten genauso wie deine eigenen. Auch wenn es den Anschein haben mag, dass du bekommst, was du willst, wenn du anderen deine Sichtweise und deinen Willen aufdrängst, wird das langfristig nicht funktionieren.

Ein sehr liebevoller Mann, Charles, lernte eine jüngere Frau namens Claire kennen und kam sofort zu der Überzeugung, dass er in ihrem Leben sein musste, um für sie zu sorgen. Charles überzeugte sie davon, ihn zu heiraten, Mutter seiner Kinder zu werden und seinen Anweisungen zu folgen. Dafür bot er ihr jede Annehmlichkeit und Sicherheit. Claire, passiv und leicht manipulierbar, ließ sich darauf ein, vor allem aufgrund der verführerischen Aussicht auf ein angenehmes und zufriedenes Leben – zumindest vorerst.

Claire wurde Charles' Frau, schuf ein schönes Zuhause und gebar ihrem Mann zwei Söhne. Doch bald rebellierte sie, legte sich einen Liebhaber zu – den Mann einer Nachbarin – und brannte schließlich mit dem neuen Geliebten durch und ließ ihren Mann und die Kinder zurück.

Charles war völlig verzweifelt. »Wir hatten eine Abmachung«, sagte er zu mir. »Sie hat unseren Vertrag gebrochen.«

Ich empfand zwar Mitgefühl für ihn, denn er war wirklich todunglücklich, musste ihn aber trotzdem auf diesen »Handel« ansprechen.

»Sie sagen, Sie hatten eine Abmachung«, sagte ich, »doch soweit ich mich erinnere, lag die Sache ein wenig anders. Ich weiß noch, dass Sie Claire unablässig nachgestellt und sie gebeten haben, Ihre Frau zu werden, und sie dabei mit Versprechen von Geld und Sicherheit lockten. Sie

gab Ihren Vorstellungen nach, doch ich würde dies nicht als einen echten Vertrag bezeichnen, der freiwillig von zwei Menschen eingegangen wird, die nach reiflicher Überlegung eine bewusste Entscheidung getroffen haben. Ihre Verbindung kam nicht ganz auf diese Weise zustande.«

Charles musste zustimmen. »Ich weiß, dass ich sie überredet habe, das zu tun, was ich wollte. Was für eine Zeitverschwendung!«, gab er zu.

»Ja und nein«, stellte ich klar. »Es war ein Verlust insofern, als Sie Ihren Plan nicht erfolgreich weiterführen konnten, doch jetzt, wo Sie vor einem Neuanfang stehen, können Sie nutzen, was Sie aus dieser Erfahrung gelernt haben.«

~

Du hast alle Zeit, die du brauchst, um das zu erreichen, was du dir wünschst und was echt und sinnvoll ist, doch du hast keine Sekunde zu verlieren. Das heißt nicht, dass du in jedem Augenblick hochwertige Resultate erzielen musst. Zuweilen ist es am effektivsten, gar nichts zu tun.

Deine Zeit sinnvoll zu nutzen bedeutet, die Kraft der Ruhe und Geduld zu erkennen und auf die natürliche Entwicklung der Ereignisse zu vertrauen. Mach dir klar, dass du nicht der Einzige im Universum bist, der etwas tut. Der Herr der Schöpfung ist ebenso tätig, und gelegentlich musst du auf göttliche Führung warten.

~

Vor vielen Jahren hatte ich einen Klienten namens Al, der sich nichts sehnlicher wünschte, als Nachrichtensprecher beim Fernsehen zu werden. Sein einziges Problem war sein Geheimnis: Er war homosexuell und davon überzeugt, dass seine sexuelle Orientierung seine beruflichen Ziele zunichtemachen würde. Natürlich rief dies große Frustration und Angst in ihm hervor, und er verbrachte viel Zeit damit, das zu errichten, was er eine akzeptable Fassade nannte, um seinen Traum verwirklichen zu können. Um diese Fassade zu verstärken, ließ er sich mit einer naiven jungen Frau aus Polen ein, die kein Wort Englisch sprach, und heiratete sie.

Es gelang ihm, eine Stelle in einer morgendlichen Nachrichtensendung bei einem örtlichen Fernsehsender zu bekommen. Zwei Jahre ging alles gut, bis er eines Abends in einer Homosexuellen-Bar mehrere Kollegen traf, die sich darüber amüsierten, ihn dort zu sehen. Am nächsten Tag wussten alle in der Redaktion Bescheid. Gedemütigt, weil man ihm auf die Schliche gekommen war, kündigte er; und da er jetzt keine Vorzeige-Ehefrau mehr brauchte, ließ er sich scheiden. Er war überzeugt, dass seine Karriere vorbei war, und gab seine Hoffnungen auf. Zu dieser Zeit lernte ich ihn kennen.

Meine innere Führung zeigte mir, dass er einfach seiner Zeit voraus war und dieses Thema forcierte. Ich riet ihm zur Geduld. »Der Tag wird kommen«, sagte ich, »wenn Ihre sexuelle Orientierung überhaupt keine Rolle mehr spielen wird und Ihnen sogar bei Ihrer Arbeit helfen könnte.«

Er spottete: »Zu dem Zeitpunkt werde ich mit einem anderen, noch unüberwindlicheren Tabu zu kämpfen haben: Ich werde zu alt sein!«

»Stimmt nicht«, erwiderte ich. »Warten Sie nur ein wenig ab. In der Zwischenzeit beseitigen Sie das Chaos, das Sie herbeigeführt haben, und versöhnen Sie sich mit sich selbst und jenen, deren Zeit Sie vergeudet haben.«

Ich traf ihn seitdem nicht wieder, doch vor ein paar Wochen sah ich ihn im Fernsehen: Er moderierte eine Talkshow für Homosexuelle. Er machte einen äußerst glücklichen und entspannten Eindruck. Alles, was er hatte tun müssen, war, darauf zu warten, dass die Welt ihn einholte.

―

Deine Zeit richtig zu nutzen stellt das letzte Hindernis in der Seelenentwicklung dar. Du kannst die Zeit nicht kontrollieren; du kannst nur mit ihr umgehen, und im Idealfall tust du das mit der größten Umsicht. Verbringe deine Tage mit dem, was dir wichtig ist, und widme den Dingen, die es nicht sind, keine Energie.

Bei dieser Lektion geht es im Grunde um völlige Selbstständigkeit. Es ist wichtig und gut, Hilfe zu suchen, doch nicht, darum zu bitten, sich zu wünschen oder zu träumen, dass dich jemand tragen wird. Deine Seele sehnt sich nach Selbsterkenntnis, da dies ihre höchste Aufgabe ist. Dir zu wünschen oder zuzulassen, dass dich ein anderer stützt, stellt eine große Zeitverschwendung dar, weil deine Seele rebellieren wird. Du weißt vielleicht nicht, wann, doch du kannst sicher sein, dass es so sein wird.

―

Um herauszufinden, wie Sie Ihre Zeit nutzen, tragen Sie eine Armbanduhr mit Wecker und stellen diesen so ein, dass er eine Woche lang jede Stunde klingelt (außer wenn Sie schlafen). Sobald der Wecker losgeht, machen Sie sich bewusst, ob Sie den Augenblick weise nutzen oder ihn vergeuden.

Wir sind Gewohnheitstiere. Ich habe festgestellt, dass das, was man in einer Woche macht, relativ genau aufzeigt, wie man seine Monate und sogar Jahre zubringt. Achten Sie auf Ihren Fokus, Ihre Gespräche sowie Ihre gefühlsmäßige und psychische Verfassung. Wie viele Stunden vergeuden Sie sinnlos? Ein solches Experiment wird Ihnen erstaunliche Einsichten vermitteln.

Wenn du die Zeit wie Gold betrachtest, das du umsichtig für das ausgibst, was wahr und wichtig für dich ist, wird das Leben zu einer Ewigkeit. Du dehnst deine Minuten aus und jagst ihnen nicht länger hinterher, und sie dienen dir und deinem Wachstum. Je mehr du sie wertschätzt, desto mehr wirst du zur Verfügung haben. Schließlich wirst du die Uhr völlig transzendieren und deine Existenz in ein vorzügliches Werk der Selbsterkenntnis verwandeln. Größe kann innerhalb einer Inkarnation erreicht werden, wenn du sie weise nutzt. Schau dir nur Leonardo da Vinci oder Michelangelo als Beispiele für das an, was möglich ist.

Gehe mit der Zeit um wie mit dem kostbaren Gut, das sie ist, und nutze sie nur für Unternehmungen, die es wert sind. Dies wird dich direkt zur Meisterung deiner Aufgabe auf der Seelenebene führen und dir die völlige Kontrolle über dein Leben geben.

Jetzt kannst du die Lektion anwenden.

- Wenn du sehr viel Zeit damit verschwendest, vor dem Fernseher zu sitzen, zu telefonieren, dich über andere zu beschweren oder dir über die Zukunft Sorgen zu machen oder wenn du aus Nachlässigkeit zu spät zu deinen Verabredungen kommst oder sie gar nicht erst einhältst ... dann bist du beim Lernen dieser Lektion ein **Schüler**.

- Wenn du versuchst, dich zu organisieren, selbst wenn es dir nicht immer gelingt, den Anrufbeantworter einschaltest, wenn du mit einem Projekt oder wichtigeren Dingen beschäftigt bist, dich gehetzt, unter Druck, überfordert und überlastet fühlst, nicht genug Schlaf bekommst oder wenn du nicht genug Zeit für die Dinge und Menschen hast, die dir wichtig sind ... dann bist du ein **Lehrling**.

- Wenn du bei deinen Vereinbarungen fair bist, respektvoll und zuverlässig deine Verpflichtungen einhältst, klar und direkt in deinen Absichten bist, aufmerksam zuhörst oder wenn du dir Zeit nimmst für das, was du am meisten schätzt ... dann bist du ein **Geselle**.

- Wenn du sorgfältig und sehr wählerisch dabei bist, wie du deine Zeit verbringst, keine Sekunde damit verschwendest, über die Vergangenheit zu grübeln, sondern stattdessen alles schnell klärst, was deine Aufmerksamkeit erfordert, damit du im Hier und Jetzt leben kannst, ein angenehmes Tempo beibehältst und Zeit für das Unerwartete findest, die wichtigen Personen in deinem Leben mehr schätzt als alles andere und den Vorsatz fasst, schöne Momente mit ihnen zu verbringen, oder wenn du dankbar bist für jeden Tag, den du hast ... dann bist du auf dem Weg, diese Lektion zu **meistern**.

Wenn du ein Schüler beim Lernen dieser Lektion bist ...

- Besorge dir einen Terminplan und schreibe deine Ziele und Verpflichtungen auf.
- Halte Termine frei, um dich zu erfrischen und deine Kräfte zu erneuern.
- Erlaube dir zusätzliche 15 Minuten, um rechtzeitig zu einer Verabredung oder einem Besuch zu kommen.
- Schalte den Fernseher aus und triff die Entscheidung, etwas für andere zu tun.

Wenn du beim Lernen dieser Lektion ein Lehrling bist ...

- Nimm dir Zeit zum Nachdenken, bevor du Verpflichtungen eingehst.
- Fokussiere dich auf deine Prioritäten und Intentionen und teile sie anderen rechtzeitig auf klare Weise mit.
- Höre anderen aufmerksam zu, um ihre Pläne und Wünsche zu erfahren.
- Kümmere dich zuerst um dich, bevor du dazu übergehst, anderen im Laufe des Tages zu helfen.

Wenn du beim Lernen dieser Lektion ein Geselle bist ...

- Nimm dir jeden Morgen 15 Minuten Zeit für dich, bevor du deinen Tag beginnst.
- Verschwende Zeit nie mit alten Angelegenheiten. Tu, was du tun musst, um sie zu Ende zu bringen. Wenn diese Themen bei Gesprächen angeschnitten werden, ändere ruhig, aber bestimmt das Thema.
- Erlaube höchstens fünf Minuten für eine Auseinandersetzung oder einen Streit. Lege dann eine Pause ein und nimm das Thema erst wieder auf, wenn du weniger emotional und klarer bist bezüglich dessen, was du willst.
- Hol tief Luft, beruhige und zentriere dich, bevor du auf Schwierigkeiten eingehst. Mach dir bewusst, dass Reagieren reine Zeitverschwendung ist, während Antworten etwas Produktives sind.
- Schalte den Fernseher, Computer, CD-Player – und auch das Telefon! – aus und genieße die Gegenwart.

Wenn du auf dem Weg bist, diese Lektion zu meistern ...

- Teile dir jeden Tag ein paar Minuten ein, um dankbar zu sein und das Jetzt zu genießen.
- Gehe keine Verpflichtungen ein, die du nicht ganz einzuhalten gedenkst.
- Nimm dir jeden Tag Zeit für wichtige Beziehungen und Aktivitäten, ohne dich dafür zu entschuldigen.

- Sage ohne zu zögern »Nein« zu Dingen, die deine Zeit vergeuden.
- Akzeptiere alle Erfahrungen voll und ganz als etwas, was deine Seele hervorgebracht hat, und benutze dein Leben, um die Lektionen zu verinnerlichen, die zu lernen du hierhergekommen bist, anstatt sie zu bekämpfen und dich dagegen aufzulehnen.
- Und mach es dir vor allem zur Priorität, dich jeden Tag gut zu amüsieren.

DEINE SEELENLEKTION

Nutze deine Zeit weise

DEINE SEELENAUFGABE

Über die Zeit deines Lebens verfügen zu können

Nachwort

Und so, ihr Lieben, geht die Zeit unserer Lehren für die Wiedererlangung eures göttlichen Erbes dem Ende zu. Wir sind dankbar dafür, auf all diesen Seiten eure Aufmerksamkeit gehabt zu haben, und versichern euch mit aller Liebe, dass wir – gemeinsam mit allen Lichtwesen des Universums im Dienst für unseren großen Schöpfer – immer präsent sind, um eure Seelen auf jede erdenkliche Weise bei ihren Lern- und Wachstumsprozessen zu führen und zu unterstützen.

Es mag zuweilen den Anschein haben, dass die in diesem Lehrplan enthaltenen Informationen nur mit großen Schwierigkeiten verinnerlicht und umgesetzt werden können. Aber wir versichern dir, dass sie dir nicht neu sind. Bereits vor deiner gegenwärtigen Inkarnation hast du dich mit dem Plan und der Aufgabe deiner Seele einverstanden erklärt, und jede Zelle deines Körpers ist davon erfüllt.

Unsere vom Schöpfer des Lebens übertragene Aufgabe ist es, das zu reaktivieren, was in deinem Bewusstsein schlummert, und die Verpflichtung deines höheren Selbst gegenüber deiner wahren Natur bewusst zu machen. Wenn du diese Lektionen lernst, werden sie dir den Weg weisen, um dein höchstes Potenzial zu verwirklichen. Wenn du die Entscheidung triffst, dich an deine innere Essenz zu wenden, wirst du automatisch und mit Anmut Verständnis erlangen.

Nun, da unsere gemeinsame Zeit dem Ende zugeht, verlassen wir dich mit einem abschließenden Rat, der am besten all das zusammenfasst und vereinfacht, was wir vorher erklärt haben: Geh immer mit offenem Herzen durchs Leben, übe dich in mitfühlender Akzeptanz und bedingungsloser, verzeihender Liebe für dich selbst und alle Wesen und Schöpfungen des Universums. Diese Entscheidung wird dir den Weg zur Meisterung deiner Seelenlektionen ebnen und dich führen, damit du voller Freude die höchste Aufgabe deiner Seele erfüllst, die darin besteht, Gott zu ehren und als Botschafter des Lichtes auf der Erde zu dienen.

Wie seit jeher und in alle Zukunft ruhst du im Herzen, der Seele und dem Geiste des allmächtigen Schöpfers des Universums. Atme deine Göttlichkeit ein, akzeptiere und lebe sie und halte das kostbare Geschenk deines Lebens in Ehren.

In tiefster Dankbarkeit und bereit, dir jederzeit zu dienen, ziehen wir uns in Liebe zurück und warten auf deine zukünftigen Kontakte. Um uns und alle anderen Lichtwesen anzurufen, die zu deiner Verfügung stehen, sei einfach nur empfänglich und bitte um Hilfe. Wir hören dich und werden umgehend antworten.

Mit unserem Segen und in tiefer Liebe,
Joachim und die Emissaries of the Third Ray

―

Das Schreiben dieses Buches war eine völlig neue Erfahrung. Ich bin wirklich traurig, dass die Emissaries ihre Instruktionen beendet haben und sich jetzt zurückziehen. Im Laufe der Zeit habe ich mich immer mehr auf unsere Sitzungen gefreut und mich wie eine Schülerin gefühlt, die zum Unterricht erscheint, erpicht darauf, zu lernen – und wie ich gelernt habe!

Die enge Verbindung mit ihrer heiligen Schwingung während der sechs Monate, die es brauchte, dieses Buch zu schreiben, hat mich tief beeinflusst und verändert. Mein Herz ist weicher geworden und offener denn je. In diesen sechs Monaten merkte ich, wie mein Mitgefühl für mich und alle Menschen immer stärker wurde und meine Fähigkeit, mich der Sorgen anderer anzunehmen und ihnen zu helfen, immer mehr zunahm. Ich merkte, wie ich weniger selbstbezogen wurde, und erkannte allmählich im tiefsten Inneren, wie sehr wir in Wahrheit miteinander verbunden sind. Auch meine Neigung, selektiv zu lieben, ist beinahe völlig verschwunden, da ich heute fühle, dass die Seelen meiner Mitmenschen wirklich ein Teil von mir sind.

Wenn ich heute Menschen betrachte, gefällt mir, was ich sehe – trotz oder gar wegen all unserer Verrücktheiten. Wir sind zuweilen so töricht, während wir darum ringen, uns selbst zu finden – vor allem in der heuti-

gen Zeit, wo uns durch Fernsehen und Zeitungen Schreckensbilder ins Haus geliefert werden – doch sind wir alle immer noch liebenswert und müssen daran glauben, dass wir es sind, trotz all unserer Taten.

Außerdem begann ich, zu erkennen, wie stur mein Ego sein kann und wie schnell es urteilt, doch ich arbeite bewusst daran, es zu zähmen. Wenigstens kann ich heute lachen, wenn es sich zeigt, in dem Wissen, dass weder ich es bin noch meine Seele, die sich da so aufspielen und für Stress sorgen. Konsequenterweise sind meine Tage unbeschwerter und angenehmer, und ich bin wesentlich seltener frustriert und verärgert.

Auch ist meine Aufmerksamkeit heute mehr im Hier und Jetzt verankert. Mithilfe von Joachim und den Emissaries mache ich mir mittlerweile nur noch selten Gedanken über Vergangenheit oder Zukunft. Heute verstehe ich in meinem tiefsten Inneren, dass die Erde eine Seelenschule und das höhere Selbst ewig ist. Sobald ein Tag vorbei ist, ist auch die jeweilige Lektion vorbei und der Zeitpunkt gekommen, die nächste in Angriff zu nehmen. Über das nachzugrübeln, was vorbei ist, stellt die größte Vergeudung unseres kostbaren Geschenks des Lebens dar und erfüllt nicht im Entferntesten irgendeinen Zweck.

Das Beste an der Arbeit mit den Emissaries an diesem Buch ist für mich die erfreuliche Tatsache, dass alles, was ich im Laufe meines Lebens gelernt und weitergegeben habe, sich noch tiefer in mir verankert hat. Nichts auf den Seiten dieses Buches ist unbedingt neu; mir waren die meisten dieser Ideen und Vorstellungen irgendwann schon einmal begegnet. Doch war ich dieses Mal in der Lage, die darin enthaltene Weisheit auf eine völlig neue Weise zu hören – ich spürte sie in allen Gliedern.

Die menschliche Rasse als Ganzes muss auf eine höhere Schwingungsebene gelangen, damit wir zusammen auf diesem Planeten leben können. Wir können nicht länger in dem langsamen Tempo weitermachen, das wir bislang beibehalten haben. Wir müssen auf eine liebevollere Weise handeln, angefangen bei uns selbst. Wir müssen jetzt damit beginnen, wenn wir als Gruppenbewusstsein zu überleben und zu wachsen hoffen. Ich bin dankbar für dieses erweiterte Bewusstsein.

Als die Emissaries mit der Übertragung dieses Buches zum Abschluss kamen, fragte ich sie: »Und was kommt als Nächstes?«

Als Antwort hörte ich: »Übe dich in jedem Moment deines Lebens in mitfühlender Akzeptanz, bedingungsloser Liebe und Vergebung. Es gibt nichts Wichtigeres, Wunderbareres oder Dringlicheres als das.«

Genau wie Sie, verehrte Leser, nehme ich diese Information in meinem Herzen auf, verinnerliche sie und werde mich bemühen, entsprechend zu handeln. Meine Seele wünscht sich, dass wir zusammenarbeiten, einander helfen und weiterhin offen sind, um die großzügige Unterstützung des Himmels zu empfangen. Dies ist der einzige Weg, eine positive Zukunft zu gewährleisten. Ich bin bereit, und ich hoffe, Sie sind es auch.

Ich sende Ihnen allen meine Liebe,
Sonia

Danksagung

Ich möchte an dieser Stelle meiner Mutter und meinem Vater, Sonia und Paul Choquette, dafür danken, dass sie mir ein von Geist erfülltes Leben geschenkt haben. Dank auch an meinen Ehemann, der mit seinen fünf Sinnen dafür sorgt, dass ich mit beiden Beinen auf der Erde stehe, und mir und der Welt der Seele auf all ihren vertrackten Umwegen vertraut. Ich danke meinen Töchtern, Sonia und Sabrina, die ich über alles liebe, dafür, dass ihr mein Glanz, mein Lachen und meine Freude seid. Lu Ann Glatzmaier und Joan Smith, meine Seelenschwestern: Danke, dass ihr mir geholfen habt, mich darauf vorzubereiten, solch tiefe und liebevolle Führung zu empfangen. Danke auch an meine spirituellen Lehrer Dr. Tully und Charlie Goodman, dass sie die Erfüllung meiner Lebensaufgabe überwacht haben.

Mein Dank geht außerdem an meine neuesten Geisthelfer, Louise L. Hay, Reid Tracy und alle Mitarbeiter bei Hay House, dafür, dass sie an mich geglaubt und mich unermüdlich unterstützt haben. Ich danke Julia Cameron, meiner teuren und viel geliebten Freundin und meisterhaften Autorin, ohne deren Hilfe ich nie mit dem Bücherschreiben begonnen hätte. Ich danke meinen Herausgebern, Bruce Clorfene und Linda Kahn, dafür, dass sie mir nicht nur geholfen haben, meinem ersten gechannelten Buch Form zu geben, sondern auch großen Spaß an dem Thema hatten. Dank auch an Ryan Kaiser und Anne Kaiser, die mir geholfen haben, mein Werk zu verbreiten, und sich während des ganzen Prozesses geduldig meine Klagen und Sorgen angehört haben. Vielen Dank an Nancy Levin und ihre magischen Elfen, die mein Erscheinen auf der öffentlichen Bühne schwerelos ermöglicht haben.

Und am meisten danke ich Gott dafür, dass er mir immer wieder seinen Segen gegeben hat, indem er mir erlaubt, diese Botschaften mit der Welt zu teilen.

Die Selbstanwendung der Energetischen Medizin

UWE ALBRECHT
Heilapotheke
Werde Dein eigener Heiler
316 Karten,
€ [D] 29,99
€ [A] 30,90, sFr 49,90
ISBN 978-3-7934-2212-9

Inner Wise® ist ein einzigartiges neues System der energetischen Medizin, das hilft, die richtige Energie zur energetischen Balancierung zu finden und für den Selbstheilungsprozess zu aktivieren. Mit Hilfe der unter Anleitung der Testkarten gezogenen Heilsinfonie-Kärtchen lässt sich über einen Nummern-Code im Begleitbuch eine bestimmte Heilenergie finden. Diese Energie wird auf das beiliegende Amulett übertragen und entfaltet von dort im Sinne der energetischen Medizin ihre Wirkung. Das Amulett hat keine »magische« Bedeutung, sondern ist ein autosuggestiver Anker, wie er in verschiedenen Therapien Anwendung findet.

Das spannendste Buch des neuen Jahrtausends

Allegria

**JAMES REDFIELD
Die zwölfte Prophezeiung
von Celestine**
Deutsche Erstausgabe
Geb., 320 Seiten,
€ [D] 19,99
€ [A] 20,60, sFr 33,90
ISBN 978-3-7934-2205-1

Das Vermächtnis von Celestine birgt eine neue Einsicht, mit der die Welt verändert werden kann. Die Suche nach der Zwölften Prophezeiung entwickelt sich zum Kampf für eine freie, selbstbestimmte Spiritualität, die der Menschheit das Überleben sichern soll. Wer die Zwölfte Prophezeiung erfüllt, kann die Menschheit vernichten oder in eine neue Zukunft führen. Am Berg Sinai beginnt ein tödlicher Kampf zwischen den Fundamentalisten der alten Weltreligionen und einem kleinen Kreis von Menschen, die die wahre Botschaft von Celestine verstanden haben...